Hansjakob Führer · Marc Grief

Gebäudemanagement

für Architekten und Ingenieure

Technische Hochschule Darmstadt
Fachbereich Architektur
Fachgebiet Entwerfen, industrialisiertes Bauen
und Planung von Industriebauten
Prof. Dipl.-Ing. Hansjakob Führer

dlb Verlag Das Beispiel, Darmstadt 1997

Architekt G. macht keine Kompromisse.

Architekturbüro H. Schramm, Kulmbach

Das hat er nun davon.

Individuelle Architektur, die auch wirtschaftlich Maßstäbe setzt. Das Hebel Bausystem aus Porenbeton-Elementen macht's möglich, denn da ist von der rationellen Verarbeitung über die hohe Wärmedämmung bis zur Wertbeständigkeit alles inklusive. So können Sie im Wirtschaftsbau kompromißlos kreativ und ökonomisch zugleich denken. **Bau mit System.**

Hebel. Das Bausystem. Vom Baustoff bis zum schlüsselfertigen Gebäude.
☐ Informieren Sie mich über Wirtschaftsbau mit Hebel Porenbeton-Elementen
Ich interessiere mich auch für
☐ schlüsselfertigen Wirtschaftsbau mit Hebel
☐ den Wohnbau mit Hebel

Hebel • Info-Center • Fax (0 81 41) 98-3 24 • Fürstenfeldbruck
http://www.hebel.de   12040/7029/2397

Name
Firma
Straße
Ort
Telefon

Inhaltsverzeichnis

		Seite
	Vorwort	7
	Einleitung	9
1	**Grundlagen**	11
1.1	**Begriffsbestimmung**	11
1.1.1	Management	11
1.1.2	Projekt	11
1.1.3	Objekt	12
1.1.4	Kybernetik	12
1.1.5	Steuerung	12
1.1.6	Regelung	12
1.1.7	Kontrolle	12
1.1.8	Feasibility	12
1.1.9	Facility	13
1.2	**Gebäudemanagement**	13
1.2.1	Regelkreis Projekt - Objekt	13
1.2.2	Projektphase - Objektphase	15
1.2.3	Ebenen des Gebäudemanagements	16
1.2.4	Beeinflussbarkeitspotentiale	17
1.3	**Projektmanagement**	17
1.3.1	Charakteristik von Projekten	17
1.3.2	Projektplanung	17
1.3.3	Aufgaben des Projektmanagements	18
1.4	**Objektmanagement**	18
1.4.1	Charakteristik von Objekten	18
1.4.2	Objektplanung	18
1.4.3	Aufgaben des Objektmanagements	18
2	**Organisation und Dokumentation**	19
2.1	**Planungs- und Ausführungsbeteiligte**	19
2.1.1	Bauherr/Auftraggeber/Besteller	19
2.1.2	Projektmanager/Projektsteuerer	21
2.1.3	Architekt/Planer	24
2.1.4	Bauleiter	26
2.1.5	Fachplaner	26
2.1.6	Gutachter	26
2.1.7	Behörden	26
2.1.8	Hersteller/Ausführender/Unternehmer	29
2.1.9	Sonderformen	29
2.2	**Nutzungsbeteiligte**	30
2.2.1	Eigentümer	30
2.2.2	Mieter	30
2.2.3	Objektmanager	30
2.2.4	Facilitymanager	30
2.2.5	Dienstleister	30
2.3.	**Informationsfluss**	31
2.3.1	Informationsarten	31
2.3.2	Informationswert und Störgrößen	31
2.3.3	Informationsträger	32
2.3.4	Informationsplanung	32
2.3.5	Regelkreise	32
2.3.6	Informationsflussarten	33
2.3.7	Dokumentationsformen	36
2.3.8	Dokumentationsträger	36
2.3.9	Dokumentationszeitpunkt	36
2.4	**Rechtsbeziehungen**	37
2.4.1	Begriffsdefinition	37
2.4.2	Subjektives Recht - objektives Recht	37
2.4.3	Öffentliches Recht - Privatrecht	37
2.4.4	Öffentliches Baurecht	38
2.4.5	Privates (ziviles) Baurecht	39
2.4.6	Rechtsformen	39
2.4.7	Privatrechtliche Unternehmungen	41
2.5	**Vertragswesen**	42
2.5.1	Vertragsarten/Vertragsparteien	42
2.5.2	Modelle von Vertragsbeziehungen	43
2.5.3	Planungsverträge	46
2.6	**Verdingungswesen**	47
2.6.1	Rechtliche Grundlagen (BGB, AGB, VOB)	47
2.6.2	VOB/A - "Allgemeine Bestimmungen für die Vergabe von Bauleistungen"	48
2.6.3	VOB/B - "Allgemeine Vertragsbestimmungen für die Ausführung von Bauleistungen"	49
2.6.4	VOB/C - "Allgemeine technische Vertragsbedingungen für Bauleistungen"	50
2.6.5	Unterschiede BGB - VOB	50
2.6.6	Vertragliche Ergänzungen zur VOB	51

		Seite
2.6.7	Bauvertrag	53
2.6.8	Vertragsinhalt	54
2.6.9	Nachträge	54

3 Qualitäten und Quantitäten — 55

3.1 Qualitätsformen — 55

3.1.1	Begriffsbestimmung	55
3.1.2	Projektqualität	55
3.1.3	Objektqualität	56
3.1.4	Bewertungsmechanismen	57
3.1.5	Kosten-Nutzen-Untersuchungen	58
3.1.6	Qualitätsstandards	61

3.2 Quantitätsformen — 62

3.2.1	Begriffsbestimmung	62
3.2.2	Ermittlung/Erfassung von Kenndaten	62
3.2.3	Qualitätskontrolle	63

3.3 Qualitätsmanagement DIN EN ISO 9000 ff. — 63

3.3.1	Begriffsbestimmung	63
3.3.2	Qualitätsmanagement im Bauwesen	63
3.3.3	Qualitätsmanagementsystem	64
3.3.4	Elemente des QM-Systems	64
3.3.5	Eigenerklärung und Zertifizierung	64

3.4 Ausschreibung — 65

3.4.1	Grundlagen der Leistungsbeschreibung	65
3.4.2	Formen der Leistungsbeschreibung	66
3.4.3	Aufbau von Leistungsverzeichnissen	68
3.4.4	Mengenermittlung	69
3.4.5	Erstellungstechniken	69
3.4.6	Gestaltung des Schriftbildes	70
3.4.7	Standardleistungsbuch (StLb)	70

3.5 Vergabe — 72

3.5.1	Submissionsverfahren	72
3.5.2	Wertung der Angebote/Preisspiegel	72

3.6 Abrechnung — 72

3.6.1	Mengenermittlung zur Abrechnung	72
3.6.2	Rechnungsstellung/Rechnungsprüfung	73
3.6.3	Rechnungsarten	75

		Seite
3.6.4	Kostenfeststellung	75
3.6.5	Einordnung in die HOAI	76

4 Kosten und Finanzierung — 77

4.1 Grundlagen — 77

4.1.1	Kostenarten	81
4.1.2	Kosten von Hochbauten	82
4.1.3	Einflussfaktoren auf Gebäudekosten	82

4.2 Kostenermittlungsmethoden — 83

4.2.1	Ermittlung von Kostenkennwerten	83
4.2.2	Kostenermittlung nach DIN 276	83
4.2.3	Kostenermittlung nach Gebäudeelementen	85
4.2.4	Gewerkebezogene Kostenermittlung	86
4.2.5	Fertigungsbezogene Kostenermittlung	86
4.2.6	Kostenermittlung in der HOAI	89

4.3 Baunutzungskosten — 91

4.3.1	Kapitalkosten und Steuern	91
4.3.2	Betriebskosten	92
4.3.3	Bauunterhaltungskosten	95

4.4 Finanzierung — 96

4.4.1	Eigenfinanzierung/Fremdfinanzierung	96
4.4.2	Kreditformen	96
4.4.3	Fremdfinanzierung durch rechtliche Sicherung	97
4.4.4	Hypothek und Grundschuld	97
4.4.5	Finanzierungsplan	99

4.5 Wirtschaftlichkeitsberechnung — 100

4.5.1	Anwendungsbereich	100
4.5.2	Aufwendungen und Erträge	100

5 Terminplanung und Kapazitäten — 101

5.1 Terminplanung — 101

5.1.1	Grundlagen der Terminplanung	101
5.1.2	Termine der Planungszeit	102
5.1.3	Termine der Ausführungszeit	102
5.1.4	Handwerklicher/industrieller Bauablauf	103

		Seite
5.2	**Lineare Darstellungsmethoden**	105
5.2.1	Balkendiagramme/Gantt-Diagramme	105
5.2.2	Geschwindigkeitsdiagramme	106
5.3	**Netzwerktechnik**	106
5.3.1	Grundlagen	107
5.3.2	Vorgangspfeilnetze	108
5.3.3	Vorgangsknotennetze	109
5.3.4	Vergleich von CPM und MPM	110
5.4	**Netzplanaufbau**	111
5.4.1	Erstellung eines Netzplans	111
5.4.2	Ermittlung von Vorgangsdauern	112
5.4.3	Methoden der Vernetzung	113
5.4.4	Das Netz als Terminplan	114
5.4.5	Berechnung des Netzwerks	114
5.4.6	Der kritische Weg	115
5.4.7	Anordnungsbeziehungen	115
5.4.8	Einflussfaktoren	116
5.5	**Kapazitätsplanung**	117
5.5.1	Begriffsdefinition	117
5.5.2	Planungskapazitäten	117
5.5.3	Ausführungskapazitäten	117
5.5.4	Kapazitätserfordernis/Kapazitätsausgleich	118
5.5.5	Verknüpfungen	119
6	**Anhang**	121
6.1.	**Literaturnachweis**	121
6.1.1	Grundlagen	121
6.1.2	Organisation und Dokumentation	122
6.1.3	Qualitäten und Quantitäten	122
6.1.4	Kosten und Finanzierung	123
6.1.5	Termine und Kapazitäten	124
6.2	**Abbildungsverzeichnis**	124
6.3	**Stichwortverzeichnis**	125

Vorwort

Das vorliegende Buch entstand aus der Zusammenfassung der Vorlesungsreihe „Projektmanagement - AVA", die wir im Fach Baudurchführungsplanung am Fachbereich Architektur der Technischen Hochschule Darmstadt im jährlichen Zyklus durchführen. In dieser Reihe werden alle Bereiche behandelt, die über den Entwurf hinaus zur Umsetzung von Bauaufgaben erforderlich sind, d.h. es werden auch organisatorische, rechtliche und bauablaufsbedingte Inhalte erörtert.

Wir verfolgen damit das Ziel, den Studenten dieser Fakultät einen Überblick über das breit gefächerte Tätigkeitsfeld von Architekten zu geben und sie an Bereiche heranzuführen, die dem originären Berufsverständnis entsprechend nicht nur die Entwurfsleistung, sondern auch sogenannte Managementaufgaben umfassen.

Das parallel angebotene Seminar beinhaltet verschiedene Übungsleistungen, die sich mit der theoretischen Weiterentwicklung von Erkenntnissen genauso auseinandersetzen wie mit den Problemen der praktischen Anwendung anhand von simulierten Fallbeispielen. Anders als bei der Vermittlung eines breiten Spektrums durch die Vorlesungen sollen mit den Übungen verschiedene Teilbereiche vertieft werden.

Mit der Kombination aus Vorlesung (Information in der Breite) und Seminarübung (Information in der Tiefe) möchten wir die Studierenden für die Tragweite ihrer Entwurfsentscheidungen sensibilisieren und ein Verständnis für die komplexen Zusammenhänge erzeugen, die nicht zu einer ständigen Minimierung, sondern zu einer Optimierung ihrer Ideen führen.

Mit diesem Buch verbinden wir die Intention, alle Bedingungen und Voraussetzungen des Bauens anschaulich darzustellen als eine Art Leitfaden für alle, die sich diesem Gebiet nähern möchten, ohne ausführliche Fachliteratur studieren zu müssen.

Der fachkundige Leser wird in diesem Buch deshalb nur die wichtigsten Erkenntnisse aus den angrenzenden Bereichen wie der Betriebs- und Volkswirtschaftslehre oder des Rechtswesens finden, da durch weitergehende Ausführungen zu diesen Themen der Rahmen dieses Buches gesprengt und die wichtigsten Zusammenhänge durch zu umfangreiches Detailwissen verwischt werden würden.

Statt dessen liegt ein Schwerpunkt dieser Arbeit darin, komplexe verbale Sachverhalte durch Graphiken, Diagramme und Tabellen zu veranschaulichen und leichter nachvollziehbar zu machen.

Dieses Buch kann keinen Anspruch auf absolute Aktualität erheben, da sich alle behandelten Bereiche in einem ständigen Wandel befinden. Wir haben uns deshalb in erster Linie darauf beschränkt, das Wesen und die Ziele der einzelnen Bereiche zu beschreiben. Auch wenn sich mit Erscheinen dieses Buches der Wortlaut von Gesetzestexten oder Zahlenwerte geringfügig verändert haben sollten, so bleiben ihre grundsätzlichen Aussagen jedoch unverändert.

Wir danken allen, die uns durch intensive Gespräche zahlreiche Anregungen gegeben und uns bei der Realisation dieses Buches unterstützt haben.

Prof. Dipl.-Ing. Hansjakob Führer, Dipl.-Ing. Marc Grief

Einleitung

Die technischen und kulturellen Errungenschaften der Menschheit haben eine komplexe Welt entstehen lassen, die es uns unmöglich macht, alle Vorgänge des Lebens zu begreifen, geschweige denn selbst durchzuführen. Als Folge der notwendigen Spezialisierung von Tätigkeiten hat sich das Management für unterschiedliche Lebens- und Aufgabenbereiche zur wichtigsten Dienstleistung des ausgehenden 20. Jahrhunderts entwickelt.

Gebäudemanagement - als umfaßender Begriff für alle Vorgänge des Erstellens und Nutzens von Bauwerken und Gebäuden - gewinnt dadurch zunehmend an Bedeutung, dass Bauaufgaben immer größer und komplexer geworden sind und Bauherren ihre damit verbundenen umfangreichen Aufgaben nicht selbst wahrnehmen können, da sie i.d.R. primär andere Tätigkeiten ausüben. Dadurch ergeben sich für alle Planungs- und Baubeteiligte breitgefächerte Managementaufgaben.

Eine ganzheitliche Betrachtung von Gebäuden und Bauwerken, wie sie der Begriff Gebäudemanagement beschreibt, umfasst deren gesamte Lebenszyklen, angefangen von der Idee bis hin zum Abriß oder einer entscheidenden Veränderung und beginnt damit den Prozeß von Neuem. Der so entstehende Regelkreis läßt sich unabhängig von der Nutzungsart auf große wie auf kleine Bauvorhaben anwenden.

Innerhalb dieser sehr unterschiedlichen Vorgänge, also der Projektphase und der Objektphase, werden Strategien erforderlich, die sich prozeßorientiert zwar unterscheiden, jedoch die gleiche Tiefe bei der Untersuchung von Einflussfaktoren erreichen.

Die eben beschriebenen Aufgaben verändern zwar das heutige Berufsbild des Architekten, er verläßt jedoch nicht seinen ursprünglichen Tätigkeitsbereich. Entsprechend der sehr alten traditionellen Beschreibung in der Baukultur gilt der Architekt nach wie vor als Manager, zu dessen Fähigkeiten nicht nur der Entwurf gehört, sondern die auch die Bereiche einschliessen, die die Realisierung und der Gebrauch von Architektur erfordern. Aus diesem Verständnis heraus erweitert sich das Leistungsspektrum des Architekten zwangsläufig auf Bereiche vor und mittlerweile besonders auf die Leistungen nach Beendigung der Leistungsphase 9 der HOAI. Dieses Buch versteht sich somit auch als Beitrag zur Diskussion um eine neue HOAI, deren wichtigste Reformgedanken in einer Überprüfung des gültigen Leistungsbereiches zu sehen sind.

Hier wird die Grundhaltung vertreten, dass der Architekt nicht nur "Designer" und "Gestalter" von Bauwerken ist, sondern ebenso Organisator und Koordinator von Planungs-, Ausführungs- und Nutzungsabläufen.

Das Betreuen von Bauwerken über eine lange Zeit hinweg wirkt gegenüber dem Nutzer nicht nur vertrauensbildend, es erweitert auch den eigenen Erfahrungsschatz, der bei allen neuen Projekten wiederum zum Einsatz gelangt. Aus dem erweiterten Leistungsspektrum mit entsprechendem Honorierung ergibt sich somit ein doppelter Gewinn.

Planen und Bauen ist ein Prozeß, der sich nicht mit der Entwicklung und Produktion einer Maschine vergleichen läßt. Und dennoch konnten in den letzten Jahren zunehmend Methoden eingesetzt werden, die ihren Ursprung in der produzierenden Wirtschaft haben. Auch hier bietet sich ein weites zukünftiges Betätigungsfeld für Architekten und Ingenieure.

So hat man z.B. in der Automobilindustrie bereits vor Jahren damit begonnen, recycelfähige Produktbestandteile zu entwickeln und einzusetzen. Die Rücknahme dieser wird mittlerweile garantiert und damit werden auch die Folgekosten für den Verbraucher bis hin zur Entsorgung kalkulierbar.

Ähnliche Anforderungen werden an Gebäude und Bauwerke aller Art gestellt. Bereits bei der Planung müssen Aussagen zur Nachhaltigkeit und den damit verbundenen Kosten gemacht werden, oftmals werden diese Angaben zu bestimmenden Entscheidungsfaktoren. Projekt und Objekt stehen somit schon früh in starker Wechselwirkung.

Im vorliegenden Buch steht nicht das gestalterische Ergebnis der Bauaufgabe an sich, sondern sein organisatorischer Werdegang und der anschließende Umgang mit dem Objekt im Vordergrund. Es versteht sich dabei als Handwerkszeug, um die sehr komplexen Zusammenhänge bei der Erstellung und Nutzung von Gebäuden transparent zu machen. Sein Inhalt möchte nicht nur Architekten und Ingenieure ansprechen, sondern soll auch Bauherren und Studierenden die Möglichkeit geben, die vielschichtigen Abhängigkeiten des Bauens schrittweise zu begreifen.

Neben der Klärung der unterschiedlichen Begriffe zu diesem Thema wird eine Gesamtstruktur aufgebaut, die die Einordnung geläufiger Termini ermöglicht. Damit wird eine Kommunikationsgrundlage für Bauherren, Planer, Ausführende und Berater aller Sparten geschaffen.

Darmstadt, im Mai 1997

Grundlagen

1 Grundlagen

1.1 Begriffsbestimmung

Das Erfassen der hier beschriebenen Zusammenhänge erfordert zunächst eine genaue Kenntnis der Bedeutung des verwendeten Vokabulars. Nur so können Mißverständnisse bei der Verständigung vermieden werden. Die nachfolgenden Begriffe leiten ihre Bedeutung von ihrem sprachlichen, meist lateinischen oder griechischen Ursprung ab. Um eine Verwirrung zu vermeiden, werden darüber hinaus weitläufig verwendete Ausdrücke in einen übergeordneten Sinnzusammenhang gestellt oder um ihre sprachlichen Alternativen ergänzt.

1.1.1 Management

Der Begriff Management leitet sich von *manus* (lat.), die Hand, ab und bedeutet im übertragenen Sinn handhaben, bewerkstelligen oder zustandebringen.

Im Angloamerikanischen bedeutet **Manager** sowohl "Leiter" als auch "Betreuer" und beinhaltet damit Leitungs- und Führungsaufgaben, verbunden mit der Kompetenz zum Treffen von Entscheidungen und Kontrollieren von Vorgängen. Management beschreibt demnach nicht die konkrete Aufgabe selbst, sondern nur die Handlungsanweisung und Kompetenz (nicht *was?* sondern *wie?*) für die Erbringung einer wie auch immer gearteten Leistung.

1.1.2 Projekt

Der Begriff **Projekt** hat seinen Ursprung in dem lateinischen Wortstamm *proicere* bzw. *projectum* und bedeutet soviel wie "vorwärts werfen, vorwärts bringen". Daher versteht man unter Projekt auch Wurf, Entwurf, Plan oder Vorhaben. Ein Projekt wird durch einen definierten Anfang und ein definiertes Ziel gekennzeichnet. Es beschreibt den gesamten Prozeß, der zum Erreichen dieses Zieles notwendig ist (aktiv).

Nach der DIN 69901 wird ein Projekt als ein zeitlich befristetes, komplexes Vorhaben definiert, das im wesentlichen durch die Einmaligkeit der Bedingungen in ihrer Gesamtheit gekennzeichnet wird. In der merkantilen Gesellschaft zählt man zu Projekten u.a. die Entwicklung und Herstellung von Produkten, die Änderung von Organisationsformen von Industriebetrieben, die Gründung oder Fusion von Unternehmen oder die Planung und Durchführung von Bauvorhaben aller Art.

Grundlagen

1.1.3 Objekt

Vom lateinischen Wort *objectus*, "entgegenwerfen, entgegenstellen", abgeleitet versteht man unter **Objekt** einen Gegenstand, dem eine Handlung widerfährt (passiv). Bezogen auf die unter 1.1.2 genannte Definition kann das Objekt als das Resultat eines Projekts oder die Verdinglichung einer Idee betrachtet werden.

Bei der Verwendung des Begriffs innerhalb der Wirtschafts- und Finanzwelt erscheint eine weitere Abgrenzung erforderlich. Während ein **Produkt** i.d.R. ein reproduzierbares Erzeugnis, d.h. einen meist industriell angefertigten Gegenstand beschreibt, versteht man unter einem Objekt ein Bauwerk oder Gebäude, das sich durch seine Ortsgebundenheit und seinen Unikatcharakter von anderen Objekten unterscheidet.

Die Begriffe Objektbetreuung, Objektplanung und Objektüberwachung finden folglich bei der Beschreibung der Leistungsbereiche in der HOAI ihren Niederschlag.

1.1.4 Kybernetik

Der vom griechischen Wort *kybernetike*, "Steuermannskunst", abgeleitete Begriff **Kybernetik** beschreibt die "formale Wissenschaft von der Struktur, den Relationen und dem Verhalten von dynamischen Systemen".

Die allgemeine Kybernetik definiert rein formale Beziehungen innerhalb eines Regelkreises. Dabei wird die Realisierung eines unter bestimmten Vorgaben festgelegten Zieles beschreiben. Nach der Realisierung erfolgt ein Vergleich des Ist-Zustandes mit der Ziel-Vorgabe. Da auf ein solches System verschiedenste Störgrößen einwirken, müssen ggf. Regelungsmechanismen eingesetzt werden, um die Zielvorgaben den veränderten Verhältnissen anzupassen; der Kreislauf beginnt von neuem.

Die Gesetzmäßigkeiten der Kybernetik werden seit langem bei der Projektierung von Bauvorhaben angewandt. Man bedient sich dabei abstrakter Regelkreise, die mit den unterschiedlichen Vorgaben, Einflussgrößen und Zielvorstellungen zu unterschiedlichen Ergebnissen führen.

1.1.5 Steuerung

Der aus dem Norddeutschen stammende und besonders in der Schifffahrt verwendete Begriff **Steuerung** meint das Lenken von Schiffen mit Hilfe eines Steuers (Pfahl oder Stange). Unter der englischen Begriff *steer*, "steuern", wird jedoch auch das dirigieren oder lotsen verstanden.

Ganz allgemein betrachtet beschreibt "steuern" eine nach bestimmten Gesetzmäßigkeiten erfolgende Reaktion auf einen Vorgang oder Prozeß, also einer sich in Bewegung befindlichen Sache. Steuerung kann demnach nicht aus sich heraus erfolgen, sondern kann nur in einen Prozeß "eingreifen".

Durch die industrielle Entwicklung fand der Begriff auch Eingang in die Produktions- und Bauwirtschaft.

1.1.6 Regelung

Aus dem Lateinischen *regula*, "Richtscheit", drückt eine Regel die Gleichförmigkeit eines Sachverhalts oder einer Verhaltensweise aus, die als Aussage oder Vorschrift meist, aber nicht immer gelten soll. Regeln sind keine Gesetze, aber sie beschreiben einen alllgemein anerkannten Konsens; sie lassen Ausnahmen zu, ohne sich dadurch außer Kraft zu setzen.

Die Regelung eines Vorgangs oder eines Sachverhalts bedeutet demnach, diesen in ein vorgegebenes Muster zu integrieren oder ihn entsprechend seiner inneren Logik zu verändern.

1.1.7 Kontrolle

Der aus dem Französischen übertragene Begriff **Kontrolle** (*controller*) meint die Überprüfung einer Sache oder eines Vorgangs. Diese Überprüfung vollzieht sich durch den Vergleich von einem vorgegebenen Ziel mit dem tatsächlich erreichten Zustand.

Im Gegensatz zur Steuerung oder Regelung beinhaltet die Kontrolle keine Maßnahme zur Veränderung des Kontrollierten.

Im englischen Sprachgebrauch wird die Bedeutung von *control* wesentlich aktiver besetzt. Hier kommt dem **Controller** sowohl die Überprüfung eines Projekts als auch die Aufgabe der Leitung und damit auch der Steuerung durch bestimmte Maßnahmen zu.

1.1.8 Feasibility

Der aus der englischen Sprache stammende Begriff **feasibility** bedeutet übersetzt "Machbarkeit" oder "Durchführbarkeit". Mit einer Feasibility-Studie werden verschiedenste Projekte auf ihre Durchführbarkeit hin untersucht, wobei die Beurteilungskriterien variieren. Eine solche Studie kann je nach Zielsetzung unter wirtschaftlichen, politischen, gesellschaftlichen, technischen oder ethischen Kriterien erstellt werden.

Eine Feasibility-Studie wird gekennzeichnet durch den Bedarf an möglichst vielen Ausgangsdaten und der Simulation eines Idealfalls unter aktuellen Bedingungen. Das Ergebnis einer solchen Studie hat lediglich bewertenden Charakter und bietet keine Handlungsanweisung bei möglichen Abweichungen.

1.1.9 Facility

Kaum ein anderer Ausdruck wird häufiger in unterschiedlichen Zusammenhängen verwendet als der Begriff "facility". Neben der Untersuchung seiner ursprünglichen Übersetzung erscheint eine Klärung für die Anwendung sinnvoll.

Aus dem Wort *facilitas*, "Leichtigkeit", wurde der englische Begriff **facility** abgeleitet. Im übertragenen Sinn bedeutet er: Erleichterung, (Hilfs-)Einrichtung, Hilfsmittel, Zusatzeinrichtung. Mit dieser Definition wird allerdings noch keine Aussage über seine Zweckbestimmung (bzw. die Frage nach dem *wofür?* eines Hilfsmittels oder einer Hilfseinrichtung) beschrieben. Deshalb ist der Gebrauch von "facility" in den verschiedensten Bereichen unserer Gesellschaft möglich, solange kein anderer eindeutig definierter Begriff seine Verwendung ausschließt.

Da man "Erleichterung" oder "Hilfsmittel" ohne Zweifel als *für den Menschen bestimmt* beschreiben kann, lassen sich am ehesten alle technischen Einrichtungen und Geräte als "facilities" definieren. Dabei wird wiederum nicht differenziert, ob es sich um Geräte zur Fortbewegung, zur Herstellung von Gegenständen oder Zuständen, zur Kommunikation oder zu sonstigen Aktivitäten handelt.

Im allgemeinen Sprachgebrauch hat sich die Anwendung von "facility" auf die technische Ausstattung (z.B. Heizung, Lüftung/Klima, Sanitär, Elektroversorgung, Telekommunikation, Datensysteme etc.) von Bauwerken jeder Art durchgesetzt. Die Ergänzung dieser Definition um bestimmte Dienstleistungen (z.B. Catering, Transport-Service, Reinigung etc.) erscheint deshalb als fragwürdig, weil damit bauwerksunabhängige Einrichtungen beschrieben werden, die unter dem Oberbegriff **Service** zusammengefaßt werden können.

Von Vertretern der Finanzwirtschaft werden jedoch auch komplette Bauwerke oder sogar komplette städtebauliche Infrastrukturen als "facilities" für einen bestimmten Zweck oder Vorhaben bezeichnet (z.B. Verkehrswege, Bildungseinrichtung, Kommerz- und Freizeitangebot etc. für die Standortentscheidung eines Unternehmens).

Aus Gründen der Eindeutigkeit wird auf diese Definition verzichtet und für Bauwerke der Begriff Objekt verwendet.

1.2 Aufbau des Gebäudemanagements

Die Bedeutung des Begriffs Gebäude (von : das "Gebaute") umfaßt sowohl die Verstofflichung eines komplexen Raumgefüges (Objekt) als auch die Beschreibung seines vorangegangenen Entstehungsprozesses (Projekt), welcher zu seiner räumlichen Wirkung geführt hat.

Entsprechend dieser Definition kommt der Organisation vor und während des Entstehungsprozesses eine ebenso große Bedeutung zu wie der anschließenden Nutzung und Wirkung des Bauwerks; mehr noch - die Qualität des Planungs- und Ausführungsprozesses schafft erst die Voraussetzung für die gewünschte Funktion.

1.2.1 Regelkreis Projekt-Objekt

Beide Bereiche stehen in einer permanenten Wechselwirkung und bilden in ihrer zeitlichen Abfolge einen Regelkreis (*Bild 1*). Denn Festlegungen und Änderungen während der Projektphase bestimmen die gesamte spätere Objektphase; Erfahrungen oder Bestandsvorgaben aus der Nutzung beeinflussen wiederum neue Ziele.

Während der Schwerpunkt des Projektmanagements in der Organisation, Planung und Koordination bis zur Fertigstellung liegt, beinhaltet das Objektmanagement vorwiegend eine langzeitliche Überprüfung und Dokumentation der Nutzbarkeit, seine Instandhaltung und die Forderung nach Maßnahmen zur Anpassung von veränderten Bedingungen.

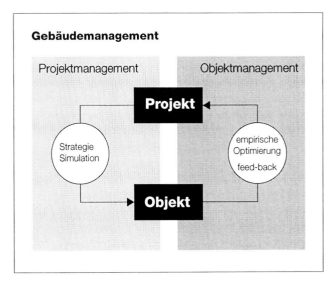

Bild 1: Aufbau des Gebäudemanagements

Grundlagen

Aus der Komplexität heutiger Bauaufgaben und der Forderung nach immer kürzer werdenden Bauzeiten entwickelte sich vor einiger Zeit der Dienstleistungsbereich **Projektmanagement**, dessen Aufgabe darin besteht, die vielfältigen erforderlichen Vorgänge mit ihren wirtschaftlichen, technischen und finanziellen Anforderungen bei der Realisierung eines Bauvorhabens zu koordinieren und gegeneinander abzuwägen. Das bedeutet, es handelt sich um originäre Bauherrenaufgaben. Projektmanagement beginnt bereits mit der Idee eines Bauvorhabens und endet mit seiner Fertigstellung.

Gleichzeitig steigt aber auch der Stellenwert einer wirtschaftlichen und flexiblen Nutzung mit tragbaren Folgekosten sowie der Einsatz ökologisch verträglicher Systeme bei Bauwerken. Eine solche ganzheitliche Betrachtungsweise der Nutzungsperiode kann in dem Begriff **Objektmanagement** zusammengefaßt werden. Er beinhaltet sowohl den rechtlichen als auch den technischen und wirtschaftlichen Umgang mit einem Bauwerk bis zu seiner grundlegenden Veränderung oder seinem Abriss.

Zeitlich betrachtet umfaßt die Nutzungsdauer ein Vielfaches der benötigten Projektdauer. Die komplexen Anforderungen führen zu einer hohen Verdichtung des Planungs-, Koordinations- und Organisationsaufwands und erfordern daher geeignete Strukturen und Entscheidungshierarchien. In der Objektphase findet eine langandauernde Überprüfung des Ist-Zustandes statt, aus der sich mögliche Veränderungen bis hin zum Abriss des Objekts ergeben können. Bereits hier beginnt wiederum die Ideenphase als erster Schritt der Projektphase und damit setzt der Kreislauf von neuem ein.

Die unterschiedlichen Aufgaben von Projekt- und Objektmanagement führen darüber hinaus zu unterschiedlichen Methoden:

In der Projektphase wird mit Hilfe von abstrakten Zielformulierungen und Daten eine **Simulation** der späteren Realität aufgebaut, der man sich durch verschiedene **Strategien** schrittweise nähert.

In der Objektphase gibt der Ist-Zustand, also das Gebäude und alle damit verbundenen Daten, die Ausgangsposition für weitere Betrachtungen vor, über dessen Nutzung eine Rückkopplung bzw. ein **feed-back** erzeugt wird und der im Idealfall zu einer **empirischen Optimierung** führt (Bild 1).

Doch auch innerhalb dieser beiden Hauptbereiche vollziehen sich diese Kreisläufe mehrfach, um ein Höchstmaß an Sicherheit für die zielorientierte Erfüllung von Teilschritten zu erreichen.

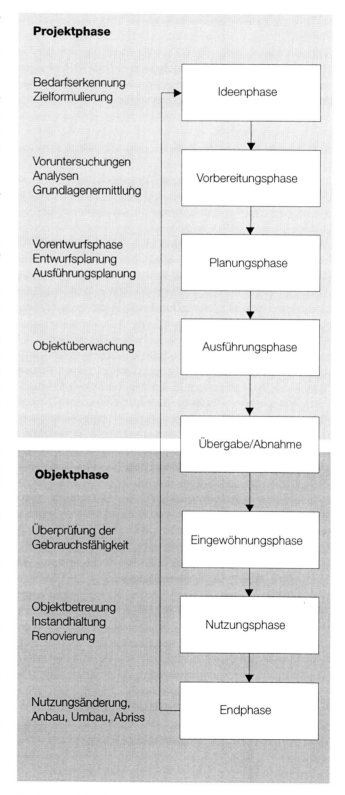

Bild 2: Projekt-Objekt-Phasen

1.2.2 Projektphase - Objektphase

Unabhängig vom Umfang eines Bauvorhabens muß schon zu Beginn dessen genauer Ablauf feststehen. Betrachtet man ein Bauwerk von seiner gedanklichen Entstehung bis zu seiner stofflichen Beseitigung, so kann der gesamte Ablauf in **Projektphase** und **Objektphase** unterteilt werden, deren Schnittstelle durch die Fertigstellung des Bauwerks bzw. seine Übergabe an den Bauherrn/Nutzer definiert wird.

Da die Projektphase einen wesentlich kürzeren Zeitraum als die Objektphase beansprucht, wird sie durch mehrere dicht aufeinanderfolgende Teilschritte gekennzeichnet (*Bild 2*):

a. Ideenphase

Die Realisierung eines Bauvorhabens setzt für den Bauherrn folgende erste Schritte voraus:

- Erkennen eines Defizits
- Bedürfnisanalyse (z.B. Größe, Standort, technische Ausstattung etc.)
- Abwägen von Alternativen (z.B. Kauf oder Miete; Neubau, Umbau oder Erweiterung).

b. Vorbereitungsphase

Aus der Definition der Bauaufgabe kann bereits das Anforderungsprofil abgeleitet werden:

- Formulieren der Zielgrößen (z.B. Programm, Qualitätsstandard, Kostenrahmen, Projektdauer etc.)
- Bilden einer Projektgruppe (Fachleute, Behörden, Firmen) und deren Beauftragung
- Erkennen der zielorientierten Probleme (z.B. Einschränkungen in der Qualität oder Bebaubarkeit von Grundstücken, Nutzungsrechte von Nachbarn, Rentabilität etc.) durch Feasibilty-Studie
- Risikoanalyse
- Grundlagenermittlung (Zusammenstellen aller planungsrelevanten Randbedingungen, z.B. Standortkriterien wie Größe, Bodenqualität, Erschließung, Ver- und Entsorgung, Preis etc.).

c. Planungsphase

- Vorentwurf mit Kostenschätzung
- Entwurf mit Bauantrag und Kostenberechnung
- Werk- und Detailplanung
- Ausschreibung, Vergabe, Verträge
- Koordination anderer fachlich Beteiligter

d. Ausführungsphase

- Ausführung und deren Überwachung
- Koordination und Kontrolle aller Bauleistungen
- Soll-Ist-Vergleich für Kosten, Termine, Qualitäten
- Überprüfung von Sicherheitsbestimmungen und technischen Vorschriften

e. Abnahme

- Kontrolle der Leistungsqualität
- Aufmaß
- Abrechnung und Übergabe

Die Übergabe des fertigen Bauwerks bildet den Übergang vom Projekt zum Objekt. Wurde die Projektphase von der Umsetzung einer abstrakten Idee gekennzeichnet, beginnt mit der Objektphase der Dialog mit dem Umfeld bzw. den Nutzern und die Rückkopplung zu anfangs erstellten Zielen.

f. Eingewöhnungsphase

- Dokumentation des Ist-Zustands
- Kontrolle der Gebrauchsfähigkeit
- Einrichtung

g. Nutzungsphase

- Überprüfung des Gebäudes auf Schäden
- Instandhaltungs- und Renovierungsmaßnahmen
- rechtliche Betreuung des Objekts (z.B. Vermietung oder Verkauf)
- Dokumentation und Kontrolle von Baunutzungskosten

f. Endphase

Die letzte Phase für ein Gebäude schließt folgende Kriterien mit ein:

- Abriss und Entsorgung
- Recyclebarkeit der Baumaterialien
- Umbau- oder Erweiterungsmaßnahmen
- Veränderung der Funktion.

Da aus der Fertigstellung eines Objekts wiederum ein neues Projekt entstehen kann, sei es durch Neubau, Umbau oder Erweiterung, kann die erste Phase gleichzeitig die vorangegangene letzte Phase beinhalten. Aufgrund der Komplexität von Bauwerken überlagern sich die einzelnen Schritte besonders in der Projektphase.

Grundlagen

1.2.3 Ebenen des Gebäudemanagements

Wie bereits angesprochen erfordert die Umsetzung eines Bauvorhabens vielfältige Aufgaben. Deren richtige Zuordnung in Bezug auf Umfang und Ausführungszeitpunkt legt eine Unterteilung in folgende Hauptebenen nahe:

- Planung
- Organisation und Dokumentation
- Qualitäten und Quantitäten
- Kosten und Finanzierung
- Termine und Kapazitäten

Wegen der Vielschichtigkeit und der wechselnden Bedingungen der Entwurfsplanung konzentrieren wir uns auf die Bereiche, die von der funktionsspezifischen Aufgabenstellung unberührt bleiben und regelmäßig bei verschiedenen Bauvorhaben ablaufen (*Bild 3*):

a. Organisation und Dokumentation

Dieser Bereich umfaßt die Festlegung der Aufgaben aller an der Planung, Ausführung und Nutzung beteiligten Personen, deren Koordination, Form und Inhalt der erforderlichen Informationen sowie die rechtlichen Bindungen der Beteiligten untereinander.

b. Qualitäten und Quantitäten

Damit ein Bauwerk seiner Zielsetzung entsprechend realisiert und genutzt werden kann, müssen Umfang und Qualitätsstandard detailliert beschrieben sein. Dabei wird eine qualitative Vergleichbarkeit angestrebt, die sich in Zahlen ausdrücken läßt.

c. Kosten und Finanzierung

Innerhalb des Gebäudemanagements müssen dem Planungs-, Ausführungs- und Nutzungsverlauf entsprechend alle Kostenarten konkretisiert werden, um die Mittelbereitstellung zu gewährleisten und die Wirtschaftlichkeit zu überprüfen. Dazu zählen Baufolgekosten genauso wie Bau- oder Finanzierungskosten.

d. Termine und Kapazitäten

Die genaue Bestimmung der erforderlichen Bau- und Nutzungszeiten und der dafür notwendigen Kapazität bestimmt nicht nur die Koordination der Planenden, Ausführenden und Nutzenden, sondern fließt gleichwertig zu den o.g. Faktoren in die Rentabilität mit ein.

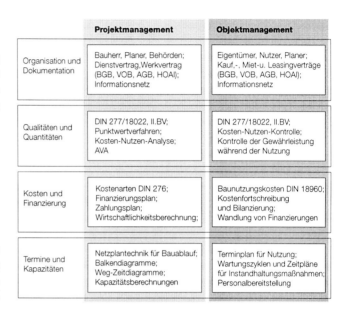

Bild 3: Ebenen des Gebäudemanagements

Die beschriebenen Bereiche dürfen jedoch nie isoliert betrachtet werden, da partielle Änderungen wie z.B. die Verlängerung der Ausführungsdauer direkten Einfluss auf das Gesamtsystem nehmen und zu kontinuierlichen Verschiebungen auch in anderen Ebenen wie z.B. in der Kostenebene durch Mietausfälle oder in der Dokumentationsebene durch Vertragsstrafen wegen Nichteinhaltung der Zeitvorgaben führen (Schneeball-Prinzip).

Doch auch reziproke Abhängigkeiten entstehen durch eine gesamtheitliche Betrachtung. So führt die als positiv zu wertende Erhöhung eines Qualitätsstandards meist zu höheren Kosten (negative Bewertung). Oder die Erstellung eines Bauwerks in sehr kurzer Zeit (positive Bewertung) kann nur durch einen sehr hohen Kapazitätseinsatz und damit verbundene höhere Kosten (negative Bewertung) erreicht werden. Und auch in der Nutzungsphase kann sich ein vermeintlicher Vorteil während der Projektphase (z.B. durch Einsatz minimaler Materialqualität = geringere Kosten) als schwerwiegender Nachteil im Gebrauch und den daraus resultierenden Folgekosten (z.B. erhöhter Wärmebedarf) erweisen.

Darüber hinaus benötigt jeder dieser Bereiche andere Werkzeuge zur Erfassung von Vorgaben und Daten. So erfordert der Aufbau eines Vertrages Kenntnisse aus der Rechtsprechung bzw. des Vertragsrechts und wird in Schriftform dokumentiert, während die Ermittlung von Kosten auf zahlenmäßigen Daten basiert und Dauern mit abstrakten Diagrammen dargestellt werden müssen.

Erst durch das Erfassen aller Konsequenzen in allen Ebenen kann eine Optimierung erzielt werden.

1.3 Projektmanagement
1.4 Objektmanagement

1.2.4 Beeinflussbarkeitspotentiale

Für alle Ebenen, ob Kosten, Qualität oder Termine, gilt jedoch, dass deren Beeinflussbarkeit im Verlauf der Projektphase stark abnimmt. Die Möglichkeiten einer Korrektur sinken sogar exponentiell, da durch Konsequenzen aus den am Anfang getroffenen relevanten Entscheidungen der Handlungsspielraum deutlich eingeengt wird (Bild 4). Während der Ausführungsphase liegt das Potential hauptsächlich im Überprüfen der Umsetzung entsprechender Vorgaben, eine konkrete Beeinflussung erfolgt allerdings nur durch unerwartete Ereignisse (z.B. schlechte Bodenqualität oder Wetterverhältnisse). In der Objektphase führt i.d.R. nur die Assimilation noch zu einer geringen Veränderung eines Bauwerks. Bis zum Zeitpunkt einer grundlegenden Veränderung des Objekt geht die Beeinflussbarkeit gegen Null.

Aus Gründen der Wirtschaftlichkeit und entsprechend dem heutigen Stand der Technik ist jeder Bauherr/Nutzer bestrebt, sich diese Beeinflussbarkeitpotentiale möglichst lange zu erhalten. Das bedeutet für Architekten und Ingenieure, den Leistungsbereich künftig über das bisherige Tätigkeitsfeld hinaus zu erweitern, d.h. der Planer bringt seine fachliche Kompetenz und seine Erfahrung schon zu einem sehr frühen Zeitpunkt ein und erweitert seine Leistung auf die Zeit nach der Erstellung eines Bauwerks.

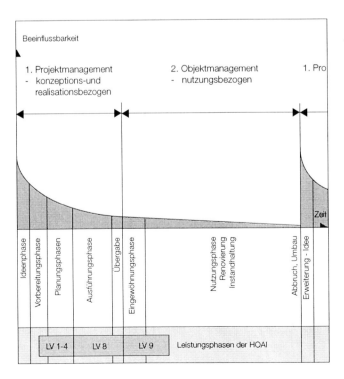

Bild 4: Beeinflussbarkeitspotentiale

1.3 Projektmanagement

Die Bestimmung des Begriffs Projektmanagement erfordert es, den Unterschied zum allgemeinen Management zu klären, denn letztgenannter Begriff legt nicht fest, in welchen zeitlichen Kategorien oder in welchen Lebensbereichen seine Funktion anzusetzen ist. Eine Annäherung kann nur über die Beschreibung der Eigenschaften von Projekten erfolgen (vgl. Kap. 1.1.2).

1.3.1 Charakteristik von Projekten

Die Charakteristik eines Projekts kann nach folgenden Parametern definiert werden:

- **Zeitraum** mit definiertem Start und Ziel
- **Umfang** an Kosten, Ressourcen und Beteiligten
- **Besonderheit** der Randbedingungen
- **Schwierigkeitsgrad** der erforderlichen Lösung
- **Bedeutung** für Gesellschaft und Umwelt
- **Risiko** bei Nichteinhaltung des Projektzieles
- **Rechtsstatus** der Beteiligten.

1.3.2 Projektplanung

Um ein Projekt durchführen zu können, müssen zu Beginn Planungsmaßnahmen getroffen werden, die den Ablauf simulieren und die unterschiedlichen Aufgaben beschreiben. Zu diesen Maßnahmen zählen:

- Beschreibung des Planungszieles (**was**?)
- Bildung von Planungsinstanzen (**wer**?)
- Festlegung der Planungsmethoden (**wie**?)
- Ermittlung von Planungsdeterminanten (**womit**?)
- Bestimmung des Zeitbedarfs (**wann**?)

Zu Beginn des Planungsablaufs sollte auf einer möglichst breiten Basis von Problemmerkmalen eine große Anzahl von Planungsalternativen entwickelt werden, welche dann dem zeitlichen Planungsfortschritt entsprechend einzuengen sind.

Der größte Unsicherheitsfaktor besteht in der Unkenntnis darüber, welchen genauen Verlauf das Projekt nehmen wird und wie ggf. verfahren werden soll. Die Randbedingungen für den Projektverlauf dürfen daher auch nicht zu eng gesteckt sein, da es sich bei jedem Projekt um einen neuen, meist unvergleichbaren Vorgang handelt, bei dem zwar Erfahrungen aus früheren Projekten einfließen können, deren frühere Abläufe aber nicht vorbehaltlos übernommen werden können.

1.3.3 Aufgaben des Projektmanagements

Der o.g. Definition folgend kann Projektmanagement als die Führungs-, Planungs- und Koordinationsmethodik verstanden werden, die zur optimalen Abwicklung von Projekten aller Art führt. Nach der DIN 69901 umfaßt sie auch die Organisation und die einzusetzenden Betriebsmittel und Techniken. Projektmanagement dient der sinnvollen, optimalen Bearbeitung einer gestellten Aufgabe, die

- einen hohen Komplexitätsgrad aufweist,
- die Zusammenarbeit verschiedener Spezialdisziplinen erfordert,
- unter zeitlichem Planungs- und/oder Ausführungsdruck steht,
- und im finanziellen Bereich festgelegte Größenordnungen einhalten muß.

1.4 Objektmanagement

Als eigenständige Managementaufgabe hat sich der Bereich des Objektmanagements in den letzten Jahren erst entwickelt. Auch hier muß zunächst noch einmal auf die Eigenschaften eines Objekts eingegangen werden, um den Leistungsbereich Objektmanagement zu verstehen.

1.4.1 Charakteristik von Objekten

Die Charakteristik eines Objekts kann mit folgenden Parametern beschrieben werden:

- **Immobilität** und damit Standortabhängigkeit
- **Größe** als räumliche Ausdehnung
- **Funktion** für Aktivitäten, Schutzfunktion
- **Gestaltung** durch Konstruktion, Material, Farbe
- **Bedeutung** für Gesellschaft und Umwelt
- **Rechtsstatus** in Bezug auf Eigentum oder Pacht

Mit dieser Beschreibung wird bereits eine Eingrenzung gegenüber anderen Erzeugnissen (z.B. Produkte, Waren) vorgenommen, die vom Grundsatz her im BGB ihren entsprechenden Niederschlag findet.

1.4.2 Objektplanung

Zu Beginn der Planung müssen hinsichtlich der gewünschten Eigenschaften alle Ziele definiert sein. Darüber hinaus wird über die nachstehenden Fragen die Qualität des Bauwerks während seiner Benutzung beschrieben:

- Wer nutzt das Objekt?
- Wie lange kann es genutzt werden?
- Wieviel kostet die Benutzung?
- Was kann verändert werden?
- Welche ökologischen Risiken sind zu befürchten?

Je intensiver eine Auseinandersetzung mit diesen Fragen während der Objektplanung erfolgt, umso besser kann ein Gebäude oder Bauwerk seinen späteren Zweck erfüllen. Auch hier kommt der Überprüfung von Alternativen eine entscheidende Rolle zu.

1.4.3 Aufgaben des Objektmanagements

Objektmanagement beginnt bereits in der Objektplanung, da hier bereits die Voraussetzungen für eine optimale Benutzung des Bauwerks geschaffen werden. Seine Hauptaufgaben umfassen die:

- Überprüfung der funktionalen und gestalterischen Qualität von der Fertigstellung bis zum Abriss
- Instandhaltung, Wartung und Modernisierung
- informelle Betreuung der Nutzer
- Überprüfung der betrieblichen Kosten und des Marktwerts
- Erstellung und Überprüfung von vertraglichen Vereinbarungen
- Fortschreibung und Kontrolle der Rentabilität
- Ermittlung und Kontrolle des kapazitativen Bedarfs

2 Organisation und Dokumentation

Wie im vorangegangenen Teil beschrieben, erfordert die Realisierung eines Bauwerks Klarheit aller Ausgangsbedingungen. Diese beziehen sich nicht nur auf das zu erstellende Bauwerk, sondern primär sogar auf die Projektbeteiligten und ihre Aufgaben innerhalb des Planungs- und Ausführungsprozesses. Es gilt zu klären, wie mit welchen Informationen auf welche Weise zu verfahren ist und wie die Beteiligten rechtlich in Beziehung zueinander stehen.

2.1 Planungs- und Ausführungsbeteiligte

Jedes Bauvorhaben erfordert eine Vielzahl von Personen mit ihren unterschiedlichen Kenntnissen, Fähigkeiten und Arbeitsmethoden. Um eine erfolgreiche Abwicklung zu gewährleisten, sollten die Aufgaben und Ziele der Planungs-und Ausführungsbeteiligten früh geklärt und dokumentiert werden.

2.1.1 Bauherr/Auftraggeber/Besteller

Ausgangsbedingung eines jeden Projekts stellt der Bauherr oder Auftraggeber (AG) bzw. Besteller dar, der mit seiner Bauabsicht für den darauffolgenden Proze ein hohes Maß an Entscheidungsgewalt innehat. Dabei kann er als Einzelperson oder als eine bestimmte Gesellschaftsform auftreten. Unabhängig von der Organisationsform muß der Status des Bauherrn und seiner Vertreter in Bezug auf folgende Aufgaben erkennbar sein:

- **Unterschriftsberechtigung**
- **Leitungs- bzw. Weisungsbefugnis**
- **Haftung**
- **Mittelbereitstellung**
- **Vertreterfunktion**
- **Beraterfunktion.**

Bei der Betrachtung der Mittelbereitstellung und Weisungsbefugnis von größeren Institutionen wird deutlich, daß für den Planenden und den Ausführenden der Bauherr niemals der alleinige Entscheidungsträger ist (im Gegensatz beispielsweise zu dem Bauherrn eines Eigenheimes), sondern immer nur Vertreter eines übergeordneten Gremiums (*Bild 5a-c*).

Organisation und Dokumentation

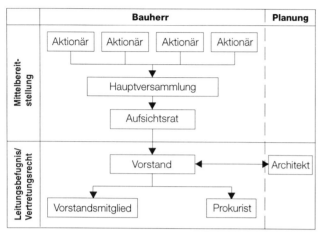

Bild 5a : Leitungsbefugnis und Mittelbereitstellung bei einer AG (Aktiengesellschaft)

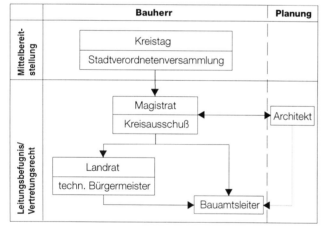

Bild 5b : Leitungsbefugnis und Mittelbereitstellung der öffentlichen Hand (Bsp.: Landkreis und Stadt)

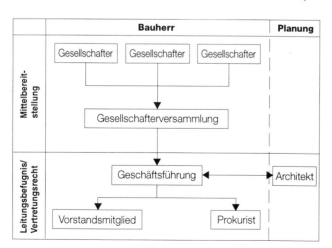

Bild 5c : Leitungsbefugnis und Mittelbereitstellung bei einer GmbH (Ges. mit beschränkter Haftung)

Dem Bauherrn obliegt die Pflicht, zur ordnungsgemäßen Realisierung eines genehmigungspflichtigen Projekts die entsprechenden Planer- und Fachplaner sowie die ausführenden Unternehmer zu beauftragen. Über gesetzliche Bestimmungen hinaus sind von ihm weitere Aufgaben wahrzunehmen:

- Festlegen des Projektumfangs
- Bereitstellung aller planungs- und ausführungsrelevanten Unterlagen und Informationen
- Kontrolle bei der Umsetzung der Projektziele
- mengen- und termingerechte Mittelbereitstellung.

Die Ziele, die ein Bauherr verfolgt, hängen u.a. davon ab, ob er selbst das Gebäude nutzt oder es von Dritten nutzen läßt. Dabei spielen für den Planer frühzeitig die konkreten Bauherrenziele eine entscheidende Rolle (*Bild 6*). Auf den Nutzer als Beteiligten sei hier nicht eingegangen, da seine Einflußnahme **immer** über den Bauherrn als Weisungsbefugten erfolgt.

Bild 6 : Unterschiedliche Ebenen der Zielvorstellung des Bauherrn bei Objekten

2.1.2 Projektmanager/Projektsteuerer

Da der Bauherr mit zunehmender Größe und Komplexität von Bauvorhaben die eben beschriebenen Aufgaben oftmals nicht vollständig bewältigen kann, hat sich in den letzten Jahren ein Berufszweig etabliert, der dem Bauherrn helfen soll, Projekte in seinem Sinne, d.h. unter Einhaltung der vorher festgelegten Rahmenbedingungen zu überwachen und abzuwickeln. Dabei werden Tätigkeiten wie Betriebsplanung, Aufstellen eines Raumprogramms, Wirtschaftlichkeitsberechnung, Aufstellen, Fortschreiben und Überwachen von Kosten-, Finanzierungs-, Termin- und Kapazitätsplänen an Projektmanager oder Projektsteuerer delegiert.

a. Der Begriff **Projektmanager** kann entsprechend der anfangs erläuterten Definition mit dem Begriff Projektleiter gleichgesetzt werden. Der Projektmanager arbeitet **mit Entscheidungskompetenz**, die ihm vom Bauherrn übertragen wird. Der Projektleiter besitzt **Linienfunktion**, d.h. er ist für die Beauftragung und Koordination aller Beteiligten verantwortlich.

b. Mit dem Begriff **Projektsteuerung** bezeichnet man eine Arbeitsmethode und Organisationsform zur Lösung komplexer und zeitlich befristeter Aufgaben, die eine Zusammenarbeit von mehreren Mitarbeitern und/oder Abteilungen/Institutionen erfordert. Die Projektsteuerung besitzt **Stabsfunktion** und wirkt beratend **ohne Entscheidungskompetenz**. Sie umfaßt nach der HOAI § 31 folgende Aufgaben:

1. Klärung der Aufgabenstellung, Erstellung und Koordinierung des Programms für das Gesamtprojekt
2. Klärung der Voraussetzungen für den Einsatz von Planern und anderen an der Planung fachlich Beteiligter (Projektbeteiligte)
3. Aufstellung und Überwachung von Organisations-, Termin- und Zahlungsplänen, bezogen auf Projekt und Projektbeteiligte
4. Koordinierung und Kontrolle der Projektbeteiligten mit Ausnahme der ausführenden Firmen
5. Vorbereitung und Betreuung der Beteiligung von Planungsbetroffenen
6. Fortschreibung der Planungsziele und Klärung von Zielkonflikten
7. laufende Information des Auftraggebers über die Projektabwicklung und rechtzeitiges Herbeiführen von Entscheidungen des Auftraggebers
8. Koordinierung und Kontrolle der Bearbeitung von Finanzierungs-, Förderungs- und Genehmigungsverfahren.

Danach besteht eine Hauptaufgabe des Projektsteuerers in der verstärkten Übernahme von Bauherrenaufgaben, von vorbereitenden Maßnahmen, die über die erste Leistungsphase nach HOAI (Grundlagenermittlung) hinausgehen und in der Kontrolle des Planungs- und Ausführungsablaufs bezogen auf alle Leistungsebenen.

Die Aufgabe der Projektsteuerung wird von Bauherren, seien sie private oder öffentlich-rechtliche Institutionen, oftmals an externe Fachplaner übergeben, um eine unabhängige Kontrolle aller Planungsbeteiligten zu gewährleisten. Dabei entsteht die Gefahr, daß als Projektsteuerer fachfremde Unternehmen auftreten, die die Realisierung unter rein monetären und terminorientierten Gesichtspunkten betrachten. Da das Honorar für Projektsteuerung als besondere Leistung frei verhandelbar ist, werden Projektsteuerungsverträge meist auf Provisionsbasis geschlossen (geringe Baukosten und schnellere Abwicklung = höheres Honorar).

c. Wie der Begriff **Controlling** bereits aussagt, besteht die Hauptaufgabe eines Controllers darin, sowohl die Einhaltung bzw. geregelte Abänderung von Planungsvorgaben aus den Bereichen Kosten, Termine und Qualitäten zu überprüfen, als auch in der vorausschauenden Planungssteuerung und der Erstellung von kontrollierenden Soll-Ist-Vergleichsuntersuchungen. Ein Projekt- oder auch Baucontroller wirkt **ohne Entscheidungskompetenz** als Berater des Bauherrn, der Planer und der Bauleitung.

Die nachstehend beschriebenen Aufgaben eines Projektmanagers/-steuerers können von unterschiedlichen Personen mit unterschiedlicher Qualifikation wahrgenommen werden:

- Bauherr
- Technische Abteilung
  bei Behörden : Bauamt
  in der Industrie : Bauabteilung
- planender Architekt (HOAI LP 1-4)
- Bauleiter :
  nach HOAI LP 5-9
  des Bauherrn
- Fachplaner
- Projektsteuerer
- Generalunternehmer
- Fachbauleiter
- Generalübernehmer.

Die folgenden Diagramme (*Bild 7, 8*) stellen die Leistungen der Projektsteuerung während der gesamten Planungs- und Ausführungsphasen dar.

Organisation und Dokumentation

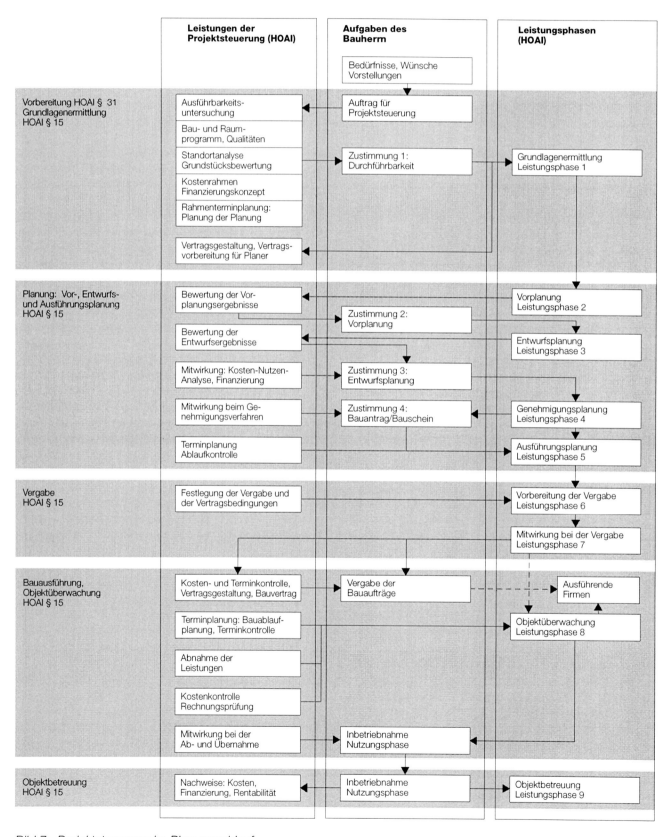

Bild 7: Projektsteuerung im Planungsablauf

2.1 Planungs- und Ausführungsbeteiligte

Projektsteuerung Planungsphasen	Organisation und Dokumentation	Qualitäten und Quantitäten	Kosten und Finanzierung	Termine und Kapazitäten
Bedarfsermittlung Durchführbarkeitsuntersuchung	- Klärung der Projektziele und Zielkonflikte - Prüfung der Genehmigungsfähigkeit - Mitwirkung bei der Auswahl der Fachplaner - Mitwirkung bei der Vertragsgestaltung - Mitwirkung beim Abschluß von Versicherungen mit Risikoabwägung - Information des Auftraggebers und Dokumentation	- Klärung der Aufgabenstellung - Mitwirkung bei der Erstellung eines Bauprogramms - Klärung der Grundstückssituation - Mitwirkung bei der Erstellung des Raumprogramms - Mitwirkung bei der Erstellung des Funktionsdiagrammes - Mitwirkung bei der Festlegung der Soll-Qualitäten	- Mitwirkung bei der Erstellung eines Kostenrahmens - Mitwirkung bei der Erstellung des Finanzierungskonzeptes - Mitwirkung bei der Erstellung des Konzeptes für die Rentabilität	- Mitwirkung bei der Erstellung eines Globalkonzeptes für die Soll-Termine - Mitwirkung bei der Erstellung des Terminplanes für Planung (Planung der Planung)
Vor- und Entwurfsplanung	- Fortschreibung der Projektziele und Zielkonflikte - Mitwirkung bei der Leistungsabgrenzung der Fachplaner - Koordination der Planer - Kontakte zu Nachbarn, Behörden und Planungsbetroffenen - Mitwirkung bei der Vertragsgestaltung - Information des Auftraggebers und Dokumentation	- Mitwirkung bei der Fortschreibung der Bedarfsermittlung - Mitwirkung bei der Fortschreibung der Soll-Qualitäten - Mitwirkung bei der Erstellung eines Raumbuchs - Mitwirkung beim Bemusterungs- und Besichtigungsverfahren	- Mitwirkung bei der Erstellung der Kostenschätzung und Kostenberechnung - Mitwirkung bei der Führung des Baubuches (lfd. Kosten) - Mitwirkung bei der Erstellung eines Finanzierungsplanes - Mitwirkung bei der Erstellung einer Rentabilitätsberechnung	- Mitwirkung bei der Fortschreibung der Soll-Termine für die Planung und Ausführung - Erstellung von Einzelterminplänen für Planung und Ermittlung der erforderlichen Planungskapazität
Genehmigungs- und Ausführungsplanung	- Fortschreibung der Projektziele und Zielkonflikte - Koordination der Planer - Fortschreibung der Kontakte zu Nachbarn, Behörden und Planungsbetroffenen - Verhandlungen mit den Genehmigungsbehörden - Information des Auftraggebers und Dokumentation	- Mitwirkung bei der Fortschreibung der Bedarfsermittlung - Mitwirkung bei der Fortschreibung der Soll-Qualitäten - Mitwirkung bei der Fortschreibung des Raumbuchs - Mitwirkung beim Bemusterungs- und Besichtigungsverfahren	- Mitwirkung bei der Fortschreibung der Sollkosten als Kostenberechnung nach Grob- und Bauelementen - Mitwirkung bei der Fortschreibung des Finanzierungsplanes - Mitwirkung bei der Ermittlung der Baunutzungskosten - Mitwirkung bei der Fortschreibung der Rentabilitätsberechnung	- Mitwirkung bei der Fortschreibung der Soll-Termine für Planung und Ausführung - Erstellung von Einzelterminplänen für Planung und Mitwirkung bei der Erstellung von Einzelterminplänen für die Ausführung - Mitwirkung bei der Ermittlung der Ausführungskapazitäten (Ausführungsfirmen)
Ausschreibung und Vergabe	- Fortschreibung der Projektziele und Zielkonflikte - Koordination der Planer und Mitwirkung bei der Koordination der ausführenden Firmen - Fortschreibung der Kontakte zu Nachbarn, Behörden und Planungsbetroffenen - Mitwirkung bei der Vertragsgestaltung - Information des Auftraggebers und Dokumentation	- Mitwirkung bei der Fortschreibung der Soll-Qualitäten - Mitwirkung bei der Fortschreibung des Raumbuchs - Mitwirkung beim Aufstellen von Checklisten für die Ausschreibung - Mitwirkung beim Erstellen der Ausschreibungsunterlagen - Mitwirkung beim Bemusterungs- und Besichtigungsverfahren	- Mitwirkung bei der Fortschreibung der Sollkosten als Kostenanschlag - Mitwirkung bei der Erstellung eines Preisspiegels mit Kostenalternativen - Mitwirkung bei der Erstellung von Vergabevorschlägen - Mitwirkung bei der Fortschreibung des Baubuches - Mitwirkung bei der Fortschreibung des Finanzierungsplanes und der Rentabilitätsberechnung	- Mitwirkung bei der Fortschreibung der Soll-Termine für die Ausführung - Mitwirkung bei der Festlegung von Fertigstellungsterminen (auch Zwischenterminen)
Bauausführung und Inbetriebnahme	- Fortschreibung der Projektziele und Zielkonflikte - Koordination der Planer und Mitwirkung bei der Koordination der ausführenden Firmen - Fortschreibung der Kontakte zu Nachbarn, Behörden und Planungsbetroffenen - Mitwirkung bei der Vertragsgestaltung - Mitwirkung bei den Abnahmen (VOB, LBO) - Information des Auftraggebers und Dokumentation	- Mitwirkung beim Fortschreiben der Soll-Qualitäten und Erstellung von Checklisten für die Ausschreibung - Mitwirkung beim Soll-/Ist-Vergleich der geplanten und ausgeführten Qualitäten - Überprüfung der Bestandspläne auf Vollständigkeit - Mitwirkung bei der Abnahme und Übergabe der technischen Systeme	- Mitwirkung bei der Fortschreibung der Sollkosten - Mitwirkung bei der Fortschreibung des Baubuches - Mitwirkung bei der Erstellung des Soll-Ist-Kosten-Vergleiches (gewerkebezogene Abrechnung nach DIN 276) - Mitwirkung beim Abschlußbericht über Kosten, Finanzierung und Rentabilität	- Mitwirkung bei der Festlegung der Inbetriebnahme- und des Einweihungstermins - Mitwirkung bei der Terminierung der Sicherheitsleistungen - Mitwirkung bei der Terminierung der Mängelbeseitigung - Mitwirkung bei der Feststellung der Konventionalstrafen - Abschlußbericht über die Termin- und Kapazitätsplanung

Bild 8 : Leistungsbild der Projektsteuerung [1]

Organisation und Dokumentation

2.1.3 Architekt/Planer

Abgesehen von seiner eigentlichen Aufgabe, dem Planen von Gebäuden, beinhaltet die Tätigkeit des Architekten folgende Aufgaben gegenüber dem Bauherrn/Auftraggeber :

- **Berater und Treuhänder**
  Als fachlicher Berater hat der Architekt den Bauherrn vor Schäden zu schützen. Reichen seine fachlichen Kenntnisse nicht aus, muß er mit Einverständnis des Bauherrn die entsprechenden Fachleute hinzuziehen, um ein mängelfreies Werk zu gewährleisten. Seine treuhänderische Tätigkeit beinhaltet auch eine möglichst kostengünstige Erstellung des Bauwerks.

- **Erfüllungsgehilfe**
  Während der Architekt als Treuhänder und Berater des Bauherrn selbständig ist, wird er gleichzeitig - als Mitarbeiter des Bauherrn- als dessen "Erfüllungsgehilfe" angesehen (mitwirkendes Verschulden, § 254 BGB).

- **Vertreter**
  Der Architekt als Vertreter des Bauherrn vergibt "im Namen, im Auftrag und Rechnung des Bauherrn" Bauleistungen, die durch die Unterschrift des Bauherrn rechtsgültig vollzogen werden. Die Vertreterbefugnis des Architekten reicht nur so weit, wie dies im Architektenvertrag bestimmt worden ist.

Über diese nach dem BGB geltenden Pflichten hinaus erfordert die Tätigkeit des Architekten die Einhaltung weiterer unterschiedlicher Gesetzesgrundlagen:

- Architekt nach Architektenkammer (Bauvorlageberechtigung)
- Architekt nach Länderbauordnungen (z.B. HBO)
- Architekt nach Leistungsphasen, z.B. entwerfender Architekt gemäß HOAI, Leistungsphase 1-5
- Architekt der Baudurchführungsplanung gemäß HOAI Leistungsphase 6-9
- Architekt als Bauleiter gemäß HOAI Leistungsphase 8+9.

Die vertragliche Regelung zwischen Bauherr und Architekt bzw. Fachingenieur erfolgt i.d.R. nach der **Honorarordnung für Architekten und Ingenieure (HOAI)**. Diese Verordnung mit Gesetzescharakter aus dem Jahre 1977 löste folgende früher geltende Gebührenordnungen ab:

GOA - Gebührenordnung für Architekten
GOI - Gebührenordnung für Ingenieure (Tragwerk)
GOGA - Gebührenordnung für Gartenarchitekten

Die HOAI legt in ihrer ab 1.1.1996 gültigen Fassung (5. Novelle) fest, welche Leistungen z.B. der Architekt zu erbringen hat, welche Pflichten damit verbunden sind und wie sich das zu vereinbarende Honorar errechnet. Sie differenziert die Planungsleistungen nach Gebäuden, Freianlagen und räumlichen Ausbauten als herkömmliche Architektenleistung, nach städtebaulichen, landschaftsplanerischen und verkehrstechnischen Aufgaben sowie nach konstruktiven (Statik) und technischen Gesichtspunkten (Haustechnik).

Teil 1 (Allgemeine Vorschriften) der HOAI unterscheidet die zu erbringenden Leistungen in Grundleistung und Besondere Leistung (§ 2 HOAI).

Unter **Grundleistung** versteht man die Leistungen, die zur ordnungsgemäßen Erfüllung des Auftrags erforderlich sind. Sachlich zusammengehörige Grundleistungen sind zu jeweils in sich abgeschlossenen Leistungsphasen zusammengestellt.

Besondere Leistungen können zu den Grundleistungen hinzu oder an deren Stelle treten, wenn besondere Anforderungen an die Ausführung des Projekts gestellt werden, die über die allgemeinen Leistungen hinausgehen oder diese ändern.

In § 3 HOAI wird festgelegt, um welche Art von Baumaßnahme es sich handelt (z.B. Neubau, Anbau, Umbau, Renovierung, Modernisierung etc.).

Die Vereinbarung über Höchst- und Mindestsätze des Honorars sowie die Berechnung von Teilleistungen sind in den §§ 4-5 HOAI festgehalten. Liegt keine schriftliche Vereinbarung vor, gelten die jeweiligen Mindestsätze als vereinbart.

Die §§ 6-9 HOAI legen die Höhe der Stundensätze bei Zeithonoraren, anrechenbare Nebenkosten, Zahlungsmodalitäten und die gesetzlich festgeschriebene Umsatzsteuer fest.

Im **Teil 2** und **Teil 3** (§§ 10-28 HOAI Leistungen bei Gebäuden, Freianlagen und raumbildenden Ausbauten, §§ 29-32 HOAI, Zusätzliche Leistungen) werden alle (zu planenden) Objekte, Leistungen, Honorarzonen und Honorartabellen definiert, die für die Erstellung eines schriftlichen Architektenvertrages notwendig sind. Formularverträge wie der Einheitsarchitektenvertrag der Bundesarchitektenkammer (BAK) beinhalten auch die Möglichkeit eines Pauschalhonorars. Obwohl die Errechnung des Honorars nach der Honorartafel dann nicht zur

2.1 Planungs- und Ausführungsbeteiligte

Anwendung kommt, so muß doch der Leistungsumfang der zu erbringenden Leistung beschrieben sein.

Grundlagen für die Ermittlung des Honorars (§ 10 HOAI) bilden die anrechenbaren Kosten des zu planenden Objekts nach DIN 276 und die Honorarzone, der das Gebäude angehört. Um Abschlagszahlungen nach Erbringung von Einzelleistungen berechnen zu können, sieht die HOAI vor, die anrechenbaren Kosten planungs- und ausführungsbegleitend mit zunehmendem Detaillierungsgrad anzusetzen (vgl. Kap.4, Leistungsphase 1-4 nach Kostenberechnung, Leistungsphase 5-7 nach Kostenanschlag, Leistungsphase 8-9 nach Kostenfeststellung).

Die Honorarzone (§ 11 HOAI) wird nach bestimmten Bewertungskriterien des zu planenden Objekts (Einbindung in die Umgebung, Anzahl der Funktionsbereiche, gestalterische Anforderungen, Konstruktion, technische Ausrüstung und Ausbaustandard) ermittelt. Diese Kriterien werden je nach Aufwand mit Punkten belegt und in ihrer Summe einer bestimmten Honorarzone zugeordnet.

Falls die Art und der Umfang der Aufgabe klar ersichtlich sind, kann eine Zuordnung nach einer Objektliste (§ 12 HOAI) vorgenommen werden. In den §§ 13-14 (a) HOAI wird für Leistungen bei Freianlagen und raumbildenden Ausbauten entsprechend vorgegangen. Eine Festlegung zwischen zwei Zonen (z.B. Honorarzone 3.5) kann vertraglich vereinbart, muß dann allerdings arithmetisch ermittelt werden.

Im § 15 HOAI wird das Leistungsbild für Objektplanung in 9 Leistungsphasen mit entsprechenden Prozentsätzen unterteilt. Außerdem wird beschrieben, aus welchen Leistungen sich das Leistungsbild zusammensetzt, und welche Leistungen als Grundleistungen oder als Besonderen Leistungen gelten (*Bild 9*).

Aus den Honorartabellen (§§ 16-18 HOAI) kann man das entsprechende Honorar herleiten, wobei Zwischenwerte linear interpoliert werden (§ 5a HOAI).

Wird einem Architekten eine Leistungsphase als Einzelleistung übertragen (z.B. nur der Vorentwurf), so steht ihm ein höherer Prozentsatz zu, als dies im Leistungsbild nach § 15 HOAI aufgeführt ist. Der § 19 HOAI legt genau fest, bis zu welcher Höhe der Prozentsatz für Einzelleistungen angesetzt werden darf.

In den §§ 20-29 HOAI werden u.a. die Berechnungsgrundlagen beschrieben für: Planung mehrerer gleicher Gebäude, für Umbauten und Modernisierungen, zeit-

Leistungs-phase	Leistungsbeschreibung	%
LP 1	**Grundlagenermittlung** Ermitteln der Voraussetzung zur Lösung der Bauaufgabe durch die Planung	3
LP 2	**Vorplanung** Projekt- und Planungsvorbereitung; Erarbeiten der wesentlichen Teile einer Lösung der Planungsaufgabe (Städtebau, Gestaltung, Funktion, Technik und Bauphysik, Wirtschaftlichkeit); Kostenschätzung nach DIN 276	7
LP 3	**Entwurfsplanung** System- und Integrationsplanung; Erarbeiten der endgültigen Planungsaufgabe; durchgearbeitetes Planungskonzept mit Integration an der Planung fachlich Beteiligter; Verhandlung über Genehmigungsfähigkeit; Kostenberechnung nach DIN 276	11
LP 4	**Genehmigungsplanung** Erarbeiten und Einreichen der Vorlagen für die erforderlichen Genehmigungen oder Zustimmungen	6
LP 5	**Ausführungsplanung** Erarbeiten und Darstellen der ausführungsreifen Planungslösung; Zeichnungen im Maßstab 1:50 bis 1:1	25
LP 6	**Vorbereitung der Vergabe** Ermitteln der Mengen und Aufstellen von Leistungsverzeichnissen	10
LP 7	**Mitwirkung bei der Vergabe** Mitwirkung bei der Auftragsvergabe; Auswertung der Angebote; Aufstellen eines Preisspiegels; Kostenanschlag nach DIN 276	4
LP 8	**Objektüberwachung (Bauüberwachung)** Überwachen der Ausführung des Objekts; Koordination der an der Ausführung fachlich Beteiligten; Aufstellen eines Zeitplans; Führen eines Bautagebuches; Abnahme der Bauleistungen; Rechnungsprüfung und Kostenfeststellung nach DIN 276; Übergabe des Projekts an den Nutzer	31
LP 9	**Objektbetreuung und Dokumentation** Überwachung der Beseitigung von Mängeln und Dokumentation des Gesamtergebnisses;	3
gesamt		**100**

Bild 9: Leistungsbild des Architekten nach HOAI [2]

lich verzögerte oder getrennte Ausführungen, Einrichtungsgegenstände und Werbeanlagen, Instandhaltungen- und setzungen, Entwicklung und Herstellung von Fertigteilen sowie rationalierungswirksame besonderen Leistungen.

2.1.4 Bauleiter

Die Bauleitung umfaßt die fachkundige Überwachung der Bauausführung und ist gemäß der HOAI eine Grundleistung. In der Musterbauordnung (MBO) wird die Aufgabe der Bauleitung in § 57 Abs. 1 wie folgt beschrieben:

» Der Bauleiter hat darüber zu wachen, dass die Baumaßnahme dem öffentlichen Baurecht, den anerkannten Regeln der Technik und den genehmigten Bauvorlagen entsprechend durchgeführt wird und die dafür erforderlichen Weisungen zu erteilen. Er hat im Rahmen dieser Aufgabe auf den sicheren bautechnischen Betrieb der Baustelle, insbesondere auf das gefahrlose Ineinandergreifen der Arbeiten der Unternehmer zu achten. Die Verantwortlichkeit der Unternehmer bleibt unberührt.«

Konkret beinhaltet diese Aufgabe die:

- Umsetzung von Planvorlagen
- Koordination der Bauunternehmen
- Überprüfung von Soll-Ist-Werten
- Massenermittlung der Bauleistungen (Aufmaß)
- Abnahme und Zahlungsfreigabe

Nach der Hessischen Bauordnung (HBO) z.B. muß der Bauaufsichtsbehörde spätestens bei Baubeginn der Bauleiter benannt werden. Dabei muß der Nachweis der fachlichen Qualifikation erbracht werden, wobei keine bestimmte Berufsgruppe vorgeschrieben wird.

Obwohl die HOAI Leistungen der Objektplanung und der Objektüberwachung als originäre Architektenleistung betrachtet, hat sich innerhalb der Berufsgruppe eine Spezialisierung in Planer und Bauleiter vollzogen, da die Objektüberwachung nach HOAI den umfangreichsten Arbeitseinsatz erfordert und die Wahrnehmung aller Leistungsphasen von einer Person ab einer bestimmten Projektgröße nicht mehr realistisch erscheint.

2.1.5 Fachplaner

Die gestiegene Komplexität von Bauvorhaben erfordert zunehmend den Einsatz von Spezialisten, deren Zahl sich je nach Schwierigkeitsgrad des Projekts erweitert. Die meisten Fachingenieure decken allerdings mehrere, meist voneinander abhängige Bereiche gleichzeitig ab (z. B. Heizung, Lüftung, Sanitär), wobei jeder Leistungsbereich in der HOAI beschrieben und entsprechend honoriert wird. Dabei wird grundsätzlich nach gleichem Vorbild wie bei den Architektenleistungen verfahren. Lediglich die Prozentsätze für die einzelnen Leistungsphasen und die Honorarsummen variieren je nach Leistungsumfang. Die wichtigsten Sonderfachleute und ihre Aufgaben sind nachstehend aufgeführt (Bild 10).

2.1.6 Gutachter

Bevor bestimmte planerische Maßnahmen ergriffen werden, kann die Einbeziehung von Gutachtern erforderlich werden. Da ihre Tätigkeit als Dienstleistung gilt, erfolgt eine Beauftragung in Form von Dienstverträgen mit den entsprechenden rechtlichen Bindungen. Ihr Einsatzgebiet umfaßt die bereits genannten Bereiche der Fachplanung. Nach §§ 33+34 HOAI sind diese Honorare frei verhandelbar.

2.1.7 Behörden

Die Erteilung einer Baugenehmigung (Bauschein) durch die untere Bauaufsichtsbehörde erfordert im Rahmen der Prüfung der Bauantragsunterlagen auch Aussagen oder gutachterliche Stellungnahmen von verschiedenen Behörden (Bild 11). Darüber hinaus muß im Planungsablauf oftmals eine Abstimmung mit nichtbehördlichen Institutionen erfolgen. Zu diesen zählen u.a.:

- **Energieversorgungsunternehmen** (Versorgung mit Strom, Gas, Wasser, Fernwärme etc.)
- **Berufsgenossenschaften** (Abwendung von Unfallgefahren, Sicherheitsmaßnahmen, Betriebsüberwachung, Arbeitsplatzgestaltung)
- **Bundesbahn** (Gleisanschluß, Verkehrsgerüst, Bahnbauten, Versand und Zustellung)
- **Bundespost** (Versand und Zustellung Brief- und Frachtpost)
- **Telekom** (Telefon- und Telefaxanschluß, Funk, elektronische Datenübertragung)
- **Banken,** (Risiken und Prämien in Abhängigkeit von Betrieb, Produkt, Bauweise und Baumaterialien)
- **Versicherungen** (Haftpflicht für Planungs- und bauleistungen, Rechtsschutz, Bauwesenversicherung etc.).

2.1 Planungs- und Ausführungsbeteiligte

Sonderfachleute	Allgemeines Aufgabengebiet bzw. Aussagen über
Statik	Nachweis der Standsicherheit, konstruktive Ausbildung, wirtschaftliche Baukonstruktion, Schalungspläne, Bewehrungspläne, Überwachung der Ausführung in technischer Hinsicht
Heizungsanlagen	Wärmebedarfsberechnung, Wärmeerzeugungsanlagen, Wärmeversorgungsanlagen, Fernleitungen, Brennstoffvorratslager, Heizungsinstallationen
Lüftungs- und Klimaanlagen	Wärmebedarfsberechnung, Lüftungsanlagen, Klimaanlagen, Kälteerzeugungsanlagen
Entwässerung	Hydraulische Berechnungen, Grundstücksentwässerung, Aufbereiten und Abführen gewerblicher Abwässer, Hebe- und Rückhalteanlagen
Gas- und Wasserversorgung	Bedarfsermittlung, Gas- und Wasserversorgungsanlagen, Pressluftversorgungsanlagen
Starkstrom	Fernleitungen, Stromerzeugungsanlagen, Umspann- und Schaltanlagen, Beleuchtung, Kraftstromversorgungsanlagen, Erdung
Schwachstrom	Fernleitungen, Stromerzeugungsanlagen, Nachrichtentechnik, Datenerfassung, Datenverarbeitung, Schalt- und Regelanlagen
Maschinelle Anlagen	Förderanlagen und Fördermittel, Hebezeuge, Produktionsmaschinen, allgemeine Maschinen
Korrosionsschutz	Anstriche und Verzinkung, korrosionsschutzgerechte Konstruktion
Bauphysik	Wärmeschutz, Dampfdiffusion, Abdichtung, physikalisches Verhalten von Baustoffen
Akustik	Bau-Akustik, Raum-Akustik, Schutz vor Lärmstörungen
Gartengestaltung	Garten- und Wegebau
Organisation	Betriebsablauf, Verwaltungsorganisation, Einrichtung, Raumprogramm
Spezialtechnik	Spezielle Betriebseinrichtungen, Sonderräume für Forschungszwecke u.ä.
Vertragsgestaltung	Verträge mit Fachleuten, Verträge mit ausführenden Firmen
Einrichtung	Büros, Labors, Betrieb, Rechenanlagen, Sozialanlagen, Geräte
Termine	Terminpläne für Planung/Ausführung/Betriebsablauf

Bild 10 : Sonderfachleute

Organisation und Dokumentation

Prüfende / aussagende Behörde	(Antragsprüfung und Genehmigung nach verschiedenen Kriterien)
Bauaufsichtsbehörde	Zuständigkeit auf Gemeinde- oder Kreisebene, Prüfung der Einhaltung des Baurechts, Baunutzungsverordnung, Sondergenehmigungen und Befreiungen
Prüfstatik	Prüfung des Standsicherheitsnachweises
Stadtplanungsamt	Aussagen über Flächenwidmung, Flächennutzung, Ausnutzungsbegrenzung, Bebauungplan, Sanierung
Amt für Regional- und Landschaftsplanung	Flächennutzung, Großraumplanung
Denkmalschutzbehörde	Bestandsaufnahme und Sicherung, Ensembleschutz
Amt für Verkehrsplanung	Autobahnen, Straßen, öffentliche Verkehrsmittel, ruhender Verkehr
Umweltbehörde	Landschaftsschutz, Grünflächenplanung, Wasserflächenplanung, Bodenversiegelung
Wasserwirtschaftsamt	Abwasservorflut, Abwasserreinigung und -aufbereitung, Grundwasserförderung, natürliche und künstliche Gewässer
Tiefbauamt	Abwasservorflut, Straßen-Tunnel- und Kanalbau
Brandschutzbehörde	Brandschutzklassen, baulicher Brandschutz, Brandbekämpfung
Prüfamt für Baustatik	Prüfung und Abnahme von Konstruktionen
Gewerbeaufsichtsamt	Gewerbeordnung, Arbeitsplatzgestaltung, Sozialanlagen, Betriebsüberwachung, Emissionsschutz
Gesundheitsamt	Hygiene, Arbeitsbedingungen und Betriebsüberwachung in Lebensmittelbetrieben
Veterinäramt	Hygiene in Küchenanlagen und Restaurants
Amt für Strahlen- und Emissionsschutz	Abgase, Umgang und Lagerung von leichtentzündlichen und wassergefährdeten Stoffen
Wasser- und Schifffahrtsamt	Schifffahrtswege, Kanäle, Hafen- und Molenbauten, Kaianlagen
Amt für Wirtschaftsförderung	Fragen zur Standortwahl, Bevölkerungsstruktur, Industriekultur, Versorgungseinrichtungen, kulturelle Einrichtungen, Siedlungsmöglichkeiten
Luftfahrtamt	Flugplätze, Flugsicherungsmaßnahmen, Bauhöhenbeschränkungen
Finanzamt	Steuersätze, Abschreibungsmöglichkeiten
Materialprüfungsamt	Materialprüfung, Zulassung von Elementen und Materialien, Typenzulassung
Technisches Überwachungsamt	genehmigungs- und anzeigepflichtige Anlagen sowie deren Abnahme und Betriebsüberwachung

Bild 11 : Behörden (prüfende / aussagende Organe)

2.1 Planungs- und Ausführungsbeteiligte
2.2 Nutzungsbeteiligte

2.1.8 Hersteller/Ausführender/Unternehmer

Als Unternehmer wird nach der Musterbauordnung (MBO) jeder Auftragnehmer (AN) bezeichnet, der Bauleistungen erbringen kann. Üblicherweise lassen sich diese Bauleistungen mit der Einteilung in Gewerke bzw. Gewerkegruppen beschreiben. Im § 56 Abs. 1 MBO heißt es:

» Jeder Unternehmer ist für die **ordnungsgemäße**, den allgemeinen Regeln der Technik und den genehmigten Bauvorlagen entsprechende **Ausführung** der von ihm übernommenen Arbeit und insoweit für die ordnungsgemäße Einrichtung und den sicheren Betrieb der Baustelle verantwortlich. Er hat die erforderlichen Nachweise über die Verwendbarkeit der Bauprodukte und Bauarten zu erbringen und auf der Baustelle bereitzuhalten.«

Oftmals werden jedoch wegen technischer Komplexität oder Geringfügigkeit von bestimmten Bauleistungen mehrere Gewerke zusammengefaßt und an einen Unternehmer vergeben. Dabei muß sichergestellt sein, daß dieser Unternehmer auch über das technische Wissen für die »fachfremde« Leistung verfügt oder ggf. fachliche Unterstützung heranzieht.

2.1.9 Sonderformen

Im Zuge einer gesteigerten Kosten- und Terminsensibilität beim Bauherrn und zunehmender Projektgröße haben sich Planer und Unternehmen zu größeren Gesellschaften zusammengeschlossen.

Als **Generalplaner** bezeichnet man den Zusammenschluß von Objekplanern und Fachplanern, die als Planungsgesellschaft ab einer bestimmten Größenordnung von Bauherrn bevorzugt eingesetzt werden. Für den Bauherrn ist damit der Generalplaner einzigster Ansprech- und Vertragspartner. Alle Koordinations- und Informationsabläufe, sowie die rechtliche Verantwortung werden im Innenverhältnis des Generalplaners geklärt (*Bild 12*).

Als **Generalunternehmer** haben sich große Gesellschaften des Bau- und Baunebengewerbes entwickelt, die auch fachfremde Bauleistungen übernehmen und diese an **Nachunternehmer**, auch **Subunternehmer** genannt, vergeben. Für den Bauherrn liegen die Vorteile eindeutig in einer höheren Kosten- und Terminsicherheit, da die Vorgaben i.d.R. vor Vertragsabschluß festgelegt werden. Außerdem bindet sich der Bauherr nur an einen Vertragspartner statt an eine Vielzahl von gewerkebezogenen Einzelunternehmen. Nachteilig wirkt sich die fehlende Kostentransparenz der Einzelgewerke aus, da die Verteilung der Kosten aus der vertraglich vereinbarten Pauschalsumme nicht ausreichend hervorgeht. In jedem Fall empfiehlt sich das Hinzuziehen einer Kontrollinstanz durch einen Planer oder Bauleiter.

Eine weiterführende Sonderform im Baugewerbe bildet der **Generalübernehmer**, der sowohl die Bauleistungen als Generalunternehmer als auch alle Planungsleistungen in der Form des Generalplaners anbietet. Dem Vorteil der Übersichtlichkeit für den Bauherrn steht eine geringere Kontrolle und ein enormer Koordinationsaufwand des Generalübernehmers gegenüber, der nicht immer ausreichend honoriert wird.

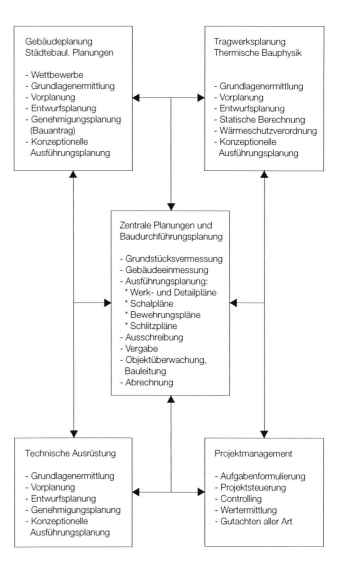

Bild 12: Leistungen eines Generalplaners

Organisation und Dokumentation

2.2 Nutzungsbeteiligte

Der von einem Bauprojekt und -objekt am meisten betroffene Personenkreis ist ohne Zweifel der Nutzer, da er mit ganz unterschiedlichen Tätigkeiten (arbeiten, wohnen, lernen etc.) die meiste Zeit in oder mit einem Bauwerk verbringt. Dennoch sind außer dem Nutzer noch andere Beteiligte in die Nutzungsphase einbezogen.

2.2.1 Eigentümer

Beim Eigentümer muß grundsätzlich unterschieden werden, ob er **nur Eigentümer oder auch Nutzer** eines Gebäudes oder Bauwerks ist. In den seltensten Fällen (mit Ausnahme des Eigenheims) nutzt der Eigentümer seinen Besitz. Viel häufiger vermietet oder verpachtet er seinen Grund- oder Gebäudebesitz.

Die Aufgaben eines Gebäudeeigentümers sind sehr vielfältig und umfangreich, da er nicht nur für die technische und wirtschaftliche Funktionsfähigkeit, sondern auch für die rechtliche und informelle Betreuung der Nutzer/Mieter zuständig ist. Hinzu kommen Aufgaben hinsichtlich der Vermarktung bei Nutzerwechsel sowie der Anpassung des Gebäudes an veränderte Standards.

2.2.2 Mieter

Der Umgang mit einem Bauwerk wird sehr stark davon geprägt, ob es sich bei dem Nutzer um den Eigentümer oder um einen **Mieter** handelt. Da die Wahrung der Privatsphäre des Mieters Vorrang vor der Kontrolle durch den Vermieter besitzt, sind Rechte und Pflichten jeder Vertragsseite durch den Gesetzgeber im BGB festgelegt (s. Kap. 2.5.3). Dabei spielen Fragen der Veränderungsmöglichkeiten oder Anpassung an individuelle Bedürfnisse und Instandhaltungs- und Modernisierungspflichten beider Seiten eine entscheidende Rolle.

2.2.3 Objektmanager

Da diese Aufgaben bei größeren Bauwerken sehr viel Zeit in Anspruch nehmen und eine enorme Fachkenntnis erfordern, entwickelte sich für die Betreuung von Gebäuden ein eigener Leistungsbereich, den wir unter dem Begriff Objektmanagement zusammenfassen können.

Der **Objektmanager** versteht sich genauso wie der Projektmanager als Vertreter eines Bauherrn bzw. Eigentümers mit entsprechender Handlungsbefugnis. Seine Tätigkeit erstreckt sich auf die umfaßende Betreuung von unterschiedlichen Gebäuden und Bauwerken (z.B. Wohnungen, Verwaltungsbauten, Schulen, Flughäfen, Staudämmen etc.) und erfordert zwangsläufig ein hohes Maß an Fachwissen aus den Bereichen der Gebäudeplanung, der Betriebswirtschaft sowie aus der Rechtsprechung. Zu den wichtigsten Aufgaben zählen:

- Vermarktung des Bauwerks durch Verkauf, Vermietung oder Leasing sowie vertragliche Betreuung
- Prüfen und Umsetzen individueller Nutzerwünsche
- Überprüfung von Zahlungs-und Finanzierungsplänen für Mieter und Eigentümer (Miet-oder Abschlagszahlungen), sowie steuerliche Belange
- Aufstellung, Kontrolle und Abrechnung aller betrieblichen Kosten für Eigentümer und Nutzer
- Bestimmung, Durchführung und Abrechnung von allgemeinen Instandhaltungsmaßnahmen am Bauwerk sowie an den Außenanlagen.

2.2.4 Facilitymanager

Da Objektmanagement neben der organisatorischen, logistischen und raumspezifischen Betreuung durch den Objektmanager auch den Umgang mit der zum Teil sehr umfangreichen Gebäudetechnik beinhaltet, erscheint ein Herauslösen eines eigenständigen Tätigkeitsfelds als sinnvoll. Als **Facilitymanagement** bezeichnet man demnach alle vorbereitenden, kontrollierenden und zu verändernden Leistungen, die zum technischen Betrieb eines Gebäudes notwendig sind. Zu den wichtigsten Aufgaben des Facilitymanagers gehört die Betreuung folgender Bereiche:

- Heizungs-, Lüftungs- und Sanitäranlagen
- Elektroversorgung mit Stark- und Schwachstrom
- Beleuchtungstechnik
- Akustische Anlagen, Schallschutz
- Energierückgewinnungsanlagen
- Wasseraufbereitungstechnik
- Energiemedientechnik (z.B. Gase, Druckluft etc.)
- Solartechnik, Photovoltaik
- Kommunikationstechnik
- Sicherheitstechnik.

2.2.5 Dienstleister

Zu den **gebäudeunabhängigen** Nutzungsbeteiligten zählen Dienstleister, die unterschiedliche Dienste wie Gebäudepostverteilung, Telefonabrechnung, Transportservice, Catering, Reinigung etc. anbieten.

2.3. Informationsfluss

Die erfolgreiche Abwicklung eines Bauvorhabens hängt in erster Linie von der reibungslosen Zusammenarbeit aller Planungsbeteiligten ab. Da jeder Planungsbeteiligte bestimmte Informationen benötigt, um seine Aufgabe zu erfüllen, muß zu Beginn des Projekts festgelegt werden, welcher Planungsbeteiligte wann mit welchen Informationen versorgt wird bzw. wann er welche Informationen an wen weiterzuleiten hat. Vor der Bestimmung des Informationssystems muß zunächst die Art der Information bestimmt werden.

2.3.1 Informationsarten

Bei allen, oftmals sehr unterschiedlichen Arten von Information muß in erster Linie darauf geachtet werden, daß diese **eindeutig** sind, d.h. sie dürfen nur einen Ausgangspunkt (Informant) und einen Zielpunkt (Informierter) haben (*Bild 13a*).

Erreichen ein Informationsziel mehrere Informationen von verschiedenen Informanten, besteht die Gefahr, daß sich der Informationsgehalt in seiner Summe widerspricht (**nicht eindeutige Information**, *Bild 13b*).

Um das Zustandekommen von nichteindeutigen Informationen zu verhindern, ist es notwendig, eine permanente **Koordination** der Informationen durchzuführen. Diese Koordinierungsstelle sammelt und wertet alle Informationen, um sie dann entsprechend ihrer Bestimmung kanalisiert weiterzuleiten (Steuerung). Daraus ergeben sich **gerichtete Informationen** (*Bild.13c*).

Eine Nichteinhaltung dieser Systematik (z.B. durch das Überspringen der Koordinationsstelle) erzeugt einen Informationsmangel auf der einen und die Ansammlung von nichteindeutigen Informationen auf der anderen Seite und belastet das System damit doppelt.

2.3.2 Informationswert und Störgrößen

Da jedes Informationssystem nur so gut funktioniert, wie das schwächste Glied der Kette dies zuläßt, muß jede Information bestimmte Kriterien erfüllen, damit alle Beteiligten diese benutzen und verwerten können. Der Wert einer Information bemißt sich nach:

- Verständlichkeit
- Vollständigkeit
- Richtigkeit
- Pünktlichkeit
- Nützlichkeit

13a: Eindeutige Information

13b: Nichteindeutige Information - Vorsicht !!!

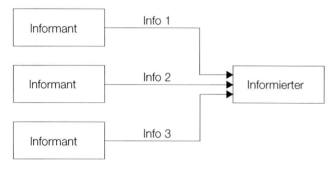

13: Koordinierte Information

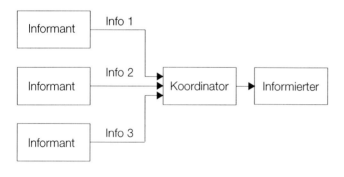

Beispiel: Architekt als Koordinator

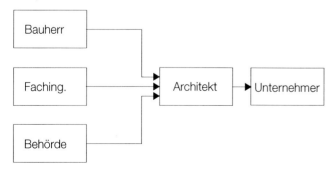

Bild 13: Informationssystematik [3]

Jeder Kommunikationsvorgang birgt gewisse Störrisiken, da alle Beteiligten ganz unterschiedlichen Einflüssen ausgesetzt sind, die zu Fehlern führen können. Dabei muß unterschieden werden, ob es sich um strukturelle oder verhaltensbedingte Störungen handelt.

Als **strukturelle Störgrößen** werden Fehlplanungen im Ablaufschema bezeichnet. Man versteht darunter falsche oder nicht eindeutige Informationswege, fehlende oder nur teilweise vorhandene Informationen sowie zeitliche Verschiebungen.

Demgegenüber treten **verhaltensbedingte Störgrößen** bei den Planungsbeteiligten selbst auf. Die menschliche Komponente (z. B. undiszipliniertes Verhalten, fehlendes technisches oder methodisches Know-how, mangelnde Kooperationsbereitschaft, Motivationsmangel, Personen- und Beziehungskonflikte, Tagesform etc.) wirkt sich meistens gravierender auf den Informationsfluß aus als die strukturellen Störgrößen, da die Charaktere der Beteiligten sehr verschieden und meist nicht veränderbar sind.

Dem Informationskoordinator kommt deshalb eine entscheidende Bedeutung zu. Er muß den Weg der Information bestimmen, ihren Wert auf die genannten Kriterien hin überprüfen und ggf. filtern sowie Fehler im System erkennen und Maßnahmen zu deren Korrektur einleiten. Vor allem erfordert seine Tätigkeit ein hohes Maß an Erfahrung im Umgang mit Menschen, um drohende Konflikte im Vorfeld zu entschärfen.

2.3.3 Informationsträger

Aufgrund der vielfältigen Kommunikationsmöglichkeiten muß zu Projektbeginn festgelegt werden, mit welchen Informationsträgern Informationen ausgetauscht werden und welchen Status diese Informationen hinsichtlich Verbindlichkeit oder rechtlich besitzen, d.h. ob die verwendeten Träger von allen Beteiligten anerkannt werden. Innerhalb von Projekt- und Objektphase dienen nachfolgende Träger dem Informationsfluß:

- die Planungsbeteiligten selbst (verbale Übertragung, persönlich oder über Telefon)
- Schriftsatz (Beschreibungen, Mitteilungen, Gesprächsnotizen, Telefax etc.)
- Zeichnungen (zwei- und dreidimensionale Darstellung in Form von Plänen, Skizzen, Photographien;
- Graphische Darstellungen (Diagramme, Tabellen, Organigramme)
- räumliche Modelle, Materialmuster
- filmische Aufzeichnungen (Video, Photos, CAD)
- EDV-Träger (Datenbanken).

Die Zusammenstellung der Informationsträger variiert natürlich von Bauvorhaben zu Bauvorhaben. Dadurch entsteht oftmals das Problem, daß zu viele unterschiedliche Trägerarten eingesetzt werden, die von allen Beteiligten gleichwertig verarbeitet werden müssen. Deshalb empfiehlt es sich, **nur alle erforderlichen und nicht alle möglichen Informationsträger** einzusetzen.

2.3.4 Informationsplanung

Der Koordinator hat die Pflicht, für jede einzelne Planungs- und Ausführungsstufe den Informationsfluß zu planen und Terminpläne für den Ablauf zu erstellen. Er muß auch entscheiden, ob neu gewonnene Erkenntnisse oder Umstände während des Ablaufs einzubeziehen sind und wen er darüber informieren muß.

Die Grundlage jeglicher Informationsplanung kann in folgender Regel zusammengefaßt werden:

> die **richtige Information**
> zum **richtigen Zeitpunkt**
> an den **richtigen Empfänger**.

Erst wenn alle drei Kriterien erfüllt sind, können Fehler im Informationssystem vermieden werden. Der Koordinator, dem diese Aufgabe zufällt, muß folglich die Informationen aller Beteiligten verstehen, um entsprechende Zuordnungen vornehmen zu können.

Je umfangreicher das Bauvorhaben ist, um so häufiger muß der Informationsstand aller Planungsbeteiligter überprüft werden. Deshalb empfiehlt sich eine regelmäßige Abstimmung in Form von Besprechungen mit nachfolgender Dokumentation. Diese können entsprechend den Leistungsphasen oder in gleichmäßigen Zeitabschnitten (jour-fix) erfolgen.

Der Detaillierungsgrad der Information nimmt zwar im Verlauf der Planung und Ausführung immer mehr zu, er darf jedoch eine Mindesttiefe zu Beginn des Projekts nicht unterschreiten, da hier Entscheidungen von großer Tragweite getroffen werden.

2.3.5 Regelkreise

Da innerhalb eines Planungs- und Bauablaufs mehrere Vorgänge des Informationsaustausches erforderlich sind, müssen an geeigneter Stelle Kontrollmechanismen eingesetzt werden. Diese haben darüber zu entscheiden, ob eine Information weitergeleitet werden kann oder ob sie nochmals vom Informanten überarbeitet werden muß. Der dadurch entstehende Regelkreis verfügt somit über

2.3 Informationsfluss

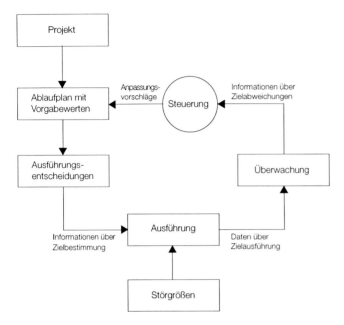

Bild 14: Einfluß des Ausführungsablaufs auf den weiteren Verlauf der Ausführungsplanung [4]

permanente Rückkopplungsmöglichkeiten (*Bild 14*).

Bei der Steuerung hingegen wird der Beginn und das Ende eines Vorgangs bzw. Absender und Empfänger der Information festgelegt. Die Verknüpfung dieser beiden Systeme entspricht einer Reihenschaltung mit parallelen Pfaden bei mehreren Steuerungseinflüssen.

Die Wiederholung dieses Regelkreises innerhalb eines Planungs- und Ausführungsprozesses wird am Beispiel der Planung der Standsicherheit (*Bild 15*) sichtbar.

Hierbei laufen zwei Regelkreise innerhalb eines Planungsabschnitts (in diesem Fall gemäß der Leistungsphasen der HOAI) parallel von einer Entscheidungsstelle zur nächsten und erzeugen damit eine Art Kontrollnetzwerk. Die Einteilung der Regelkreise nach Leistungsphasen empfiehlt sich, da diese meist auch die vertragliche Grundlage zwischen Bauherr und Planern bilden und bezogen auf den Detaillierungsgrad bei Objekt- und Fachplanern identisch sind.

2.3.6 Informationsflussarten

Die Qualität und der genaue Verlauf der Information hängt wiederum von der Konstellation der Planungsbeteiligten und ihrer rechtlichen Abhängigkeit zueinander ab. Die Organigramme (*Bild 16-19*) beschreiben mögliche Informationsströme mit unterschiedlichen Planungsbeteiligten.

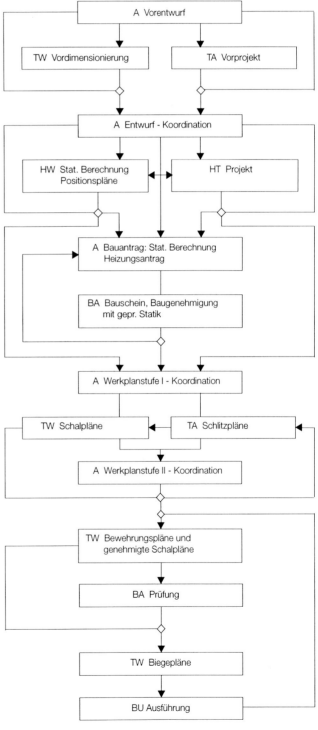

Bild 15: Beispiel eines Flussdiagramms für Leistungen der Tragwerksplanung

Organisation und Dokumentation

Bei der bislang häufigsten Konstellation übernimmt der Objektplaner neben der Objektplanung auch die Aufgaben der Objektüberwachung und der Koordination aller Fachplaner und ausführender Unternehmen im Sinne des Bauherrn, also Projektsteuerung (*Bild 16*). Je nach Projektgröße muß allerdings erneut überprüft werden, ob dieser hohe organisatorische Aufwand in Personalunion durchgeführt werden kann.
- Vorteil: alle relevanten Informationen werden von einer Person gefiltert und gesteuert, dadurch bleiben Fehlerquellen und die Anzahl der Störgrößen gering
- Nachteil: die Koordinations- und Organisationsaufgaben betragen ein Vielfaches der eigentlichen Objektplanung, verbunden mit entsprechend hohem Zeitaufwand.

Aufgrund der eben beschriebenen Konsequenzen für den Objektplaner hat der Einsatz eines Projektsteuerers als Vertreter des Bauherrn gerade bei größeren Bauvorhaben Anwendung gefunden (*Bild 17*). Er wird i.d.R. zwischen Planern/Ausführende und Bauherrn geschaltet und überprüft die Soll-Vorgaben des Bauherrn bzw. die von den anderen Projektbeteiligten zurücklaufenden Daten und Informationen. Die Informationsverteilung und Koordination liegt ebenfalls beim Projektsteuerer. Dieses Informationssystem unterscheidet sich von der zuvor beschriebenen Konstellation in rechtlicher Hinsicht durch ein weiteres Vertragsverhältnis zwischen Projektsteuerer und Bauherr.
- Vorteil: Kontrollinstanz des Bauherrn über alle Planungs- und Ausführungsbeteiligte
- Nachteil: hohes Maß an fachlicher, organisatorischer und menschlicher Qualifikation erforderlich.

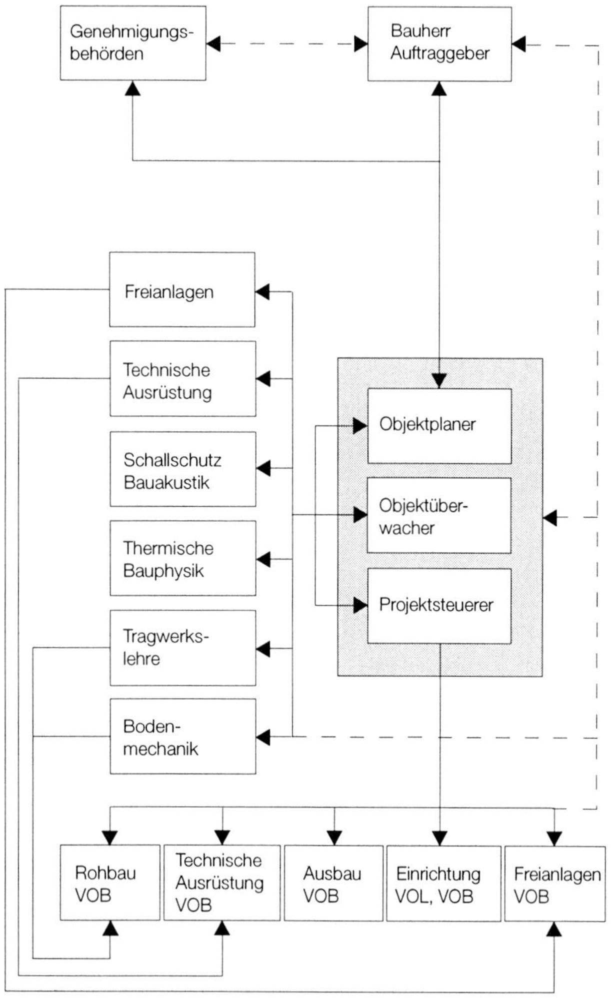

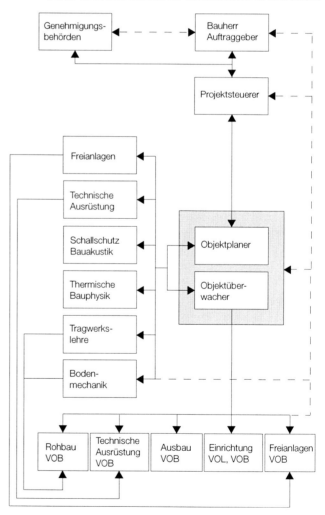

Bild 16: Informationsfluss über Objektplaner

Bild 17: Informationsfluss über Projektsteuerer des Bauherrn

2.3 Informationsfluss

Beim Generalplaner und -überwacher (*Bild 18*) sind alle Planer und Überwacher informell und rechtlich aneinander gekoppelt und regeln den Informationsfluss innerhalb ihres Planungsteams, das i.d.R. technisch und räumlich eng verbunden ist (interner Informationsfluss). Der Projektsteuerer plant und regelt den Informationsfluss zwischen dem Generalplaner, dem Unternehmen und dem Bauherrn (externer Informationsfluss).
- Vorteil: Bündelung von Informationen auf Planerseite durch komprimierte und abgestimmte Planung sowie Verträge zwischen lediglich zwei Parteien (Planer und Bauherr)
- Nachteil: geringere Kontrollmöglichkeiten des internen Informationsflusses; hohes Maß an Organisationsfähigkeit beim Generalplaner, hohes Maß an fachlicher Qualifikation beim Projektsteuerer.

Die wohl zukunftsträchtigste Konstellation auf der Leistungserbringerseite stellt der Generalübernehmer dar, der den kompletten Informationsfluss intern mit allen Planungs- und Ausführungsbeteiligten koordiniert (*Bild 19*). Der entscheidende Unterschied zu den vorgenannten Varianten liegt in der Funktion des Bauherrn, der als Mitwirkender am Planungs- und Ausführungsprozeß nicht mehr beteiligt ist, sondern durch den kontrollierenden Projektsteuerer als Schaltstelle vertreten wird. Gerade bei sehr großen Projekten wird diese Form der Abwicklung auch von öffentlich-rechtlichen Institutionen bevorzugt.
- Vorteil: kompakter und hochverdichteter Informationsfluss, Verträge nur mit Generalübernehmer und Projektsteuerer, Kosten- und Terminsicherheit
- Nachteil: hohes Maß an Fachkenntnissen beim Projektsteuerer erforderlich, geringes Kontrollpotential während der Ausführung.

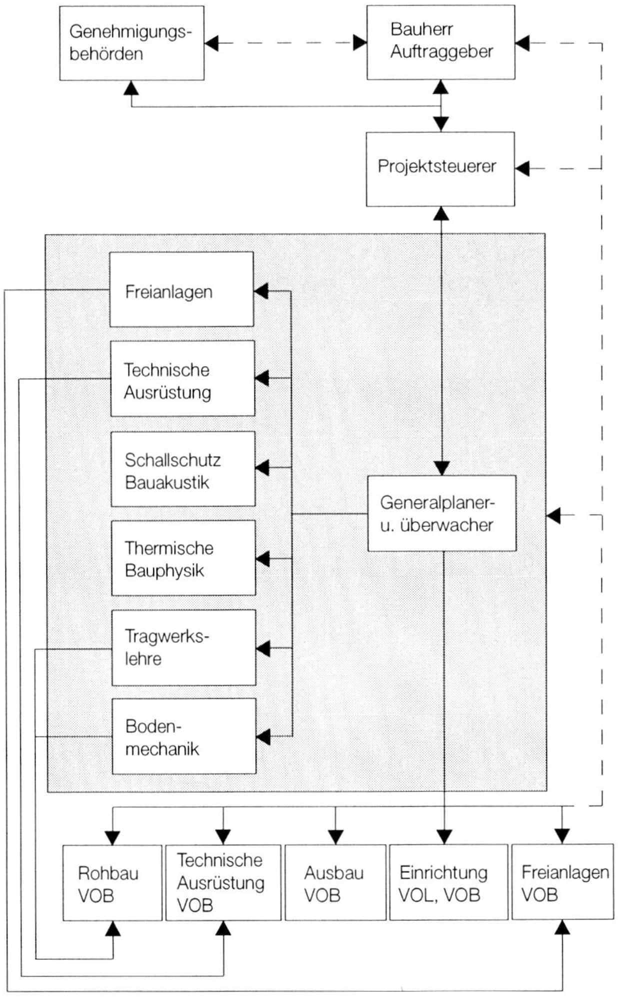

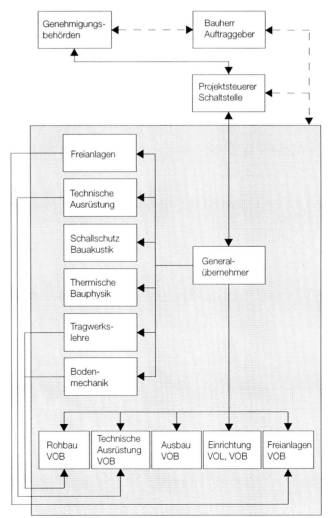

Bild 18: Informationsfluss über Generalplaner

Bild 19: Informationsfluss über Generalübernehmer mit Projektsteuerer als Schaltstelle

2.3.7 Dokumentationsformen

Alle Vorgänge, die zur erfolgreichen Abwicklung eines Bauprojekts erforderlich sind, bedürfen bestimmter Dokumentationsformen. Der Begriff leitet sich vom lateinischen *documentum* her und bedeutet übersetzt "Lehre" bzw. "Beweis". Mit dieser Definition wird bereits ein wesentliches Merkmal beschrieben. Als Dokument kann demnach jeder Gegenstand bezeichnet werden, der zum Beweisen eines bestimmten Sachverhalts beiträgt.

In der Bauwirtschaft versteht man unter Dokumentation die systematische Zusammenstellung der zeichnerischen, schriftlichen und rechnerischen Planungen und Ergebnisse eines Bauprojektes, die vor, während und nach einer erbrachten Teil- und/oder Gesamtleistung entstehen.

Dabei soll nicht nur allen Planungs- und Ausführungsbeteiligten die Erkennbarkeit der auszutauschenden Informationen ermöglicht werden, sondern auch im Falle von Rechtsstreitigkeiten eine Nachprüfbarkeit gewährleistet sein. Dies erfordert schon zu Beginn der Planung eine Festlegung von bestimmten Standards wie der Frage, wann welche Dokumentationsform eingesetzt werden soll. Zu den üblichen Dokumentationsformen gehören:

- Verträge und Leistungsbeschreibungen
- Organisationsplanungen
- Entwurfs- und Ausführungsplanungen
- Qualitätsstandards
- Kostenermittlungen und Kontrollen
- Termin- und Kapazitätsplanungen
- Ausführungsbelege.

2.3.8 Dokumentationsträger

Die Dokumentationsträger unterscheiden sich inhaltlich nicht von Informationsträgern außer durch den festzulegenden rechtlichen Status. Jeder Beteiligte muß i.d.R. durch seine Unterschrift die Urheberschaft seiner Informationen belegen und damit die anfangs erwähnte Eindeutigkeit herstellen. Zu den am häufigsten verwendeten und rechtlich anerkannten Dokumentationsträgern zählen:

- Zeichnungen
- Berechungen
- Briefe/Schriftstücke
- Kopien und Telefaxschreiben
- EDV-Träger

2.3.9 Dokumentationszeitpunkt

Je nach Projektphase variiert die Dokumentationsform bzw. der Dokumentationsträger:

a. Verträge und Leistungsabgrenzung
- Schriftform
- EDV
- handschriftliche Aufzeichnungen

b. Organisationsplanung
- Beschreibung
- Akten- und Telefonnotizen
- Kopien- und Telefaxschreiben
- Tabellen
- Diagramme
- EDV
- Formblätter
- Checklisten

c. Entwurfs- und Ausführungsplanung
- Zeichnungen
- CAD
- Modelle
- Photographien
- schriftliche Anmerkungen
- Massenberechnungen
- Formblätter

d. Qualitätsstandard
- Beschreibung
- Materialbemusterung
- Photographien

e. Kostenermittlung
- Berechnungen
- Checklisten
- Formblätter
- EDV

f. Termin- und Kapazitätsplanung
- Diagramme
- Netzpläne
- Tabellen
- EDV

g. Ausführung
- Leistungsbeschreibung
- Allgemeine Technische Vorschriften
- Bautagebuch
- Formblätter

2.4 Rechtsbeziehungen

2.4.1 Begriffsdefinition

Nach einer Definition aus dem allgemeinen Teil des bürgerlichen Rechts wird der Begriff "Recht" wie folgt beschrieben:

"Recht ist die auf dem Willen einer Gemeinschaft beruhende, (unabhängig vom Willen des einzelnen) verbindliche Ordnung äußeren menschlichen Zusammenlebens durch Gebote, Verbote und Gewährleistung. Die Einhaltung und Sicherung dieser Ordnung wird im Grundsatz durch Zwangsmittel des Staates garantiert".

2.4.2 Subjektives Recht - objektives Recht

Die oben beschriebene (Rechts-)ordnung umfaßt alle Rechtsnormen (Gesetze, Verordnungen, Satzungen und Richterrecht) als verbindliche Regeln, die eine Gemeinschaft durch ihre Vertreter aufstellt und die für jede Einzelperson erkennbar und verbindlich sind. Das daraus resultierende Rechtssystem unterteilt das geltende Recht in objektives und subjektives Recht (*Bild 20*):

1. Als **subjektives Recht** (Persönlichkeitsrecht, Individualrecht) versteht man die Durchführung der Interessen einer Einzelperson, wie z.B. das Recht auf Leben, Gesundheit, Bildung etc.

2. Das **objektive Recht** regelt die rechtliche Beziehung des Menschen zu seiner Umwelt und umfaßt alle Rechtsnormen. Dabei gilt es, öffentliches und privates Recht zu unterscheiden.

2.4.3 Öffentliches Recht - Privatrecht

Das **öffentliche Recht** regelt jedes Rechtsverhältnis, an dem mindestens eine Partei als Hoheitsträger (Gemeinde) in Ausübung hoheitlicher Befugnisse beteiligt ist. Es regelt zum einen das Rechtsverhältnis zwischen Staat und Bürger sowie zwischen Hoheitsträgern untereinander. Es herrscht das Prinzip der Über- bzw. Unterordnung und ist i.d.R. verbunden mit Befehlen oder Anordnungen. Zum öffentlichen Recht gehören u.a. Staats- Völker- und Kirchenrecht, Strafrecht, Verwaltungsrecht, Steuerrecht und das Bau- und Planungsrecht.

Das **Privatrecht** regelt die Rechtsbeziehung der einzelnen Bürger untereinander. Es herrscht das Prinzip der Gleichordnung. Im wesentlichen gelten die Bestimmungen des Bürgerlichen Gesetzbuches und seiner Nebengesetze wie z.B. Familien-, Sach-, Schuld-, Erb- und

Bild 20: Rechtsstruktur

2.4 Rechtsbeziehungen

Die Planung und Erstellung von Bauwerken erfordert nicht nur informelle Systeme, sondern vor allem einen rechtlichen Konsens, um die Wahrung der Interessen der einzelnen Beteiligten zu ermöglichen. Um den Status dieser Beteiligten zu klären, müssen jedoch die geltenden Rechtsgrundlagen erläutert werden.

Organisation und Dokumentation

Vertragsrecht. Auch der Staat (z.B. als Gemeinde) kann im Privatrecht auftreten, dann allerdings ohne hoheitliche Befugnisse, d.h. dem Bürger gleichgestellt.

Die Unterscheidung in öffentliches und privates Recht legt darüber hinaus fest, welche Gerichtsbarkeit bei Streitigkeiten zuständig ist.

Privatrechtliche Rechtsstreitigkeiten werden vor dem Zivilgericht behandelt (z.B. Klage zwischen einem Auftraggeber und einem Auftragnehmer bei einem Bauvorhaben).

Dagegen werden öffentlich-rechtliche Streitigkeiten vor dem Verwaltungsgericht geklärt (z.B. Widerspruch gegen eine Grundstücksenteignung zugunsten einer Straßentrasse).

2.4.4 Öffentliches Baurecht

Das öffentliche Recht setzt sich aus dem **Bauplanungsrecht** und dem **Bauordnungsrecht** zusammen. Dabei geht es um die öffentlich-rechtliche Zulässigkeit von Bauvorhaben und deren ordnungsgemäßer Errichtung im Interesse der Allgemeinheit und der Nachbarn.

1. Das **Bauplanungsrecht** (bzw. Städtebaurecht) regelt die übergeordnete Bebauung für große Gebiete. Zu den notwendigen Rechtsvorschriften zählen neben dem Baugesetzbuch (BauGB) mit seinen Verordnungen wie z.B. der Baunutzungsverordnung (BauNVO) auch die von den Gemeinden oder Landkreisen erlassenen Bauleitpläne.

Im Bodenordnungsrecht wird festgelegt, nach welchen Grundsätzen Grund und Boden gestaltet werden. Da diese Vorschriften in engem Zusammenhang mit dem Bauplanungsrecht stehen, sind sie auch im BauGB und in der BauNVO enthalten.

2. Das **Bauordnungsrecht** bedeutet Baurecht im eigentlichen Sinne. Es legt fest, wie Bauwerke und bauliche Anlagen beschaffen sein müssen, um Gefahren für die öffentliche Sicherheit und Ordnung abzuwehren.

Im Gegensatz zum Planungsrecht ist Bauordnungsrecht Landesrecht und wird daher in den Landesbauordnungen wie z.B. der Hessischen Bauordnung (HBO) geregelt.

3. Bauaufsichtsbehörden sorgen für die Einhaltung der öffentlich-rechtlichen Vorschriften und sind in drei Stufen unterteilt (am Beispiel Hessen):
- die **oberste Bauaufsichtsbehörde** ist der Hessische Minister des Inneren. Er erläßt Rechtsverordnun-

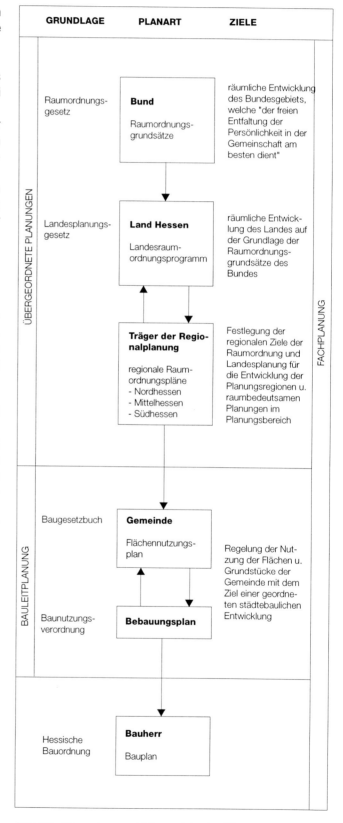

Bild 21: Planarten und Hierarchie der Planungen

gen für die Durchführung der Landesbauordnung, läßt neue Bauarten oder Baustoffe zu, kann Typengenehmigungen durchführen und Forschungsaufträge erteilen.
- Die **obere Bauaufsichtsbehörde** ist der Regierungspräsident, mit Ausnahme großer Städte, die direkt dem Innenministerium unterstellt sind. Zu seinen Aufgaben zählen die Genehmigung von örtlichen Bauvorschriften, die Zustimmung bei der Befreiung von zwingenden Vorschriften der Landesbauordnung (LBO) sowie der Zustimmung bei Bauvorhaben des Bundes und der Länder.
- Die **unteren Bauaufsichtsbehörden** übernehmen Aufgaben der Landkreise, der kreisfreien Städte und der kreisangehörigen Gemeinden. Sie sind gegenüber der oberen Bauaufsichtsbehörde weisungsgebunden. Ihre Aufgaben umfassen z.B. die Prüfung und Genehmigung von Bauvorhaben, ebenso die Einhaltung von öffentlich-rechtlichen Vorschriften. Sie holt von sich aus die Zustimmung bzw. die Genehmigung anderer Behörden ein, z.B. vom Straßenbauamt, der Wasserbaubehörde oder der Naturschutzbehörde (vgl. Kap. 2.1.7)

Bei allen Bauvorhaben muß die planungsrechtliche Zuständigkeit überprüft werden. Ein Bauvorhaben auf einem Einzelgrundstück unterliegt allgemeinen Vorgaben der LBO wie z.B. Zuwegung, Grenzabstände und Geschossigkeit. Diese Vorgaben sind i.d.R. im Bebauungsplan - sofern er für ein Gebiet existiert - festgehalten. Die Bebauungspläne sollen aus den Flächennutzungsplänen entwickelt werden. Diese wiederum müssen den Zielen der regionalen Raumordnung und Landesplanung angepasst werden. Der Gesamtrahmen wird vom Bund durch das Raumordnungsgesetz (ROG) vorgegeben (*Bild 21*).

2.4.5 Privates (ziviles) Baurecht

Das zivile Baurecht wird im BGB (§ 631 ff.) und vor allem auch in den ergänzenden Bedingungen, insbesondere der VOB, geregelt (vgl. Kap. 2.6). Dabei geht es um das Rechtsverhältnis der am Bau Beteiligten zueinander, also dem Verhältnis Auftraggeber - Auftragnehmer.

Aufgrund der Komplexität von rechtlichen, technischen und wirtschaftlichen Problemen gewinnt das zivile Baurecht und damit besonders das Bauvertragsrecht zunehmend an Bedeutung.

2.4.6 Rechtsformen

Entsprechend der Unterteilung in öffentliches und privates Recht ist der Status der bei der Realisierung von Bauwerken beteiligten Institutionen oder Personen zu beachten. Grundsätzlich unterscheidet man in:

a.   öffentliche Körperschaft (öffentliche Hand)
- kommunale Institutionen (Gemeinde, Stadt, Kreis)
- Länder der Bundesrepublik Deutschland
- Bundesrepublik Deutschland

b.   private Körperschaft (nichtöffentlich)
- natürliche Person(en)
- Gesellschaft des bürgerlichen Rechts (GBR)
- Personengesellschaft (OHG, KG)
- Kapitalgesellschaft (GmbH, AG)
- Vereine, Genossenschaften

Bauherren können demnach öffentliche Institutionen, Unternehmen oder Privatpersonen sein. Das Gleiche gilt für Planungsbeteiligte, sofern sie über die notwendige Qualifikation verfügen. Ausführende setzen sich je nach Unternehmensform vorwiegend aus privaten Körperschaften zusammen (*Bild 22,23*).

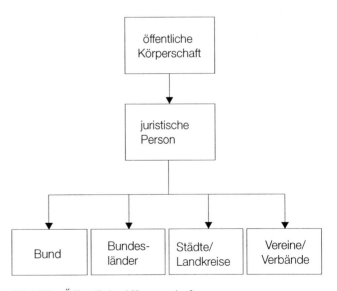

Bild 22 : Öffentliche Körperschaften

Organisation und Dokumentation

	Beurteilungs-kriterien	Gesetzliche Grundlagen	Gründung	Firma	Beteiligung	Haftung	Geschäftsführung und Vertretung	Gewinn	Verlust
	Einzelbetrieb	HGB §§ 1-104	allein	Personenfirma, Handelsregistereintragung erforderlich	keine	allein in unbeschränkter Höhe mit Geschäfts- oder Privatvermögen	allein	allein	allein
Personengesellschaften	BGB Gesellschaft	BGB §§ 705-740	Vertrag mehrerer Personen oder Firmen	keine Handelsregistereintragung erforderlich	nach Vertrag	jeder Gesellschafter unmittelbar, unbeschränkt	von allen Gesellschaftern gemeinsam oder entspr. Gesellschaftsvertrag	nach Vertrag : Gesell. wird nicht besteuert, sondern nur die einzelnen Gesellschafter	
	OHG (Offene Handelsgesellschaft)	HGB §§ 105-160	2 und mehr Personen	Name mit "Zusatz", der auf Gesellschaft hinweist. Eintragung ins Handelsregister	Beteiligungshöhe nach Vertrag, (in versch. Höhe möglich)	jeder Gesellschafter unmittelbar, unbeschränkt, solidarisch	jeder Gesellschafter grundsätzlich dazu berechtigt und verpflichtet	4 % der Kapitaleinlage, Rest nach Köpfen oder nach Vertrag	nach Köpfen
	KG (Kommanditgesellschaft)	HGB §§ 161-177	2 und mehr Personen, dabei mind. ein Vollhafter	wie bei OHG, aber Name des Vollhafters, z.B. "Müller KG"	Vollhafter, Teilhafter mit Kommanditisteneinlage	Vollhafter wie OHG, Teilhafter nur mit Einlage	nur Vollhafter, Kommanditist nur, wenn Prokurist oder Bevollmächtigter	4 % der Kapitaleinlage, Rest in angemessener Höhe der Anteile	Kommanditist höchstens bis Höhe seiner Einlage
	Stille Gesellschaft	HGB §§ 335-342	Inhaber schließt mit stillem Gesellschafter einen Vertrag	bisherige Firma wird unverändert fortgeführt	stiller Gesellschafter mit Kapitaleinlage	Inhaber haftet, stiller Gesellschafter nur mit Höhe der Einlage	Geschäftsinh., stiller Gesellschafter nur, wenn Prokurist oder Bevollmächtigter	"angemessene" Beteiligung	Verlustanteil nach Vereinbarung
Kapitalgesellschaften	AG (Aktiengesellschaft)	Aktiengesetz	5 Gründer: Übernahme-, Stufen-, Sach- o. Bargründung Grundkapital mindestens 100.000 DM	Personen- oder Sachfirma mit Zusatz AG, Handelsregistereintragung	Inh.-, Namens-, Stamm-, Vorzugs-, Stimmrechtsaktie, Beteiligung nach Aktienbetrag	mit Aktienbetrag	Vorstand (Aufsichtsrat, Hauptversammlung)	Dividende, Hauptversammlung beschließt	wirkt sich aus durch Abwertung der Aktie und Wegfall der Dividenden
	GmbH (Gesellschaft mit beschränkter Haftung)	GmbH-Gesetz	1 Gesellschafter und mehr, Mindeststammkapital 50.000 DM	Sach- oder Personenfirmen mit Zusatz GmbH	bemißt sich nach Stammeinlage (Geschäftsanteile)	jeder Gesellschafter bis zur Höhe der Stammeinlage	Geschäftsführer (Aufsichtsrat, Gesellschafterversammlung)	anteilmäßiger Gewinnbetrag	im Verhältnis der Geschäftsanteile
Mischgesellschaften	KGaA (KG auf Aktien, (wird kaum noch angewendet)	Aktiengesetz	wie bei AG, sowie sämtl. persönlich haftenden Gesellschafter	wie bei AG, Zusatz KGaA	Vollhafter, Teilhafter als Aktionäre (Kommanditaktionäre)	Vollhafter mit Gesamtbetrag, Teilhafter mit Aktienbeträgen	Vorstand, bestehend aus Vollhafter	Vollhafter: angemessene Anteile, Teilhafter: Dividende	Vollhafter unbeschränkt, Teilhafter max. mit Aktienbetrag
	Genossenschaften	Genossenschaftsgesetz	7 Personen	nur Sachfirma mit Zusatz e.G., Eintragung ins Genossenschaftsregister	Geschäftsanteil, Geschäftsguthaben	entweder mit beschr. oder unbeschr. Haftung, je nach Gesellschaftsart	Vorstand in Verbindung mit Aufsichtsrat und Genossenversammlung	im Verhältnis ihres Geschäftsguthabens	wie bei Gewinn oder bis Haftungssumme nach Satzung
	GmbH & Co KG		wie KG, Vollhafter ist jedoch eine GmbH	wie KG Zusatz GmbH & Co KG	wie KG	Vollhafter nur bis Höhe des Gesellschaftsvermögens der GmbH, Teilhafter wie KG	wie KG	wie KG	wie KG

Bild 23 : Rechtsformen von privatrechtlichen Unternehmungen [5]

2.4.7 Privatrechtliche Unternehmungen

Jedes Unternehmen in der Wirtschaft muß bei seiner Gründung eine Rechtsform bestimmen. Je nach Geschäftsziel kommen dabei unterschiedliche Möglichkeiten in Betracht, die auf folgende Kriterien hin untersucht werden müssen (*Bild 23,24*):

- **Haftung**: grundsätzliche Unterscheidung in unbeschränkte bzw. alleinige Haftung und in beschränkte Haftung

- **Risikoübernahme**: hängt von der Art der Haftung ab und bestimmt meistens die Gewinnverteilung

- **Finanzierung**: Die Möglichkeiten der Eigenkapitalerweiterung und der Kreditwürdigkeit werden durch den Zugang zum Kapitalmarkt, vorhandene und erweiterbare Einlagen sowie die Haftung bestimmt (z.B. gute Eigenkapitalbasis bei Aktiengesellschaften durch rasche mögliche Zugewinne, geringe Kreditwürdigkeit bei Einzelunternehmern und bei Gesellschaften mit begrenzter Haftung).

- **Steuerbelastung**: laufende Besteuerung der Gewinne, des Betriebsvermögens, des Gewerbeertrags sowie einmalige Besteuerung bei der Gründung der jeweiligen Unternehmensform (bei Personengesellschaften unterliegen die Gewinne der progressiven Einkommensteuer, bei Kapitalgesellschaften unterliegen sie der Körperschaftssteuer, die frühere Doppelbesteuerung ist entfallen).

- **Aufwendungen**: laufende Aufwendungen und einmalige Aufwendungen bei der Gründung (i.d.R. nur einmalige Aufwendungen wie Beurkundung der Verträge oder Eintragung ins Handelsregister bei Personengesellschaften, dagegen laufende Aufwendungen für Veröffentlichung eines Jahresabschluß bzw. Geschäftsberichts, Hauptversammlungen und Aufsichtsratssitzungen sowie einmalige Aufwendungen für Aktiendrucke, Prospekte u.ä. bei Kapitalgesellschaften).

- **Publizitätspflicht:** Jahresabschluß und Geschäftsbericht müssen nach Prüfung veröffentlicht werden.

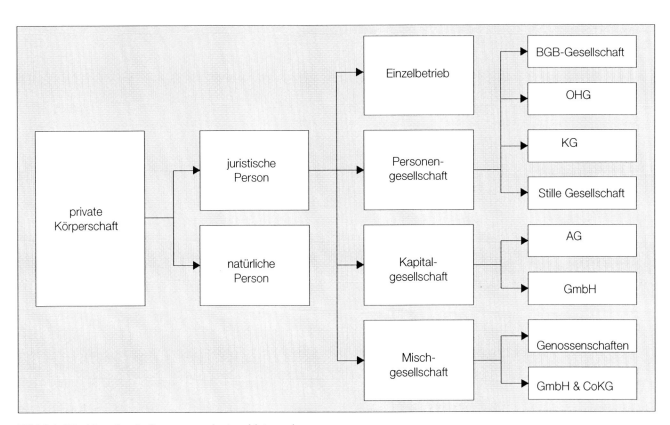

Bild 24: Struktureller Aufbau von privaten Unternehmungen

Organisation und Dokumentation

2.5 Vertragswesen

Mit jeder Leistung, die ein Bauherr beauftragt, sei es für Planung oder Ausführung, gehen Auftraggeber und Auftragnehmer eine Rechtsbeziehung ein, die für beide Seiten Rechte und Pflichten bedeutet. Dabei können diese Verträge in ihrer Art und ihrer Form variieren.

2.5.1 Vertragsarten/Vertragsparteien

Die dafür notwendigen Verträge werden in schriftlicher Form festgelegt. Mündliche Vereinbarungen sind zwar möglich, bergen jedoch das Problem der mangelnden Beweiskraft im Streitfall. Das BGB sieht folgende Vertragsformen vor:

1. Kaufvertrag

a. Regulärer Kaufvertrag (§§ 433 ff. BGB)

Der Kaufvertrag ist ein Gegenseitigkeitsvertrag mit den entsprechenden Verpflichtungen der beiden Parteien. Der Verkäufer verpflichtet sich, dem Käufer die verkaufte Sache zu übergeben und ihm das Eigentum an dieser Sache frei von Rechten Dritter zu verschaffen.

Der Käufer verpflichtet sich, den vereinbarten Kaufpreis zu entrichten und die gekaufte Sache zu übernehmen. Zu den Pflichten des Verkäufers zählen außerdem die Bereitstellung der Information über den sachgerechten Gebrauch sowie die Verhinderung von Schadensentstehung. Er haftet für die zugesicherten Eigenschaften für die Zeit des Übergangs.
z.B. Kauf eines Elektrogerätes, Bedienungsanleitung und TÜV-Nachweis.

b. Grundstückskaufvertrag (§§ 873-882 BGB)

Mit einem Grundstückskaufvertrag verpflichtet sich der Eigentümer eines Grundstücks, dieses an einen Käufer zu veräußern. Dieser Vertrag bedarf der gerichtlichen und notariellen Beurkundung. Im Unterschied zu einem Kaufvertrag sind beim Grundstückskaufvertrag folgende Punkte zu beachten:

- Durch die notarielle Beurkundung erwirbt der Käufer den Rechtsanspruch auf eine Auflassung. Eine Auflassung kennzeichnet nach § 925 BGB die erforderliche Einigung zwischen Veräußerer und Bewerber zur Übertragung eines Grundstücks. Sie muß in Anwesenheit beider Vertragsparteien vor einem Notar erklärt werden.

- Erst nach der Auflassung wird der Käufer Eigentümer des Grundstücks. Eine Auflassung wird in der Regel als Vormerkung im Grundbuch vorgenommen (§§ 883-888 BGB). Das Grundbuch ist beim Amtsgericht einsehbar.

c. Grundstückskaufvertrag mit Architektenbindung

Wenn seitens des Verkäufers eines Grundstücks besonderes Interesse vorliegt, ist die Bindung des Käufers als Bauherr an einen vorgeschriebenen Architekten nicht als sittenwidrig anzusehen (§ 138 BGB).

Stehen die einzelnen Vertragsteile - Grundstückskaufvertrag und Architektenvertrag - untereinander nicht in einem engen inneren Zusammenhang (die Zerlegung in einzelne Vertragsteile ist möglich), dann kann das gesetzliche Rücktrittsrecht von einem Vertragsteil, bei gleichzeitiger Aufrechterhaltung der anderen Vertragsteile, rechtswirksam sein. Die Maßnahme setzt voraus, daß der Verkäufer (hier der Architekt) in Verzug gesetzt wird.

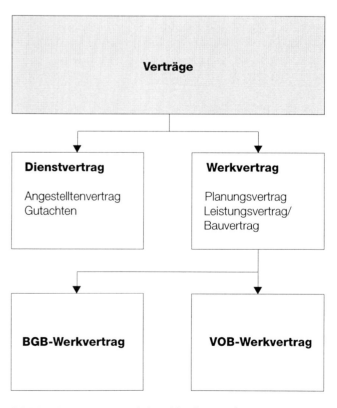

Bild 25: Vertragsarten (ohne Kaufvertrag)

2. Dienstvertrag

a. Regulärer Dienstvertrag (§ 611 ff. BGB)

Der Dienstvertrag ist ein Gegenseitigkeitsvertrag, bei dem derjenige, welcher sich zum Dienst verpflichtet (Dienstverpflichteter), demjenigen, der die Dienste beansprucht (Dienstberechtigter), seine Leistung von Diensten gegen eine Vergütung verspricht.

Die Pflichten des Dienstberechtigten umfassen die Zahlung der Vergütung und eine Fürsorgepflicht. Die Pflichten des Dienstverpflichteten bestehen in der persönlichen Leistung und in einer zusätzlichen Gehorsams- und Treuepflicht gegenüber dem Dienstberechtigten (*Bild 25,26*).

b. Dienste höherer Art (§ 627 BGB)

Die örtliche Bauaufsicht kann, wenn ausdrücklich vereinbart, eine Dienstleistung höherer Art sein. In der Regel aber ist die örtliche Bauaufsicht ein Werkvertrag.

3. Werkvertrag

a. Werkvertrag (§ 631 ff. BGB)

Der Werkvertrag ist ein Gegenseitigkeitsvertrag, durch den sich eine Partei (Unternehmer, Planer) verpflichtet, der anderen Partei (Besteller, Auftraggeber) ein näher bestimmtes Werk (Bauwerk, Planungsleistung) gegen Entrichtung einer bestimmten Vergütung zu stellen. Der Besteller (Bauherr) hat eine starke Rechtsposition, hinsichtlich Mängelfreiheit, Fertigstellungstermine und Zurücktretungsrecht.

Die Pflichten des Bestellers beziehen sich auf die Abnahmeverpflichtung des vertragsmäßig hergestellten Werkes und der Vergütungverpflichtung gemäß der vertraglichen Abmachung.

Die Rechte des Unternehmers (Planer, Bauunternehmer) ergeben sich aus den Pflichten des Bestellers. Die Pflichten des Unternehmers umfassen grundsätzlich die Herstellung des versprochenen Werkes (bei Planern eine mängelfreie Leistung).

Das Werk muß termingerecht erstellt sein, die zugesicherten Eigenschaften besitzen und nicht mit Fehlern behaftet sein, die den Wert oder die Tauglichkeit aufheben oder mindern (*Bild 25/26*).

b. Werklieferungsvertrag

Verpflichtet sich der Unternehmer, das Werk aus einem von ihm zu beschaffenden Stoff herzustellen und die hergestellte Sache dem Besteller zu übereignen, dann liegt ein Werklieferungsvertrag vor. Für ihn gelten teilweise die Vorschriften über den Kaufvertrag, teilweise über den Werkvertrag.

	Dienstvertrag (Leistung von Diensten)	**Werkvertrag** (Herstellen eines Werkes, Herbeiführen eines Erfolges)
Beispiel	Angestelltenvertrag	Vertrag mit Bauunternehmer
Pflichten	Leistungen der versprochenen Dienste bzw. Gewährung der vereinbarten Vergütung; § 611 BGB	Verpflichtung zur Herstellung des versprochenen Werkes, Entrichtung der vereinbarten Vergütung; § 631 BGB
Inhalt	Dienste jeder Art	Herstellung oder Veränderung einer Sache bzw. ein durch Arbeit oder Dienstleistung herbeigeführter Erfolg
Vergütung	gilt als stillschweigend vereinbart, wenn die Dienstleistung den Umständen nach nur gegen Vergütung zu erwarten war; ist die Höhe der Vergütung nicht bestimmt, so ist bei dem Besteher einer Taxe die taxmäßige, in Ermangelung einer Taxe die übliche Vergütung als vereinbart anzunehmen; § 612 BGB	gilt als stillschweigend vereinbart, wenn die Herstellung des Werkes den Umständen nach nur gegen Vergütung zu erwarten war; ist die Höhe der Vergütung nicht bestimmt, so ist bei dem Besteher einer Taxe die taxmäßige, in Ermangelung einer Taxe die übliche Vergütung als vereinbart anzunehmen; § 632 BGB
Haftung	keine Gewährleistung, nur bei schuldhafter Pflichtverletzung erfolgt Haftung wegen positiver Vertragsverletzung - Schadensersatz	Haftung ohne Rücksicht auf Verschulden für die Mängelfreiheit der Leistung; Beseitigung des Mangels auf Verlangen des Bestellers; es kann Schadensersatz verlangt werden; § 631 - 651 BGB; Haftungsdauer 5 Jahre; nach VOB 2 Jahre
Kündigung	Ablauf des Dienstverhältnisses mit Ablauf der Vertragsdauer, vorzeitige Kündigung nur unter Angabe wichtiger Gründe; bei vorzeitiger Kündigung durch AN hat dieser Vorsorge zu treffen, daß die Leistung anderweitig ordnungsgemäß ausgeführt wird; § 675 BGB	jederzeit kündbar, jedoch ist der Unternehmer berechtigt, die volle Vergütung zu erhalten, abzüglich der an Aufwendungen ersparten Summen; § 699 BGB

Bild 26: Unterschiede Dienst- und Werkvertrag

Organisation und Dokumentation

4. Mietvertrag

a. Regulärer Mietvertrag (§§ 535 - 580 BGB)

Auch beim Mietvertrag handelt es sich um einen Gegenseitigkeitsvertrag, der im BGB wie folgt geregelt ist: "Durch den Mietvertrag wird der Vermieter verpflichtet, dem Mieter den Gebrauch der vermieteten Sache während der Mietzeit zu gewähren. Der Mieter ist verpflichtet, dem Vermieter den vereinbarten Mietzins zu entrichten."

Die daraus resultierenden Rechte beider Vertragspartner lassen sich in nachstehender Tabelle (Bild 27) zusammenfassen:

	Vermieter	**Mieter**
Pflichten	- Übergabe der Mietsache (Besitzverschaffung) - dauernde Gebrauchsüberlassung während der Mietzeit - Übernahme der Instandhaltungskosten - Tragen der auf der Mietsache ruhenden Lasten	- Zahlung des Mietzinses - sorgfältige Behandlung der Mietsache - Anzeige von Mängeln - Unterlassung von Untervermietung - Rückgabe der Mietsache nach Ende des Mietverhältnisses
Haftung/ Pfandrecht	- Vermieterpfandrecht an den eingebrachten Sachen des Mieters zur Sicherung der Forderungen des Vermieters aus dem Mietvertrag	Der Mieter kann: - die Beseitigung der Mängel verlangen - Mietzins mindern - Schadensersatz verlangen - kündigen
Kündigung	Fristen bei Bemessung des Mietzinses nach: - Tagen : 1 Tag - Wochen : spätestens am 1. Werktag einer Woche für den Ablauf des folgenden Samstags - Monaten : 3 Monate (bei Wohnraum : abhängig von der Dauer des Mietverhältnisses)	

Bild 27: Rechte und Pflichten von Vermieter und Mieter [6]

b. Pachtvertrag (§§ 581-597 BGB)

Das Wesens eines Pachtvertrags leitet sich im Wesentlichen vom Mietvertragsrecht ab und bezieht sich auf die Überlassung von Grundstücken. Als Unterschiede lassen sich festhalten:

- Genuß der Früchte; der Pächter darf den wirtschaftlichen Ertrag aus dem Pachtgegenstand nutzen
- die Ausbesserungskosten bei einem landwirtschaftlich genutzten Grundstück trägt der Pächter
- Pächter muß das Inventar erhalten und die Gefahr dafür tragen, darf aber auch darüber verfügen

2.5.2 Modelle von Vertragsbeziehungen

Jedem Bauherrn steht frei, die Vertragsform für eine Unternehmung zu wählen. Die nachfolgenden Organigramme beschreiben die verschiedenen Vertragsbeziehungen zwischen Auftraggeber (Bauherr), Architekt, Fachingenieur und Unternehmer (Bild 28 a-e). Bei allen Modellen ist eine weitere Variante, die Arbeitsgemeinschaft (ARGE) denkbar, bei der sich Einzelunternehmen zeitlich befristet zu einer Gemeinschaft zusammenschließen und für diese Zeit im Außenverhältnis gesamtschuldnerisch haften. Darüber hinaus müssen drei weitere Voraussetzungen erfüllt sein:

- gemeinsamer Briefkopf
- gemeinsame Bankverbindung (Konto)
- Kennzeichnung der Federführung.

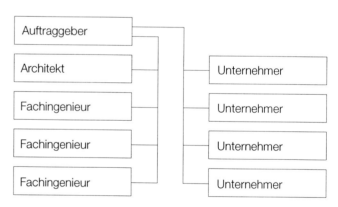

Bild 28a: Traditionelle Vertragsform

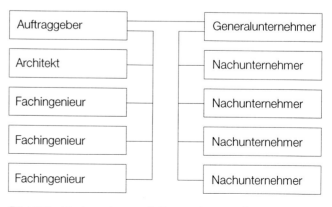

Bild 28b: Vertragsform mit Generalunternehmer

2.5 Vertragswesen

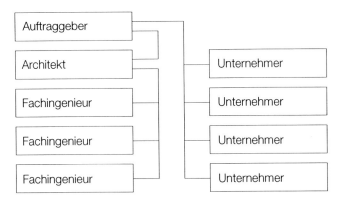

Bild 28c: Vertragsform mit Generalplaner

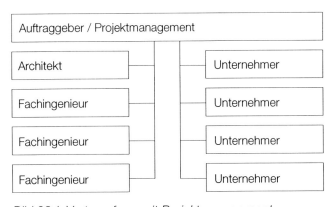

Bild 28d: Vertragsform mit Projektmanagement

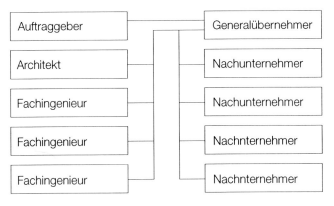

Bild 28e: Vertragsform mit Generalübernehmer

a. Traditionelle Vertragsform

Der Bauherr als Auftraggeber beauftragt alle Planer und Unternehmer getrennt. Jeder Planer und Unternehmer haftet dem Auftraggeber direkt für seine Leistung.

b. Generalunternehmer

Der Bauherr als Auftraggeber beauftragt alle Planer und einen Generalunternehmer. Der Generalunternehmer beauftragt im Innenverhältnis Nachunternehmer (Subunternehmer) für alle Leistungen, die er nicht selbst erbringen kann. Jeder Planer und der Generalunternehmer haften dem Auftraggeber direkt für seine Leistung. Die Nachunternehmer haften dem Generalunternehmer im Innenverhältnis.

b. Generalplaner

Der Bauherr als Auftraggeber beauftragt einen Planer (meist den Architekten) als Generalplaner. Der Generalplaner beauftragt die Fachplaner im Innenverhältnis.

d. Baumanagement

Der Bauherr als Auftraggeber beauftragt General- oder Einzelunternehmer wie bei a und c. Er selbst übernimmt die Baudurchführungsplanung (ggf. Ausführungsplanung, bestimmt Ausschreibung, Vergabe, Ausführungsüberwachung, Gesamtkoordination). Fachplaner und Unternehmer haften jeweils getrennt für ihre Leistung.

e. Generalübernehmer

Der Bauherr als Auftraggeber beauftragt einen Generalübernehmer (ggf. einen Generalunternehmer), der alle oder Teile der Planungsleistung übernimmt oder Planer als General- oder Einzelplaner beauftragt. Der Generalübernehmer haftet direkt für seine Leistung (Generalleistung). Die Fachplaner und die Unternehmen haften dem Generalübernehmer im Innenverhältnis.

Die Untersuchung des Leistungsumfangs der Projektbeteiligten (Bild 29) macht deutlich, daß lediglich beim Generalübernehmer sämtliche Leistungen, die beim Bauen erbracht werden müssen, komplett angeboten werden. Der vermeintliche Vorteil für den Bauherrn liegt darin, daß er nur mit einem Unternehmen einen Vertrag für alle Leistungen schließen muß, setzt jedoch voraus, daß alle fachspezifischen Leistungsfragen geklärt sein müssen, was von Bauherrenseite enormes Fachwissen und ein Höchstmaß an Erfahrungen auf diesem Gebiet erfordert.

Organisation und Dokumentation

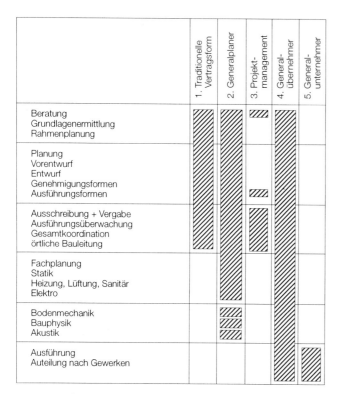

Bild 29: Leistungsumfang der Projektbeteiligten nach verschiedenen Vertragsformen

2.4.3 Planungsverträge

a. Architektenvertrag/HOAI

Das Vertragsverhältnis von Bauherr zu Architekt unterliegt keiner zwingenden Rechtsform, der Vertrag kann frei gestaltet werden, solange er nicht den Grundsätzen des BGB widerspricht.

Ein Architektenvertrag kann demnach auch mündlich geschlossen werden, birgt jedoch das Problem der Beweisbarkeit im Streitfall. Deshalb empfiehlt sich beim mündlichen Vertragsschluß die Anwesenheit von Zeugen.

Ein Vertrag kann aber auch durch schlüssiges Handeln zustandekommen, ohne daß eine entsprechende Schriftform vorliegt. Voraussetzung ist dann die Beweisbarkeit der erbrachten Leistungen (z.B. Unterschrift des Bauherrn unter Bauantrag).

Die schriftliche Vertragsregelung bietet die Möglichkeit, individuelle Vereinbarungen festzuhalten oder einen Formularvertrag heranzuziehen und ihn mit zusätzlichen Vereinbarungen zu ergänzen.

Aus dem Rechtsverhältnis zwischen Bauherr (AG) und Planer (AN) ergeben sich Rechte und Pflichten für beide Seiten, die bei einer schriftlichen Vereinbarung in den **Allgemeinen Vertragsbedingungen zum Architektenvertrag (AVA)** festgelegt sind. Darin sind auch Regelungen über Zahlungsmodalitäten, Haftung und Gewährleistung und deren Dauer, Urheberrecht und vorzeitige Vertragsauflösung enthalten.

b. Projektsteuerungsvertrag

Wie bereits in Kapitel 2.1 erwähnt, beschreibt die § 31 der HOAI das Leistungsbild der Projektsteuerung. Danach besteht eine Hauptaufgabe des Projektsteuerers in der verstärkten Übernahme von Bauherrenaufgaben, von vorbereitenden Maßnahmen, die über die Leistungsphase 1 (Grundlagenermittlung) hinausgehen und in der Kontrolle des Planungs- und Ausführungsablaufs hinsichtlich aller Leistungsebenen.

Ein entscheidender Unterschied zum Architektenvertrag besteht darin, daß Projektsteuerungsleistung als Dienstvertrag rechtlich fixiert wird und damit andere Haftungs- und die Gewährleistungsbedingungen gelten.

c. Fachingenieurvertrag

Die §§ 4-14 HOAI legen die Grundlagen zur Ermittlung der Honorare für alle restlichen, anfangs erwähnten Leistungsbereiche fest, wobei grundsätzlich nach gleichem Vorbild wie bei den Architektenleistungen verfahren wird. Lediglich die Prozentsätze für die einzelnen Leistungsphasen und die Honorarsummen variieren je nach Leistungsumfang. Wie beim Architektenvertrag handelt es sich hierbei um ein Werkvertragsverhältnis.

d. Genralplanervertrag

Mit dem Generalplanervertrag übernimmt der Planer ein Bündel verschiedener Planungsaufgaben aus verschiedenen Leistungsbildern. Die Beratung nach § 15 Abs.2 Nr. 1-3 HOAI (Formulieren von Entscheidungshilfen für die Auswahl anderer an der Planung fachlich Beteiligter als Grundleistung) führt dazu, daß der Auftraggeber den Planer selbst mit der Erbringung der Fachplanungen beauftragt. Damit hat der Planer im weiteren Verwirklichungsstadium die eigenen Fachplanungsleistungen zu integrieren und zu koordinieren.

Auch wenn der Generalplaner berechtigt ist, mit der Erfüllung der Planungsleistungen Dritte zu betrauen, bleiben die Fachplanungen im Verantwortungsbereich des Generalplaners. Deshalb müssen bei Fremdbüros die geltenden Vertragsbedingungen beachtet werden.

2.6 Verdingungswesen

Die zweifellos kritischste Phase des Projektablaufs liegt im Übergang von der Planung zur Umsetzung in konkrete Bauleistungen, und zwar auch im Hinblick auf den Qualitätsstandard, die realen Kosten und die Ausführungsdauer. Um die in der Planung festgelegten Anforderungen in Bauleistungen umzusetzen, müssen diese für die Erstellung von Angeboten detailliert erfaßt werden. Unter Verdingung bzw. Vergabe versteht man die Übertragung der Ausführung eines Bauvorhabens vom Bauherrn an einen Unternehmer nach geregelten Vorgängen in einem Wettbewerbsverfahren. Die hierfür notwendigen Voraussetzungen sind in der **VOB (Verdingungsordnung für Bauleistungen)** beschrieben. Sie endet mit dem Abschluß eines Bauvertrags.

2.6.1 Rechtliche Grundlagen (BGB, AGB, VOB)

Grundsätzlich gilt in der deutschen Rechtsordnung die sogenannte Vertragsfreiheit gemäß § 305 BGB. Sie besagt, dass jeder mit jedem einen Vertrag jeden Inhalts abschließen kann, solange dieser Vertrag in "Inhalt und Form nicht gegen Gesetze verstößt" (z.B. § 263 StGB - Betrug, § 253 StGB - Erpressung, § 240 StGB - Nötigung, § 266 StGB - Untreue bzw. Treu und Glauben). Jeder Vertrag, der die Erbringung einer Bauleistung zum Inhalt hat, unterliegt dem Werkvertragsrecht (§§ 631 ff. BGB). Da die enorme Entwicklung auf dem Bausektor zur starken Typisierung der vertraglichen Beziehungen geführt hat, erkannte man in den 70er Jahren die Notwendigkeit von Vertragsbedingungen, die detailliert auf den jeweiligen Vertragsgegenstand bezogen werden können und die damit Fragen klären, die das BGB nicht ausreichend behandelt.

Am 1.4.1977 wurde die Einführung von "**Allgemeinen Geschäftsbedingungen**" (**AGB**) als Gesetz verabschiedet. Sie haben die Aufgabe, Einzelverträge zu ergänzen, verbunden mit dem politischen Ziel, bei deren Verwendung im "rechtsgeschäftlichen Wirtschaftsverkehr dem Prinzip des angemessenen Ausgleichs der beiderseitigen Interessen Geltung zu verschaffen". Sie werden entweder von Verbänden der einzelnen Wirtschaftszweige oder von den Unternehmen bzw. Planern selbst aufgestellt und bei Vertragsabschlüssen aufgenommen. In den AGB werden Fragen des Gerichtsstands, der Beweislast, der Haftungsbeschränkung und Verjährungsfristen, aber auch die Bestimmung von unwirksamen Vertragsklauseln behandelt. Wer sich den AGB unterwirft, muß damit rechnen, daß er auf verschiedene Rechtspositionen verzichtet.

Nach der im § 1 Abs.1 AGB - Gesetz vorgenommenen Begriffsbestimmung für Allgemeine Geschäftsbedingungen sind in der Baupraxis nicht nur **Allgemeine, Besondere und Zusätzliche Vertragsbedingungen** (Kap.2.6.6.) als AGB anzusehen, sondern auch die vielfach verwendeten **Formular-und Musterverträge** (Bauvertrag, Einheits-Architekten-Vertrag, Generalplanervertrag etc.). AGB haben nicht den Charakter einer allgemein verbindlichen Rechtsnorm; sie gelten immer nur durch eine entsprechende Vereinbarung der Parteien, was auch stillschweigend geschehen kann. Das AGB-Gesetz findet keine Anwendung, wenn die Bedingungen nachweislich und einzeln ausgehandelt wurden.

Die (bereits erwähnte) **VOB** (vgl. Kap. 2.6.2-2.6.4) wurde schon in den 20er Jahren aus dem Bedürfnis heraus geschaffen, einen gerechten Ausgleich zwischen den Interessen des Bauherrn und des Unternehmers zu erreichen (*Bild 30*). Als praxisbezogene Anleitung bemüht sie sich um einheitliche Grundsätze auf dem Gebiet des Baurechts. Die VOB unterliegt als "Allgemeine Geschäftsbedingungen" dem AGB-Gesetz. Sie ist daher selbst weder Gesetz noch Rechtsverordnung, sondern Vertragsrecht. Die VOB als Grundlage eines Bauvertrags gilt nur, wenn beide Vertragspartner sie ausdrücklich vereinbart haben.

VOB/B	günstiger für AN	günstiger für AG
§ 7	günstigere Gefahrenverteilung als nach BGB	
§ 12	weitergehende Abnahmeform: Fiktive Abnahme	
§ 13	kürzere Verjährungsfrist	
§ 13 Abs. 7.2	eingeschränkte Schadensersatzansprüche	
§ 16	Möglichkeit von Abschlagszahlungen	
§ 1 Abs. 3		Planungsänderungsmöglichkeiten
§ 1 Abs. 4		nicht vereinbarte zusätzliche Leistungen möglich
§ 4 Abs. 7		Nachbesserungsanspruch vor der Abnahme
§ 4 Abs. 8		Subunternehmer nur mit Zustimmung des Auftraggebers

Bild 30: Ausgewogenheit der VOB als AGB

Organisation und Dokumentation

2.6.2 VOB/A

Im Teil A (Neufassung Dezember 1992) werden durch **"Allgemeine Bestimmungen für die Vergabe von Bauleistungen"** - DIN 1960 die Art der Vergabe sowie das Zuschlagsverfahren geregelt.

Kurze Inhaltsangabe der VOB/A:

- § 1 **Bauleistungen** - Art von Bauarbeiten
- § 2 **Grundsätze der Vergabe** - Bewerber und angemessene Preise
- § 3 **Arten der Vergabe** - öffentliche und beschränkte Ausschreibung, freihändige Vergabe
- § 4 **Einheitliche Vergabe, Vergabe nach Losen** - Vergabe im Sinne einer einheitlichen Ausführung und zweifelsfreien Gewährleistung sowie Vergabe nach Fachlosen
- § 5 **Leistungsvertrag, Stundenlohnvertrag, Selbstkostenerstattungsvertrag** - Vergütung nach Leistung bemessen, Bauleistungen geringen Umfangs nach Stundenlohn, nicht eindeutig bestimmbare Leistungen nach Selbstkostenerstattung
- § 6 **Angebotsverfahren** - Preisangebot in Leistungsverzeichnissen
- § 7 **Mitwirkung von Sachverständigen** - Sachverständige zur Vorbereitung der Vergabe bzw. Prüfung der Preiskalkulation und der Begutachtung von vertragsmäßiger Ausführung
- § 8 **Teilnehmer am Wettbewerb** - Bewerberbedingungen für öffentliche bzw. beschränkte Ausschreibungen und freihändige Vergabe, Bedingungen für den Ausschluß von Bewerbern
- § 9 **Leistungsbeschreibung** - Allgemeines zur Leistungsbeschreibung (Eindeutigkeit, Vermeidung von ungewöhnlichen Wagnissen, beeinflussende Umstände zur einwandfreien Preisermittlung, besondere Leistungen); Leistungsbeschreibung und Leistungsprogramm zu Bauausführungswettbewerben
- § 10 **Vertragsunterlagen** - Verdingungsunterlagen sowie "Allgemeine Vertragsbedingungen für Bauleistungen" nach Teil B und die allgemeinen technischen Vorschriften für Bauleistungen nach Teil C der VOB; "Allgemeine Vertragsbedingungen" werden durch "zusätzliche Vertragsbedingungen" bzw. "besondere Vertragsbedingungen" ergänzt
- § 11 **Ausführungsfristen** - Bemessung von Ausführungsfristen, Einzelfristen für abgeschlossene Teile, Vertragsfristen im Bauzeitplan
- § 12 **Vertragsstrafen und Beschleunigungsverfahren** - Vertragsstrafen für Überschreitung von Vertragsfristen; Vergütung (Prämien) für Unterschreitung von Ausführungsfristen
- § 13 **Gewährleistung** - Gewährleistungsberechtigung und Verjährungsfristen, welche über die "Allgemeinen Vertragsbedingungen" hinausgehen
- § 14 **Sicherheitsleistung** - Berechtigung von Sicherheitsleistungen; Bemessungshöhe und Zeitpunkt der Rückgabe
- § 15 **Änderung der Vergütung** - Bei wesentlichen Änderungen der Preisermittlungsgrundlagen können angemessene Änderungen der Vergütung in den Verdingungsunterlagen vorgesehen werden
- § 16 **Grundsätze der Ausschreibung** - Zweck und planerische Voraussetzungen zur Ausschreibung
- § 17 **Bekanntmachung** - Form und Inhalt von öffentlichen Ausschreibungen in Tageszeitungen, amtlichen Veröffentlichungsblättern oder Fachzeitschriften
- § 18 **Angebotsfrist** - Fristen zur Bearbeitung und Einreichung von Angeboten, Zurückziehungstermine
- § 19 **Zuschlags- und Bindefrist** - Bemessung der mit Eröffnungstermin beginnenden Zuschlagsfrist
- § 20 **Kosten** - Entschädigung in Selbstkostenhöhe bei öffentlichen Ausschreibungen; unentgeltliche Unterlagenabgabe bei beschränkten Ausschreibungen und freihändiger Vergabe; nur für zusätzliche Leistungen (Berechnung) kann eine angemessene Entschädigung verlangt werden; für die Bearbeitung des Angebots wird keine Entschädigung gewährt
- § 21 **Inhalt der Angebote** - Angebote sollen nur Preise, geforderte Erklärungen und die rechtsverbindliche Unterschrift enthalten; Änderungsvorschläge oder Nebenangebote sind unzulässig bzw. nur in getrennter Anlage; Arbeitsgemeinschaften müssen bevollmächtigten Vertreter benennen
- § 22 **Eröffnungstemin** - Verfahren über Öffnung, Verlesung, Anwesenheitsberechtigung; Muster, Proben - soweit Bestandteil des Angebots - müssen zum Termin zur Stelle sein; Niederschrift über den Eröffnungstermin; Geheimhaltung von Angeboten und Anlagen
- § 23 **Prüfung der Angebote** - Angebote sind rechnerisch, technisch und wirtschaftlich zu prüfen stimmt der Gesamtbetrag einer Position mit seinem Einheitspreis nicht überein, gilt der Einheitspreis
- § 24 **Aufklärung des Angebotsinhalts** - Im Zeitraum zwischen Angebotseröffnung und Zuschlagserteilung darf der Auftraggeber mit dem Bieter nur über seine technische und wirtschaftliche Leistungs-

fähigkeit, das Angebot selbst, Änderungsvorschläge, Art der Durchführung, Angemessenheit der Preise und Bezugsquellen von Stoffen und Bauteilen, verhandeln

§ 25 **Wertung der Angebote** - Festlegung, welche Angebote ausgeschlossen werden; Zuverläßigkeitsprüfung technischer und wirtschaftlicher Mittel

§ 26 **Aufhebung der Ausschreibung** - Bedingungen zur Aufhebung der Ausschreibung

§ 27 **nichtberücksichtigte Angebote** - Benachrichtigung von Bietern, deren Angebote nicht berücksichtigt wurden, bzw. Verständigung der Bieter, sobald der Zuschlag erteilt wurde

§ 28 **Zuschlag** - Zuschlagserteilung vor Ablauf der Zuschlagsfrist; wird nach der Zuschlagsfrist der Auftrag erteilt, ist vom Bieter eine Annahmeerklärung anzufordern

2.6.3 VOB/B

In der VOB/B sind die "Allgemeinen Vertragsbedingungen für die Ausführung von Bauleistungen" (DIN 1961) enthalten. Sie regelt die rechtlichen Beziehungen zwischen Auftraggeber und Auftragnehmer. Falls von beiden Vertragspartnern vereinbart, tritt sie an die Stelle der entsprechenden Bestimmungen des Werkvertragsrechts (§§ 631 ff. BGB), erhält damit jedoch nur "gesetzesähnlichen" Charakter.

Kurze Inhaltsangabe der VOB/B:

§ 1 **Art und Umfang der Leistung** - Reihenfolge der Vertragsbestandteile: Leistungsbeschreibung, besondere Vertragsbedingungen, zusätzliche Vertragsbedingungen, allgemeine technische Vorschriften, zusätzliche technische Vorschriften, allgemeine Vorschriften

§ 2 **Vergütung** - Vergütungsart (Leistungsvergütung, Pauschalsumme, Stundenlohnarbeiten, Selbstkostennachweis), Mengenabweichung, Änderungen am Bauentwurf, nicht vorgesehene Leistungen, Planungs, und Berechnungsleistungen des Auftragnehmers

§ 3 **Ausführungsunterlagen** - Übergabetermin von Ausführungsunterlagen, Baukörperabsteckung und Gebäudeaufnahme, Randbedingungen des Baugeländes, Vorlagetermin für Planungs- und Berechnungsleistungen des Auftragnehmers;

§ 4 **Ausführung** - Koordinationspflicht des Auftraggebers; Überwachungsrecht des Auftraggebers über vertragsgemäße Ausführung, Bedenken gegen Anordnungen des Auftraggebers, Eigenverantwortung des Auftragnehmers bei Ausführung von Vertragsleistungen; Bedenken des Auftragnehmers gegen Durchführung von Vertragsleistungen; Sicherung von Leistungen und Gegenständen gegen Beschädigung, Diebstahl, Winterschäden, Grundwasser; Ersatzpflicht von mangelnden Leistungen; Vergabezustimmung von Leistungen an Nachunternehmer

§ 5 **Ausführungsfristen** - Vertrags- und Einzelfristen im Bauzeitplan, Ausführungsbeginn, Schadensersatz bei Nichteinhaltung von Vertragsfristen

§ 6 **Behinderung und Unterbrechung** der Ausführung - Behinderungsanzeigepflicht durch den Auftragnehmer (Ausführungsfristen), Zumutbarkeit zur Weiterführung, Unterbrechungen von längerer Dauer; Leistungsabrechnung nach Vertragspreisen und Vergütung von Kosten für nicht ausgeführte Leistungen

§ 7 **Verteilung der Gefahr** - Beschädigung oder Zerstörung von Leistungen durch höhere Gewalt, Krieg u.ä.; Vergütungsregelung nach § 6 (Abs. 5)

§ 8 **Kündigung durch den Auftraggeber** - Kündigungsrecht und Kündigungsgründe, Leistungsabrechnung nach der Kündigung, Ausführung von Restleistungen, Kündigungsform

§ 9 **Kündigung durch den Auftragnehmer** - Kündigungsrecht und Kündigungsgründe, Kündigungsform, Leistungsabrechnung nach der Kündigung

§ 10 **Haftung der Vertragsparteien** - gegenseitige Haftungsverpflichtung der Vertragsparteien, Haftung gegenüber Dritten, Haftpflichtversicherung

§ 11 **Vertragsstrafen** - Vertragsregelung, Vertragsstrafe nach Leistungsabnahme

§ 12 **Abnahme** - Form (Art) der Leistungsabnahme, Vorbehalt gegen Mängel

§ 13 **Gewährleistung** - Gewähr für vertraglich zugesicherte Eigenschaften von Vertragsleistungen, Mängelzurückführung, Gewährleistung von Verjährungsfristen, Behebung von Mängeln in der Verjährungsfrist, Minderung der Vergütung, Schadensersatzpflicht

§ 14 **Abrechnung** - Prüfbarkeit der Leistungsabrechnung, Feststellung der Leistungsabrechnung, Schlußrechnung

§ 15 **Stundenlohnarbeiten** - Vergütung von Stundenlohnsätzen, Stundenlohnnachweis, Vorlage von Stundenlohnarbeiten

§ 16 **Zahlung** - Abschlagszahlungen (Höhe des Wertes, Zeitabstände), Vorauszahlung bei ausreichender Sicherheit, Schlußzahlungen, Skonto

§ 17 **Sicherheitsleistung** - Sicherheit zur vertragsmäßigen Ausführung der Leistung und der Gewährleistung, Arten der Sicherheitsleistung (Einbehaltung, Hinterlegung, Bürgschaft), Frist zur Leistung der Sicherheit

§ 18 **Streitigkeiten** - Gerichtsstand, Meinungsverschiedenheiten mit Behörden bzw. über Materialien und Bauteile

Man kann die VOB/B nach Inhalten in 3 Hauptgruppen einteilen:

- **Vertragsumfang** und vorzeitige Auflösung
  (§§ 1, 8, 9, 18 VOB/B)
- **Ausführung**
  a. Ausführung, Behinderung, Abnahme
  (§§ 3, 4, 5, 6, 12) VOB/B;
  b. Gefahrenverteilung, Haftung, Gewährleistung
  (§§ 7, 10, 11, 13, 17 VOB/B)
  Vergütung
  (§§ 2, 14, 15, 16 VOB/B)

2.6.4 VOB/ C

Der Teil C der VOB enthält die "Allgemeinen Technischen Vorschriften" (ATV) für Bauleistungen jeder Art und wurde erstmals 1988 in die VOB aufgenommen. In ihm wird nach DIN-Bestimmungen festgelegt, in welcher Weise die einzelnen Bauhandwerksleistungen wie z.B. Erdarbeiten, Mauerarbeiten, Putz- und Stuckarbeiten usw. nach den Regeln der Technik auszuführen sind, wie die notwendigen Baustoffe und Bauteile beschaffen sein müssen und welche Nebenleistungen der Bauhandwerker schuldet.

Der Teil C bildet somit auch eine Abrechnungsgrundlage. Bereits im § 1 VOB/B wird der Teil C zum "Bestandteil des Bauvertrags", sobald die VOB/B als Vertragsgrundlage vereinbart wird.

Die Gewerke bzw. Arbeitsgruppen werden in 55 ATV-Bereiche gegliedert und jeweils nach folgendem Aufbau behandelt:

0. Hinweise für die Leistungsbeschreibung (werden nicht Vertragsbestandteil)
1. Allgemeines
2. Stoffe und Bauteile
3. Ausführung
4. Nebenleistungen
5. Abrechnung

Zu den üblicherweise benötigten Gewerken zählen:

DIN 18300	Erdarbeiten
DIN 18305	Wasserhaltungsarbeiten
DIN 18306	Entwässerungsarbeiten
DIN 18308	Dränarbeiten
DIN 18320	Landschaftsbauarbeiten
DIN 18330	Mauerarbeiten
DIN 18331	Beton- und Stahlbetonarbeiten
DIN 18332	Naturwerksteinarbeiten
DIN 18333	Betonwerksteinarbeiten
DIN 18334	Zimmer- und Holzbauarbeiten
DIN 1335	Stahlbauarbeiten
DIN 18336	Abdichtungsarbeiten
DIN 18338	Dachdeckungs- und Dachabdichtungsarbeiten
DIN 18339	Klempnerarbeiten
DIN 18350	Putz- und Stuckarbeiten
DIN 18352	Fliesen- und Plattenarbeiten
DIN 18353	Estricharbeiten
DIN 18354	Gußasphaltarbeiten
DIN 18355	Tischlerarbeiten
DIN 18356	Parkettarbeiten
DIN 18357	Beschlagsarbeiten
DIN 18358	Rolladenarbeiten
DIN 18360	Metallbauarbeiten, Schlosserarbeiten
DIN 18361	Verglasungsarbeiten
DIN 18363	Maler- und Lackierarbeiten
DIN 18364	Korrosionsschutz an Stahl- und Aluminiumarbeiten
DIN 18365	Bodenbelagsarbeiten
DIN 18366	Tapezierarbeiten
DIN 18367	Holzpflasterarbeiten
DIN 18379	Raumlufttechnische Anlagen
DIN 18380	Heizanlagen und zentrale Wassererwärmungsanlagen
DIN 18381	Gas-, Wasser- und Abwasser-Installationsarbeiten innerhalb von Gebäuden
DIN 18382	elektrische Kabel- und Leitungsanlagen in Gebäuden
DIN 18384	Blitzschutzanlagen
DIN 18421	Dämmarbeiten in technischen Anlagen
DIN 18451	Gerüstarbeiten

2.6.5 Unterschiede BGB - VOB

Obwohl man die VOB als weiterführende Vertragsgrundlage des BGB bezeichnen könnte, ergeben sich einige grundsätzliche Unterschiede (*Bild 31*):

2.6 Verdingungswesen

Vertragsbedingungen in bezug auf	BGB	VOB
Vertragsgrundlage	Soweit nicht anders vereinbart, gelten **§§ 631 - 651 BGB** als Vertragsgrundlage.	Nur auf besondere Vereinbarungen hin gilt **VOB/B** als Vertragsgrundlage.
Pflichten des Auftragnehmers	§ 633 Der AN hat die Leistung so zu erbringen, daß sie die zugesicherten Eigenschaften hat und nicht mit Fehlern behaftet ist, die den Wert oder die Tauglichkeit mindern.	§ 13 Nr.1 wie BGB; zusätzlich muß die Leis-tung nach den anerkannten Regeln der Technik (VOB/C) erbracht werden.
Ansprüche aus Mängeln vor der Abnahme	§ 634 (1) Fristsetzung für Mängelbeseiti-gung in Übereinstimmung mit Fertigstellungstermin; Schadensersatz nur für mangelhafte Bauleistung.	§ 4 Nr.7 Mängelbeseitigungsanspruch des AG schon vor der Abnahme; uneingeschränkter Schadensersatz.
Gefahrtragung	§ 644 Der AN trägt die Gefahr bis zur Abnahme des Werkes, auch im Falle höherer Gewalt; der Auftragnehmer ist verpflichtet, das Werk auf seine Kosten neu zu erstellen.	§ 7 Der AN hat Anspruch auf Vergütung, wenn die Leistung vor der Abnahme durch höhere Gewalt, Krieg, Aufruhr oder andere von ihm nicht zu vertretende Umstände zerstört wird; er ist nicht verpflichtet, die Leistung neu zu erbringen.
Abnahme	§ 640 Der AG ist verpflichtet, das Werk abzunehmen; nur tatsächliche Abnahme; ausdrücklich oder durch schlüssige Handlung	§ 12 Der AG hat das Werk innerhalb von 12 Tagen nach schriftlicher Meldung der Fertigstellung abzunehmen; neben förmlicher Abnahme auch fiktive Abnahme möglich : - 12 Tage nach Mitteilung über Fertigstellung oder - 6 Tage nach Inbenutzungnahme
Verweigerung der Abnahme	AG kann Abnahme verweigern, wenn auch nur geringe Mängel vorhanden sind (**§ 640** in Verbindung mit **§ 633**).	§ 12 Nur bei wesentlichen Mängeln ist die Verweigerung der Abnahme möglich.
Gewährleistungsansprüche	§ 633 Mängelbeseitigung § 634 Minderung oder Wandelung oder § 635 Schadensersatz	§ 13 Nr.5 Mängelbeseitigung Nr.6 Minderung und Nr.7 Schadensersatz (keine Wandlung)
Verjährung von Gewährleistungsansprüchen	§ 638 Verjährungsfrist für Bauwerke 5 Jahre	§ 13, Nr.4 Verjährungsfrist für Bauwerke 2 Jahre
Unterbrechung der Gewährleistungsfrist	§ 639 Unterbrechung durch gerichtliche Maßnahmen (§ 477)	§ 13, Nr.5 neben Maßnahmen nach § 639 BGB schriftliche Mängelrüge mit neuer 2-jähriger Gewährleistungsfrist
Nachforderungen (Wirkung der Schluß-zahlung)	§ 196 Anspruch auf Nachforderungen verjährt nach 2 Jahren	§ 16, Nr.3 vorbehaltlose Abnahme der Schlußzahlung schließt Nachforderungen aus

Bild 31: Unterschiede VOB - BGB [7]

2.6.6 Vertragliche Ergänzungen zur VOB

Da auch die VOB nicht alle Fragen für die Ausführung einer Leistung beantwortet bzw. die allgemeinen Vertragsbedingungen nicht immer ausreichen, um speziellen Bauaufgaben oder Bauherren gerecht zu werden, besteht für den Auftraggeber die Möglichkeit, die Ausschreibung mit bestimmten vertraglichen Regelungen zu ergänzen, solange diese nicht im Widerspruch zum AGB-Gesetz stehen. Folgende Regelungen werden als **Vorbemerkung** dem Leistungsverzeichnis vorangestellt:

a. Zusätzliche Vertragsbedingungen (ZVB)
b. Besondere Vertragsbedingungen (BVB)
c. Zusätzliche Technische Vorschriften (ZTV)

a. Zusätzliche Vertragsbedingungen (ZVB) können nach dem Grundsatz der Gestaltungsfreiheit von Schuldverträgen als weiterer Vertragsbestandteil vereinbart werden (§ 10 Nr.2 Abs.1 VOB/A). Sie enthalten normalerweise ergänzende oder eingrenzende Bestimmungen, die zur Klarstellung nicht eindeutiger und nicht abschließender Regelungen der VOB/B dienen. Sie werden meist von Auftraggebern oder Architekten verfaßt, die wiederholt ähnliche Bauwerke errichten (z.B. öffentliche Ver-

Organisation und Dokumentation

waltungsbauten, Industriebauten, Hochhäuser, Straßenbauwerke etc.), um sie damit zum regelmäßigen Vertragsbestandteil zu machen. Die ZVB beziehen sich nicht auf ein Einzelobjekt und werden meist in standardisierter Form (Formulare) herausgegeben. Bei daraus u. U. resultierenden Widersprüchen im Vertrag gilt die bereits erwähnte Reihenfolge (§1 Abs.2 VOB/B), wobei jedoch darauf zu achten ist, daß die sie nicht im Widerspruch zu den unveränderbaren Allgemeinen Vertragsbedingungen (AVB) stehen (§10 Nr.2 Abs.1 VOB/A). Folgende Punkte werden üblicherweise als ZVB ausgewiesen:

- **Ausführungsunterlagen** (§ 20 VOB/A, § 3 VOB/B) in Bezug auf den Begriff der rechtzeitigen Übergabe und welche Unterlagen der Auftragnehmer selbst zu beschaffen hat
- **Äußere Baustellenbedingungen** (§ 4 VOB/B) in Bezug auf Bedingungen für Lager und Arbeitsplätze, Zufahrtswege, Einschränkung der Baustelleneinrichtung, Energieanschluß-und Verbrauchskosten, Fachbauleiter (§ 80 HBO)
- **Weitergabe von Bauleistungen** (§ 8 VOB/B) an Nachunternehmer (Subunternehmer)
- **Haftung und Gewährleistung** (§ 10 -13 VOB/A) in Bezug auf Versicherungsbedingungen (Bauwesen-Haftpflichtversicherung)
- **Vertragsstrafen** (§ 12 VOB/A)
- **Ausführungsfristen** (§ 11 VOB/A, § 5 VOB/B) wie z.B. Festlegung von Ausführungsdauern, Zwischen- und Endterminen, Aufstellen eines Bauzeitenplanes
- **Abnahme** (§ 5 VOB/B) in Bezug auf die Art der Abnahme (z.B. förmliche Abnahme, Teil- oder Gesamtleistung, Mängelbeseitigung)
- **Vertragsart und Abrechnung** (§ 5 VOB/A, § 14 VOB/B) in Bezug auf Leistungsvertrag, Stundenlohnvertrag, Selbstkostenerstattungsvertrag, Aufmaßregelungen, Pauschalsummenbildung
- **Zahlungen** (§ 16 VOB/B) in Bezug auf Zahlungsfristenregelung, Abschlagszahlung nach Höhe des Leistungsstandes, Abtretung von Forderungen an Dritte
- **Sicherheitsleistung** (§ 14 VOB/A, § 17 VOB/B) Höhe des Sicherheitsbetrages in v.H., Ablösung durch Bankbürgschaft
- **Lohn- und Gehaltsnebenkosten** (§ 9 VOB/A, § 2 VOB/B) nach Art der Vergütung;
- **Änderung der Vertragspreise** (§ 15 VOB/A § 2 VOB/B) in Bezug auf die Dauer der Festpreise oder Preisgleitklausel

b. Im Gegensatz zu den ZVB sind **Besondere Vertragsbedingungen** (BVB), die nun wiederum die Regelungen der AVB, ZVB und ZTV erweitern bzw. modifizieren, nur für jeweils ein bestimmtes Bauvorhaben vorgesehen. Sie regeln damit nur die besonderen Verhältnisse eines speziellen Bauwerks. Die BVB können als individuell ausgehandelt gelten und erhalten bei eventuellen Widersprüchen Vorrang vor den AVB gemäß der bereits erwähnten Reihenfolge. Folgende Punkte werden hier geregelt:

- **Vergütungen** (§ 2 VOB/B) in Bezug auf Abweichungen bei Pauschalverträgen, Preise bei Abweichungen vom Mengenansatz, Lieferungs- und Zahlungsbedingungen
- **Ausführungsunterlagen** (§ 3 VOB/B) in Bezug auf unentgeltliche beliebige Ausfertigungen von Ausführungsunterlagenprüfung derselben durch den Auftragnehmer
- **Ausführung** (§ 4 VOB/B) in Bezug auf Bedenken des Auftraggebers gegen die Art der Ausführungstechniken- und Qualitäten
- **Haftung** (§ 10 VOB/B) in Bezug auf Begrenzung der Schadenshaftung auf die Deckungssumme der Haftpflichtversicherung
- **Gewährleistung** (§ 13 VOB/B) in Bezug auf Verjährungsfristen nach VOB (2 Jahre) oder nach Umkehr der Beweislast § 638 BGB (5 Jahre), Nachweis eines Mangels.

c. Die **Zusätzlichen Technischen Vorschriften** (ZTV) gelten als Ergänzung der Allgemeinen Technischen Vorschriften(ATV) und damit der VOB/C. Sie sind von Fall zu Fall, entsprechend der Bauaufgabe, dem Konstruktionssystem (handwerklicher Bau oder Fertigteilbauweise), den Bautoleranzen u.ä. Bedingungen zu formulieren. In den ZTV sind vor allem die Bereiche Nebenleistungen und Abrechnung eindeutig zu regeln.

Leider führt die Verwendung von weiteren Vertragsbedingungen zu einer Verschiebung der Wertigkeiten zwischen Vorbemerkungen und Leistungsbeschreibung (LB). Oft kommt es vor, daß einer Leistungsbeschreibung mit wenigen Positionen ein mehrseitiger Text mit Vorbemerkungen vorangestellt wird. Es ist daher ratsam, nicht alles, was möglich, sondern nur alles, was nötig ist, als Vorbemerkung festzuhalten. Da die LB vom Bauherrn bzw. von seinem Vertreter verfaßt wird, könnte schon durch zu umfangreiche Vertragsbedingungen das Prinzip der Ausgewogenheit zum Auftragnehmer, wenn auch nicht faktisch, so doch psychologisch, ausgehebelt werden.

2.6.7 Bauvertrag

Der Bauvertrag ist ein entgeltlicher, zweiseitiger Vertrag, bei dem sich der Unternehmer zu einer Leistung und der Auftraggeber zu einer Vergütung verpflichtet. Die Vergütung wird i.d.R ebenso wie die Leistung nach Art und Höhe im Vertrag genau festgelegt. Die Art der Vergütung bestimmt den Vertragstyp. Im Normalfall wird der Vertrag schriftlich fixiert. Er kann jedoch auch zustande kommen, wenn eine schlüssige Handlung vorliegt (z.B. Auftragnehmer beginnt mit der Ausführung, Auftraggeber läßt dies widerspruchslos geschehen).

Der Bauvertrag besitzt auch dann seine Rechtsgültigkeit, wenn keine ausdrückliche Vereinbarung über die Vergütung getroffen wurde (stillschweigende Vereinbarung nach § 632 BGB). Die Höhe der Vergütung richtet sich dann nach der am Leistungsort üblichen Höhe. Die Festlegung der Vergütung in bestimmten Formen nach Art und Höhe wird in § 5 VOB/A als definierte Vereinbarung bezeichnet.

Nachfolgend sind die Vertragsformen aufgelistet, die nach der VOB vereinbart werden können:

a. Leistungsvertrag

Der § 5 VOB/A beginnt mit der Grundsatzbestimmung: "Bauleistungen sollen grundsätzlich so vergeben werden, dass die Vergütung nach Leistung bemessen wird...".

Ein nach dieser Bestimmung gestalteter Vertrag heißt Leistungsvertrag, da nicht der Bauaufwand, sondern das Ergebnis vergütet wird.

b. Einheitsvertrag

Wird die Bauleistung nach den Richtlinien aus der § 9 VOB/A in Einzelleistungen aufgegliedert und für jede dieser Einzelleistungen ein spezieller Preis vereinbart, so wird ein darauf beruhender Leistungsvertrag als Einheitspreisvertrag bezeichnet.

c. Pauschalvertrag

In der Gruppe der Leistungsverträge sieht die VOB auch den Pauschalvertrag vor. Er wird dadurch gekennzeichnet, daß die Vergütung ohne Rücksicht auf ein Aufmaß für die gesamte Bauleistung pauschal vereinbart wird.

Eine Änderung des Pauschalpreises ist nur dann möglich, wenn die Bauleistung durch nachträgliche Anordnungen des Auftraggebers (Entwurfsänderungen, Übertragung zusätzlicher Leistungen oder Wegfall von Leistungen) geändert wird.

d. Festpreisvertrag

Die allgemeinen Vertragsbedingungen der VOB enthalten keine Preisvorbehalte. Treten nach Abschluß des Vertrages Änderungen der Faktorpreise (Löhne, Stoffpreise, sozialer Aufwand, Vorhaltekosten) ein, so ist der Bauherr nach VOB nicht verpflichtet, seine Vergütung zu erhöhen. Er ist allerdings auch nicht berechtigt, den Vertragspreis bei sinkenden Herstellungskosten zu mindern.

e. Stundenlohnvertrag §15 VOB/B

Auf jeder Baustelle kommen Arbeiten vor, die ausgeführt werden müssen, ohne daß sie im Einheitspreis- oder Pauschalvertrag vorgesehen sind. Wenn solche Leistungen nicht zu umfangreich sind, so werden sie im Stundenlohn vergeben, d.h. es wird nicht nach Leistung, sondern nach Aufwand vergütet.

Da die Vergabe der Arbeiten im Rahmen eines bestehenden Vertrages vor sich geht, bezeichnet man sie als angehängte Stundenlohnarbeiten.

Kleinere Bauvorhaben (z.B. kleine Umbauarbeiten) lohnen i.d.R. nicht den Aufwand einer Leistungsbeschreibung. Häufig lassen sie sich auch nicht ausreichend detailliert beschreiben, sodass eine Vergütung nach Arbeitsaufwand sinnvoll erscheint.

Da sie in keinem Zusammenhang mit einem Leistungsverzeichnis stehen, heißen sie selbständige Stundenlohnarbeiten.

f. Selbstkostenerstattungsvertrag

Dieser Vertragstyp unterscheidet sich vom Stundenlohnvertrag dadurch, daß mit ihm auch größere Bauvorhaben aufgrund der nachgewiesenen Kosten vergütet werden können. Die Zuschläge werden auf einige relative Erfahrungssätze beschränkt. Dieses Verfahren ist preisrechtlich gebunden.

g. Hausmeisterverträge

Als eine weitere, seltener angewandte Vertragsart kann der sogenannte Hausmeistervertrag erwähnt werden. Auf diese bezieht sich lediglich § 6 Nr.2 VOB/A, wonach das Auf- und Angebotsverfahren nicht angewendet werden soll.

Damit soll Hausverwaltern die Möglichkeit gegeben werden, Instandhaltungsarbeiten durch selbständiges Abschließen von Jahrespauschalverträgen durchführen zu lassen. Er findet meist bei kleineren Baumaßnahmen Anwendung.

2.6.8 Vertragsinhalt

Im Bauvertrag sollen der Klarheit wegen mindestens folgende wesentliche Punkte schriftlich geregelt werden:

- die Leistungen des Auftragnehmers nach Art und Umfang
- der Werklohn und dessen Vergütung (Zahlungstermine, Abschlagszahlungen, Schlußzahlung, Sicherheitseinbehalt)
- die Abnahme (schriftliches Abnahmeprotokoll, evtl. Vorbehalt der Vertragsstrafe)
- Art und Umfang der Gewährleistung des Unternehmers und Zeitraum der Gewährleistung
- die Bestimmung, nach welchen Regeln sich der Bauvertrag sich richtet (nach BGB oder VOB).

Die oben genannten Punkte sind bereits in der Leistungsbeschreibung so deutlich darzustellen, dass der Bieter eine klare und eindeutige Grundlage für seine Angebotskalkulation erhält. Mit der Auftragserteilung, die im Zweifelsfall immer schriftlich zu erfolgen hat, soll dem Auftragnehmer möglichst auch ein vollständiges Auftragsleistungsverzeichnis übergeben werden, das zum Vertragsgegenstand wird. Dies wird deshalb erforderlich, weil es zwischen Ausschreibung, Angebotskalkulation und den auszuführenden Leistungen zu Abweichungen oder Spezifizierungen kommen kann. Hierzu gehören:

- Beauftragung von Alternativpositionen
- Beauftragung von Eventualpositionen
- evtl. Beauftragung von Sondervorschlägen
- Vereinbarungen zur Abrechnung
- Nachlässe
- Änderungen der Ausführungszeit.

Eine weitere u.U. gewichtige Festlegung kann mit der Vereinbarung einer **Vertragsstrafe** getroffen werden. Eine Vertragsstrafe stellt ein rechtmäßiges Druckmittel dar, die Erfüllung der vereinbarten Leistung zu erreichen. Als gesetzliche Grundlagen gelten das BGB (§§ 339 - 345) sowie die VOB (§ 12 Nr.1 VOB/ A und § 11 VOB/B).

Um wirksam zu werden, bedarf eine Vertragsstrafe einer ausdrücklichen **vertraglichen Vereinbarung**, d.h. sie muß bereits bei Vertragsabschluß bekannt sein. Des Weiteren muß die maximale **Höhe der Vertragsstrafe** festgelegt werden. Bei VOB-Verträgen treten Vertragsstrafen am häufigsten wegen Überschreitung der vereinbarten Ausführungsfristen auf.

2.6.9 Nachträge

Bei fast allen Bauvorhaben ergibt sich die Notwendigkeit, dass Leistungen durch den Auftragnehmer erforderlich werden, die bei Vertragsabschluß nicht absehbar oder nicht in der ursprünglichen Leistungsbeschreibung enthalten waren und deshalb als **Nachträge** beauftragt werden müssen. Nachträge beinhalten somit Änderungen bestehender Bauverträge. Sie können aus Mengenänderungen, Planungsänderungen, Erschwernissen der Ausführung, die der Auftragnehmer nicht zu vertreten hat sowie aus Anordnungen des Bauherrn resultieren. Aus Nachträgen entstehen grundsätzlich Mehrkosten des zuvor geschlossenen Hauptauftrags. Die Ursachen für Nachträge sind äußerst vielfältig:

- Behinderung durch Umplanung
- unvollständige Ausführungsplanung
- verzögerte Planbereitstellung
- Koordinationsprobleme mit den Unternehmen
- nachträgliche konstruktive Änderungen
- bauseitige Veränderung des geplanten Bauablaufs
- ungenaue Mengenangaben im Leistungsverzeichnis
- ungenaue Zeitvorstellungen im Netzplan

Die Art des anfangs geschlossenen Bauvertrags spielt dann eine entscheidende Rolle:

a. Wurde ein BGB-Bauvertrag geschlossen, müssen sich beide Vertragspartner frei über Art und Umfang der Arbeiten und die Vergütung einigen, d.h. es besteht keine Bindung, die aus dem bestehenden Vertrag resultiert. Der Auftragnehmer ist nicht verpflichtet, zusätzliche Leistungen, für die er nicht beauftragt worden war, auch auszuführen, was bei nicht zustande gekommener Einigung bedeutet, dass für die nachträglich zu erbringende Leistung ein anderer Unternehmer beauftragt werden muß.

b. Beim VOB-Vertrag hingegen muß der Unternehmer auch nicht vereinbarte Leistungen erbringen, wenn diese zur Ausführung der ursprünglich vereinbarten Vertragsleistung erforderlich werden, es sei denn, der Betrieb ist auf diese Leistung technisch und vom Kenntnisstand her nicht eingerichtet (§ 1 Nr.4 VOB/B). Gemeint sind damit Leistungen, die in einem engen Abhängigkeitsverhältnis zu den vereinbarten Leistungen stehen bzw. diese erst ermöglichen.

3.1 Qualitätsformen

Für einen Auftraggeber/Bauherrn/Besteller erhält neben Art, Leistung, Preis und Dauer vor allem die Qualität des beauftragten Objekts entscheidende Bedeutung. Dabei entsteht oftmals das Problem, dass die Auffassungen von Qualität zwischen den an der Planung und Realisierung Beteiligten sich von denen des jeweiligen Vertragspartner unterscheiden. Die Definition von Qualität sollte deshalb schon im frühen Planungsstadium erfolgen.

3.1.1 Begriffsbestimmung

Qualität, aus dem Lateinischen *qualitas*, "Beschaffenheit", bezeichnet die verschiedenen erfaßssbaren und unterscheidbaren Eigenschaften eines Gegenstands oder einer Leistung, wie z.B. Form, Farbe, Geruch, Geschmack, Wärme, Härte etc.

Bezogen auf das Bauwesen wird damit sowohl das Projekt als Ganzes als auch das Objekt mit seinen Material- und Oberflächenqualitäten näher gekennzeichnet und spezifiziert. Dabei muß in **objektive** (messbare) Qualitäten und **subjektive** (nicht messbare) Qualitäten unterteilt werden.

Während objektive Qualität allgemeingültige Bewertungskriterien benötigt, variiert subjektive Qualität je nach Betrachter. Bei den folgenden Bewertungsmechanismen wird deshalb immer von objektiver Qualität ausgegangen.

3.1.2 Projektqualität

Unter Projektqualität versteht man die Qualität der Leistung und des persönlichen Einsatzes aller an der Planung und Ausführung Beteiligten. Sie umfaßt alle Bereiche des Projektablaufs wie :

- Einhaltung der Projektziele
- Ablauforganisation
- Informationsfluss
- Rechtssicherheit
- Kosten
- Termine
- Leistungsverantwortung
- Kontrolle.

Die Mittel zur Einhaltung einer gleichbleibenden Projektqualität unterscheiden sich allerdings in Abhängigkeit vom Verlauf des Projekts. Zeichnet sich zu Beginn des Projekts ein hohes Maß an Projektqualität durch sorgfälti-

Qualitäten und Quantitäten

Objektqualität	Checkliste
Standort	- Infrastruktur - soziales Umfeld - Verkehrsanbindung - Grundstücksqualität/Preis - Klimabedingungen
Gestaltung	- Baukörperanordnung/Ausrichtung - konstruktives System - Proportion/Maßstab - Einbindung in die Umgebung
Funktion/Nutzung	- Raumprogramm - Organisation - Erschließung - Bedienungskomfort - Sicherheit
Behaglichkeit	- Belichtung - Belüftung - Schall - Feuchtigkeit - Temperatur
Ausstattung	- Standard - Farbwirkung - Material - Oberflächentextur
Bauteile und Baustoffe	- Materialbeschaffenheit - Herstellung - Verarbeitung - Normenkonformität
Lebensdauer	- Instandhaltungsmaßnahmen - Betriebsaufwand/Wartung - Reinigung - Abnutzung - Alterungserscheinungen
Flexibilität	- Erweiterbarkeit - Umnutzung - gleichzeitiger Betrieb - Primäraufwand
Umweltverträglichkeit	- Emissionsbelastung - Primärenergieaufwand - Recyclefähigkeit - Energieeinsparung
Imagewirkung	- Vorbildfunktion - Zeichenhaftigkeit - öffentliche Akzeptanz - Repräsentanz

Bild 32: Parameter für Objektqualitäten

ge Planungsentscheidungen (**Planungsqualität**) aus, so hängt die Qualität des Projekts in der Ausführungsphase (**Ausführungsqualität**) oftmals von Anzahl und Intensität der Kontrollvorgänge und in der Nutzungsphase von der Gebrauchsfähigkeit des Objekts ab.

3.1.3 Objektqualität

Unter Objektqualität versteht man die Qualität des gebauten Resultats, die sich in folgende unterschiedliche Parameter einteilen läßt (*Bild 32*):

- Standort
- Gestaltung
- Funktion/Nutzung
- Behaglichkeit
- Ausstattung
- Bauteile und -stoffe
- Lebensdauer
- Flexibilität
- Umweltverträglichkeit
- Betrieb/Instandhaltung
- Imagewirkung.

Die verschiedenen Parameter benötigen je nach Aussage unterschiedliche Bewertungsgrundlagen, die beschreibenden, vergleichenden oder rechnerischen Charakter haben können.

Die Bestimmung von Objektqualität gestaltet sich schwieriger als bei der zuvor genannten Projektqualität, da sich individuelle Wünsche und Anforderungen nicht systematisieren lassen. Lediglich die Einhaltung der gültigen DIN-Normen für Planungs- und Ausführungsleistungen in der Bauwirtschaft kann als eine qualitative Meßlatte betrachtet werden, wobei die Anwendung des Normenwerks nicht zwingend gefordert, sondern nur empfohlen wird. Im Falle von Rechtsstreitigkeiten werden diese Normen jedoch zur Überprüfung der Qualität eines Bauwerks zugrunde gelegt.

In seiner letzten Konsequenz beeinflusst damit ein Regelwerk wie die DIN-Norm den Kostenumfang und die Erstellungszeit in beträchtlichem Umfang.

Dem Objektplaner - also dem Architekten - kommt vor allem die Aufgabe zu, auch die rechnerisch nicht belegbaren Qualitäten eines Bauvorhabens dem Bauherrn verständlich zu machen und damit bei ihm eine Vision von der zukünftigen Nutzungsqualität zu erzeugen. Da eine Qualitätsbeschreibung nicht immer mit rationalen Argumenten erfolgen kann, erlangt die Überzeugungskraft des Objektplaners eine besondere Qualität.

3.1 Qualitätsformen

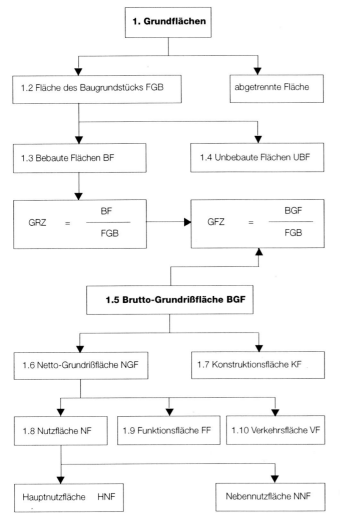

Bild 33: Flächen von Hochbauten nach DIN 277 [8]

3.1.4 Bewertungsmechanismen

Im Normalfall erfolgt eine Bewertung von Objekten über die Betrachtung von **Flächen** (**qm**) und **Volumen** (**cbm**), da hier mit Hilfe von Vergleichszahlen sehr differenzierte Aussagen über die Wirtschaftlichkeit von Funktionsbereichen getroffen werden kann. Grundlage dafür sind einheitliche Festlegungen über die Zuordnung einzelner Teilflächen und -volumen in entsprechenden Gruppen.

In der DIN 277 Teil 1-2 (Begriffe, Grundlagen und Gliederung zur Ermittlung von Grundflächen und Rauminhalten) sind sowohl alle Flächenarten als auch alle Raumtypen tabellarisch gegliedert. Diese Tabellen bilden die gesetzliche Grundlage für die erforderlichen Berechnungen bei Baugesuchen und zur Ermittlung der Kosten des Objekts (Bild 33,34).

a.   Vergleichende Qualitätsbetrachtung

Da das numerische Erfassen von Qualität selbst noch keine Wertung ermöglicht, können verwertbare Qualitätsaussagen nur durch einen Vergleich zu einem oder mehreren anderen Objekten erfolgen. Eine Bewertung wird durch das Aufstellen von Relationen ermöglicht. Dabei können Flächen mit Flächen (z.B. BGF/HNF, WF/BGF) oder Volumen mit Flächen (BRI/BGF, BRI/WF, AWF/WF) verglichen werden. Am häufigsten wird eine Qualitätsaussage über das Verhältnis von Flächen zu Kosten (DM/qm) angestrebt. Vergleichende Daten können aus unterschiedlichen Quellen stammen:

- Statistische Ämter (Bundesamt, Landesamt etc.)
- Baudokumentationen von realisierten Gebäuden
- eigene Erfahrungswerte.

b.   Multiple-choise-Bewertung/Checklisten

Nicht numerisch bewertbare Objektqualitäten lassen sich über das Abarbeiten von Checklisten mit Ja-nein-Entscheidungen eingrenzen. Dabei kommt es darauf an, einen entsprechenden Fragenkatalog aufzustellen, der die Qualitätsmerkmale umfassend beschreibt. Mit Hilfe dieses Bewertungsschemas können Standortfaktoren, Bauteile und -stoffe, Ausstattungsstandards oder Möglichkeiten der Flexibilität und der Umnutzung untersucht werden.

c.   Punktesystem

Liegen über einen Qualitätsparameter keine geometrischen Daten vor, können Vergleiche über die Erstellung von abstrakten Hilfsmitteln angestellt werden. Ähnlich wie bei der Einordnung eines Objekts in die Honorarzone nach HOAI bedient man sich z.B. eines Punktesystems. Doch dabei muß zu Beginn festgelegt werden, mit welcher Punktzahl welches Qualitätsmerkmal bewertet werden soll, sodass bereits im Vorfeld automatisch eine Wertung vorgenommen wird, bevor das zu bewertende Objekt untersucht worden ist.

Qualitäten und Quantitäten

HNF 1 Wohnen und Aufenthalt	HNF 2 Büroarbeit	HNF 3 Produktion, Hand- und Maschinenarbeit, Experimente
1.1 Wohnräume 1.2 Gemeinschaftsräume 1.3 Pausenräume 1.4. Warteräume 1.5 Speiseräume 1.6 Hafträume	2.1 Büroräume 2.2 Großraumbüros 2.3 Besprechungsräume 2.4 Konstruktionsräume 2.5 Schalterräume 2.6 Bedienungsräume 2.7 Aufsichtsräume 2.8 Bürotechnikräume	3.1 Werkshallen 3.2 Werkstätten 3.3 technologische Labors 3.4 physikalische, physikalisch-technische Labors 3.5 chemische, bakteriologische, morphologische Labors 3.6 Räume für Tierhaltung 3.7 Räume für Pflanzenzucht 3.8 Küchen 3.9 Sonderarbeitsräume
HNF 4 Lagern, Verteilen, Verkaufen	HNF 5 Bildung, Unterricht, Kultur	HNF 6 Heilen und Pflegen
4.1 Lagerräume 4.2 Archive, Sammlungsräume 4.3 Kühlräume 4.4 Annahme- und Ausgaberäume 4.5 Verkaufsräume 4.6 Ausstellungsräume	5.1 Unterrichtsräume mit festem Gestühl 5.2 allgemeine Unterrichts- und Übungsräume ohne festes Gestühl 5.3 besondere Unterrichts- und Übungsräume ohne festes Gestühl 5.4 Bibliotheksräume 5.5 Sporträume 5.6 Versammlungsräume 5.7 Bühnen-, Studioräume 5.8 Schauräume 5.9 Sakralräume	6.1 Räume mit allg. medizinischer Ausrüstung 6.2 Räume mit bes. medizinischer Ausrüstung 6.3 Räume für operative Eingriffe, Endoskopien und Entbindungen 6.4 Räume für Strahlendiagnostik 6.5 Räume für Strahlentherapie 6.6 Räume für Physiotherapie u. Rehabilitation 6.7 Bettenräume mit allgemeiner Ausstattung in Krankenhäusern u.ä. ... 6.8 Bettenräume mit besonderer Ausstattung
HNF 7 Sonstige Nutzungen	HNF 8 Betriebstechnische Anlagen	HNF 9 Verkehrserschließung und -sicherung
7.1 Sanitärräume 7.2 Garderoben 7.3 Abstellräume 7.4 Fahrzeugabstellflächen 7.5 Fahrgastflächen 7.6 Räume für zentrale Technik 7.7 Schutzräume	8.1 Abwasseraufbereitung und -beseitigung 8.2 Wasserversorgung 8.3 Heizung und Brauchwasser- erwärmung 8.4 Gase (außer für Heizzwecke) und Flüssigkeiten 8.5 Elektrische Stromversorgung 8.6 Fernmeldetechnik 8.7 Raumlufttechnische Anlagen 8.8 Aufzugs- und Förderanlagen 8.9 sonstige betriebstechnische Anlagen	9.1 Verkehrserschließung und -sicherung 9.2 Treppen 9.3 Schächte für Förderanlagen 9.4 Fahrzeugsverkehrsflächen

Bild 34: Flächengliederung nach DIN 277 [9]

3.1.5 Kosten-Nutzen-Untersuchungen

Hierbei sind unterschiedliche Zielgrößen - i.d.R monetäre und nicht-monetäre - zu bewerten. Man unterscheidet grundsätzlich zwei Arten der Vorgehensweise:

Entweder setzt man alle Zielgrößen gleichnamig ein (Bewertung nach einer Zielgröße), d.h. man bringt Kosten und Nutzen auf einen DM-Vergleichswert, wobei hier auch für Nutzen der Begriff "Qualität" für bestimmte Merkmale verwendet werden kann, oder man versucht, bei einer Bewertung mit unterschiedlichen Dimensionen eine Vorteilsaussage zu erzielen (Bewertung nach zwei Zielgrößen).

a. Kosten-Nutzen-Analyse

Die herkömmliche Kosten-Nutzen-Analyse erfolgt als lineare, ungewichtete Betrachtungsweise, bei der alle Faktoren gleichwertig und -namig eingesetzt werden. Hierunter fällt z.B. die Ermittlung des Mietzinses/qm Wohnfläche bei einer Wirtschaftlichkeitsberechnung (vgl.Kap.4.5).

b. Nutzwert-Analyse

Nach gewichteten Beurteilungskriterien werden Teilnutzwerte erstellt, die in der Addition einen "objektiven" Totalnutzwert ergeben sollen. Hierbei werden alle

3.1 Qualitätsformen

Nr.	Beurteilungskriterium	Punkte	Gewicht	Teilnutzwert Pkte. x Gew.	Summe
1	Fläche Individualbereich		16		
2	Fläche Gemeinschaftsbereich		11		
3	Fläche Freiraum (Balkon, Terrasse)		5		
4	Fläche Küche		8		
5	Fläche Hygienebereich		7		
6	Fläche Verkehrsbereich		5		
7	Fläche Abstellbereich		6		
8	Breite Individualbereich		14		
9	Breite Gemeinschaftsbereich		10		
10	Breite Freiraum (Balkon, Terrasse)		8		
11	Breite Küche		6		
12	Breite Hygienebereich		5		
13	Breite Verkehrsbereich		5		
14	Stellwände Individualbereich		11		
15	Stellwände Gemeinschaftsbereich		6		
	SUBTOTAL MÖBILIERBARKEIT				
16	Störung Küche - Eingang		10		
17	Störung WC-Raum - Eingang		7		
18	Störung Individualbereich - Hygienebereich		16		
19	Störung Individualbereich - Eingang		11		
20	Störung Gemeinschaftsbereich - Eingang		6		
21	direkte Verbindung Freiraum - Wohnung		5		
22	direkte Verbindung Küche - Essplatz		4		
	SUBTOTAL BEZIEHUNGEN				
23	Raumteiler Individualbereich		8		
24	Raumteiler Gemeinschaftsbereich		7		
25	Raumteiler Individualbereich - Gemeinschaftsbereich		5		
26	Raumteiler Küche - Essplatz		7		
27	Raumteiler Flur - Gemeinschaftsbereich		4		
28	Umbau Individualbereich		38		
29	Umbau Gemeinschaftsbereich		21		
30	Umbau Individualbereich - Gemeinschaftsbereich		11		
	SUBTOTAL VERÄNDERBARKEIT				
31	Einbauschränke im Flur		5		
32	Ausstattung Küche		5		
33	Ausstattung Hygienebereich		5		
34	Fenster Küche		17		
35	Fenster Hygienebereich		5		
36	Lage Fenster Aufenthaltsraum		32		
37	Wetterschutz Freiraum		3		
	SUBTOTAL PHYSIOL.OGISCH-TECHNISCHE EIGNUNG				
38	Orientierung Individualbereich		5		
39	Orientierung Gemeinschaftsbereich		4		
40	Orientierung Freiraum		3		
	SUBTOTAL ORIENTIERUNG				
41	Zuordnung Individualbereich		18		
42	Zuordnung Gemeinschaftsbereich		8		
43	indirekte Zuordnung von Räumen		13		
44	Wohnung und Kleinwohnung		19		
	SUBTOTAL MÖGLICHKEIT DER ANPASSUNG				
					TOTAL NUTZWERT

Bild 35: Nutzwertanalyse von Wohnungen [10]

Faktoren (monetäre und nicht-monetäre) durch eine Punktebewertung gleichnamig eingesetzt (Bild 35).

Durch die Aufteilung von differenzierten Nutzungsmerkmalen wird der Entscheidungsprozeß transparent und damit nachvollziehbar gemacht. Die Beeinflussbarkeit des Gesamtergebnisses kann durch die Variation der Beurteilungskriterien oder der Gewichtungsfaktoren (Unschärfebereich) permanent überprüft werden.

Da die Nutzwert-Analyse den Nutzwert in einer nach Rangfolge geordneten Kriterien bewertet, müssen auch die Kosten als Teilziel im dafür notwendigen Punktesystem berücksichtigt werden. Der Nutzwert stellt eine dimensionslose Bewertungszahl dar, mit der lediglich eine Rangfolge bestimmt, jedoch kein Einzelwert beurteilt werden kann.

Die Nutzwert-Analyse wird seit den 70er Jahren an großen und unitypen Objekten wie Schulen, Krankenhäusern und Verwaltungsbauten angewendet und setzt sich aus den bereits genannten Verfahren zusammen. Inhaltlich werden folgende Kriterien untersucht:

- Kostenüberlegungen
- Terminbetrachtungen
- bautechnische Gesichtspunkte
- betriebliche Aspekte
- lokalpolitische Überlegungen
- Bauausführung/Architektur/Gesamtwirkung.

Qualitäten und Quantitäten

Merkmale	Gewicht (%)	VARIANTE A : LANGBAU Merkmalsausprägungen			VARIANTE B : KOMPAKTBAU, LAGER MITTIG Wirksamkeitspunkte (von 0 bis 10)			VARIANTE C : KOMPAKTBAU, LAGER ALS KOPFBAU Teilwirksamkeiten		
		A	B	C	A	B	C	A	B	C
- Erfüllung Flächenprogramm	20	90%	84%	91%	5	2	6	100	40	120
- Verhältnis AUF/BGF	5	166%	133%	145%	1	9	6	5	45	30
- Verhältnis VF/BGF	10	17%	32%	17%	9	0	9	90	0	90
- Zugänglichkeit zu Arbeits- u. Lagerplätzen	10	gut	befriedigend	gut	9	5	9	90	50	90
- Anzahl Hallentore	5	30 Stk.	4 Stk.	4 Stk.	0	9	9	0	45	45
- Bedienung durch Kranbahn	15	getrennt	getrennt	getrennt	4	4	8	60	60	120
- Montage/Lager/Malerei, Flexibilität der Montageplatznutzung	10	bedingt gegeben	gegeben	gut gegeben	3	6	9	30	60	90
- Erweiterungsmöglichkeiten	10	0%	50%	50%	0	8	8	0	80	80
- Verkehrsbeziehungen Montage/Lager/Malerei	10	kreuzende Verkehrsströme	teilw.kreuzende Verkehrsströme	klarer Verkehrsfluß	3	6	9	30	60	90
- Einbindung in die Umgebung	5	schlecht	befriedigend	gut	0	5	8	0	25	40
Gesamtwirksamkeit								**405**	**465**	**795**
- Investitionsausgaben		11.059 TDM	10.783 TDM	10.944 TDM						
- Nutzungsdauer (n)		50 Jahre	50 Jahre	50 Jahre						
- Annuität des Barwertes der Investitionsausgaben bei p = 5%		606 TDM/a	591 TDM/a	599 TDM/a						
- Bauunterhalt (1% der Investitionsausgaben)		111 TDM/a	108 TDM/a	109 TDM/a						
- Betriebskosten		442 TDM/a	404 TDM/a	350 TDM/a						
Baunutzungsannuität		**1.159 TDM/a**	**1.103 TDM/a**	**1.058 TDM/a**						
- Wirksamkeits-Kosten-Verhältnis (Gesamtwirksamkeit/Baunutzungsannuität)		0,35	0,41	0,76						
Rang		**3**	**2**	**1**						

Bild 36: Kosten - Wirksamkeits - Analyse: Die Merkmale werden vor der Prüfung mit Gewichtungsfaktoren belegt, bevor die jeweilige Merkmalsausprägung verglichen wird. Durch die Multiplikation der Gewichtungsfaktoren mit den Differenzpunkten der Varianten können auch geringfügige nominale Unterschiede hervorgehoben werden [11].

3. Kosten-Wirksamkeits-Analyse

Die Nutzungsfaktoren werden in einer nicht-monetären Punktebewertung, die Kostenfaktoren in DM (monetäre Direktbewertung) erfaßt. Das abschließende Kosten-Wirksamkeits-Verhältnis errechnet sich aus dem Quotienten Gesamtwirksamkeit/Baunutzungskosten (Baunutzungsannuität) als Rangfolge von Varianten (Bild 36).

4. Ordinale Nutzungsermittlung und paarweiser Vergleich

Bei den bis jetzt behandelten Verfahren (Kosten-Nutzen-Analyse, Nutzwertanalyse, Kosten-Wirksamkeits-Analyse) erfolgt die Bewertung nach Intervall-Skalen mit vergleichbaren, quantitativen Merkmalen (Intervallabstände = kardinale Messergebnisse).

Bei nicht-monetären Faktoren ist oftmals eine qualitative Bewertung nicht möglich, sondern nur eine qualitativ beschreibbare bzw. vergleichbare Differenzierung (Rangfolge durch Ordinalskala im direkten Vergleich). Bei einem ordinalen Vergleich können nicht - wie bei der Kardinalskala - alle Varianten in einem Arbeitsgang bewertet werden, sondern die einzelnen Varianten (mit ihren Teilzielen) müssen paarweise verglichen werden.

Da der paarweise Vergleich mit einem großen Arbeitsaufwand verbunden ist (bei "n"-Varianten wären n x (n-1)/2 Vergleiche erforderlich, bei 8 Varianten also 28 Vergleiche), stellt man die ausgeschiedenen Varianten nicht noch einmal gegeneinander, da diese ohnehin nicht mehr Platz 1 erreichen können (bei einer Rangfolgebetrachtung könnte dies von Bedeutung sein).

3.1 Qualitätsformen

Nutzen / Kosten	Variante 1 > Variante 2	Variante 1 ≈ Variante 2	Variante 1 < Variante 2
Variante 1 > Variante 2	?	Variante 2	Variante 2
Variante 1 ≈ Variante 2	Variante 1	≈	Variante 2
Variante 1 < Variante 2	Variante 1	Variante 1	?

Bild 37: Auswahlentscheidung beim paarweisen Vergleich [12]

Vorgehensweise:

a. Zusammenstellung aller monetären und nichtmonetären Zielgrößen
b. Erstellung von Bewertungsmerkmalen (Zielbaum) für die ordinale Gewichtung der Einzelziele (z.B. sehr wichtig, wichtig, weniger wichtig)
c. Erfassen der Kosten (z.B. Baunutzungskosten)
d. Vergleich des ersten Variantenpaares durch Beurteilung der Einzelziele mit den Beurteilungsfaktoren (z.B. gut, besser, schlechter)
e. Beurteilung der Kostendifferenz
f. Auswahlentscheidung mit paarweisen, direkten Vergleichen, hierbei sind folgende Vergleichsergebnisse möglich (*Bild 37*):
 - Variante 1 > (besser) als Variante 2
 - Variante 1 < (schlechter) als Variante 2
 - Variante 1 = (annähernd gleich zu) Variante 2
 - Variante 1 ? (welche Beziehung zu) Variante 2
 (das Fragezeichen bedeutet, daß der Nutzungs- und Kostenvergleich mehrdeutig sein kann, hierbei wäre der Nutzungsvorteil detailliert zu überprüfen)
g. Paarweiser Vergleich mit den Varianten.

3.1.6 Qualitätsstandards

Die Qualität einer auszuführenden Leistung, ob in der Planung oder in der Ausführung, darf ein bestimmtes Mindestmaß nicht unterschreiten. Dieses Mindestmaß wird in den entsprechenden DIN-Normen festgelegt und bezieht sich ebenfalls auf die Art der Informationsdarstellung wie Lesbarkeit der Zeichnungen, Vermaßung und erläuternde Information. Wird ein höherer Standard gewünscht, muß dieser in der Leistungsbeschreibung vereinbart werden.

3.1.7 Qualitätskontrolle

Die Hauptaufgabe der Qualitätskontrolle besteht im Prüfen und Korrigieren der Umsetzung aller getroffenen Planungsentscheidungen und -leistungen der an der Planung und Ausführung beteiligten Personen.

a. Qualitätskontrolle in der Planung

- Koordination aller Fachplaner in regelmäßigen zeitlichen Intervallen (Jour-fix)
- Prüfen des sinnvollen Informationsflusses (verfügt jeder über die erforderliche Information?)
- Prüfen von Plänen und Beschreibungen in Bezug auf Raumprogramm und -organisation, Erschließung, Ausstattung und technische Ausrüstung unter Berücksichtigung von entsprechenden Normen und Vorschriften
- Einbeziehen von ausführenden Unternehmen in den Planungsprozeß
- Prüfen der Einhaltung und ggf. Korrektur von Zeitvorgaben für Planungsleistungen

b. Qualitätskontrolle in der Ausführung

- Koordination aller gleichzeitig aktiven Unternehmen;
- Prüfen der auszuführenden Leistung gemäß Vorgabe (Leistungsbeschreibung, DIN-Normen, Handwerksvorschriften) in regelmäßigen zeitlichen Intervallen (z.B. Baubegehung);
- Prüfen der Einhaltung vorgegebener Material- und baustoffspezifischer Eigenschaften der Bauteile;
- Prüfen der Einhaltung und ggf. Korrektur von Vorgaben, bezogen auf Kosten, Termine und Ausführungsstandard (Soll-Ist-Vergleich);

c. Qualitätskontrolle in der Nutzungsphase

- regelmäßige Überprüfung des Ist-Zustands (Betrieb, Instandhaltung, Wartung, Reinigung etc.)
- regelmäßige Überprüfung und ggf. Anpassung von Vorschriften und Sicherheitsstandards
- regelmäßiges Informieren aller Beteiligter über alle relevanten Vorgänge

4. Kontrollinstanzen

- Bauherr
- Architekt/Projektmanager
- Fachingenieure
- Behörden
- Normausschüsse

Qualitäten und Quantitäten

3.2 Quantitätsformen

Die Realisation von Projekten erfordert eine Bestimmung des Projektumfangs. Objekte müssen in ihrer Größe, die Leistungen in ihrem Aufwandsvolumen und Abläufe in Zeitabschnitten ausgedrückt werden. Selbst eine ungefähre Einschätzung von zu erwartenden Kosten ist ohne Angaben zu Flächen, Volumen und Standards undurchführbar. Die Quantifizierung des Projekts bildet deshalb die Grundlage zur Einschätzung seiner Qualität.

3.2.1 Begriffsbestimmung

Quantität, von *quantus* (lat.), die "Wiegroßheit", kennzeichnet die Eigenschaft der Größe. Die Quantität von Objekten oder Sachverhalten stellt sich je nach Beschaffenheit dar als Menge, Anzahl, Größe, Intensität, räumliche und zeitliche Ausdehnung, Bewegung etc. und läßt sich, sofern es sich um endliche Quanitäten handelt, in Zahlen ausdrücken.

3.2.2 Ermittlung/Erfassung von Kenndaten

Numerische Daten als Qualitätsmerkmale umfassen nicht nur alle geometrischen, sondern auch physikalische, chemische, mechanische und thermische Eigenschaften von Objekten oder seinen Teilen. Nicht alle der zuvor genannten Merkmale lassen sich zahlenmäßig ausdrücken:

Nutzeinheiten

- die Einheit "Bett" bei Krankenhäusern
- die Einheit "Schüler" bei Schulen
- die Einheit "Arbeitsplatz" im Verwaltungsbau

Volumenkenndaten

- Volumen (cbm)
- Bruttorauminhalt (BRI)
- umschlossene und überdachte Volumen (BRIa)
- teilw. umschlossene, überdachte Volumen (BRIb)
- umschlossene, nicht überdachte Volumen (BRIc)

Bauteildaten

- Grobelemente (qm); z.B. Außenwand, Dach
- Bauelemente (qm, Stück); z.B. Wand, Fenster

Flächenkenndaten

- Flächen (qm)
- Fläche des Baugrunds (FBG)
- Bruttogrundrissfläche (BGF)
- Nettogrundrissfläche (NGF)
- Konstruktionsfläche (KF)
- Hauptnutzfläche (HNF) = Programmfläche
- Nebennutzfläche (NNF)

Behaglichkeitsrelevante Daten

- Temperatur (°C)
- Lichtstärke (lux)
- Akustik (dbA)
- Luftfeuchtigkeit (%)
- Luftgeschwindigkeit (cbm/h)

Baustoffdaten

- spez. Eigengewicht (KN/qm
- Rohdichte (KN/cbcm)
- zulässige Druckspannung (MN/qm)
- Wärmedurchgangskoeffizient (W)
- Temperaturausdehnung (mm/°C)

Umweltverträglichkeitsdaten

- wassergefährdende Stoffe (ml/cbm)
- Radioaktivität (bel)
- Staubbelastung (kg/cbm)
- Gase und Dämpfe (kg/cbm)
- Schallemissionen (dbA)
- Feuerwiderstandsklasse (min)

Daten zu Betrieb und Instandhaltung

- Zeitaufwand (Stunde/Woche/Jahr)
- Kostenaufwand (DM)
- Kapazitätsaufwand (an Personen und Maschinen)

Leistungsbeschreibung/-verzeichnis

- Leistungstexte mit Mengenangabe (Stk., qm, cbm)
- Raumbuch

Regeln der Technik

- Normen (DIN, VDE u.ä.)
- Prüfberichte, Zertifikate

3.2.3 Quantitätskontrolle

Die Quantitätskontrolle beschränkt sich auf das Überprüfen und Korrigieren aller zahlenmäßig erfaßssbarer Informationen und Daten wie Flächen- und Massenberechnungen sowie zeitliche Vorgaben:

1. Quantitätskontrolle in der Planung

- überprüfen und vergleichen von Flächen und Volumen mit den Vorgaben
- verknüpfen der Planungsdaten (z.B. BRI/HNF) und Vergleich mit Kenndaten
- überprüfen der Einheitlichkeit von Plänen und den daraus resultierenden Massenberechnungen
- aufstellen des zeitlichen Arbeitsaufwands aller Planungsleistungen

2. Quantitätskontrolle in der Ausführung

- überprüfen der Massen der ausgeführten Leistung den Vorgaben gemäß (Leistungsbeschreibung, Pläne)
- Bautagebuch (Beschreibung der erbrachten Tagesleistung, kapazitative Baustellenaktivität)
- überprüfen des Zeitaufwands aller an der Leistung beteiligten Personen (Stundenzettel)

3. Quantitätskontrolle in der Nutzungsphase

- überprüfung der mengenmäßigen Leistungen für Betrieb, Instandhaltung- und Modernisierungsmaßnahmen, Wartung und Reinigung
- überprüfung des Zeitaufwands aller an der Leistung beteiligten Personen
- überprüfung der in Rechnung gestellten Leistungsmengen

4. Kontrollinstanzen

- Bauherr
- Nutzer
- Architekt/Objektmanager
- Bauleitung des AG
- Bauleitung des AN (Fachbauleitung)
- Fachpersonal
- Behörden
- Fachingenieure

3.3 Qualitätsmanagement DIN EN ISO 9000 ff.

3.3.1 Begriffsbestimmung

Unter Qualitätsmanagement versteht man ein ganzheitliches Qualitätsinstrument nach dem Prinzip des "Vorbeugens" bei der Entwicklung, Realisierung und Nutzung von Produkten oder Leistungen. Diese Forderung, ursprünglich aus dem wirtschaftlichen Wettbewerb der Industrie entwickelt, erstreckt sich auf alle Bereiche von Produktion, Gewerbe und Dienstleistung mit dem Ziel, möglichst alle Fehlerquellen so früh wie möglich zu erkennen, zu beheben und zu vermeiden. Dieser Anspruch wurde in dem Begriff **Total-Quality-Management** (**TQM**) ausgedrückt.

Da jeder wie bereits beschrieben unter Qualität etwas anderes versteht, war die Einführung einer Qualitätsnorm erforderlich, die den einzelstaatlichen Normen Rechnung trägt und dennoch weltweit Gültigkeit besitzt. In der **Internationalen Standardisierungs-Organisation** (**ISO**) sind die verschiedenen Regelungen der einzelnen Industrieländer integriert. Es handelt sich dabei um den Versuch, die "Werkzeuge" zu liefern, um die unterschiedlichen Methoden zur Sicherung von Qualität zu dokumentieren und damit für alle Projektbeteiligten - und besonders dem Kunden - als vertrauensbildende Maßnahme verständlich zu machen. Dabei gilt es nicht, das höchste mögliche Qualitätsniveau zu erreichen, sondern nur das vom Kunden gewünschte, aber immer gleichbleibende Niveau beizubehalten. Die DIN 8402 beschreibt demnach Qualität auch als "die Gesamtheit von Eigenschaften und Merkmalen eines Produkts oder einer Dienstleistung, die sich auf deren Eignung zur Erfüllung festgelegter oder vorausgesetzter Erfordernisse beziehen".

3.3.2 Qualitätsmanagement im Bauwesen

Bei der Anwendung der Normen in der Praxis gibt es im Baugewerbe erhebliche Unterschiede zur produzierenden Industrie, zu der auch die Lieferanten von Baumaterialien gehören. Für die Planung und Ausführung von Bauwerken bedarf es deshalb einer eigenen Interpretation der Normen. Man kann den Begriff "Qualität" im Sinne der ISO-Normen als eine Optimierung von Abläufen und Verfahren in Planung und Ausführung beschreiben. Dieser schließt die in Kapitel 1 bereits genannten Aufgabenfelder des Projekt- und Objektmanagements ein. Dabei sind die gestalterischen Leistungen eines Planers nicht Gegenstand einer Qualitätsbewertung, sondern lediglich die Darlegung des eigenen Büroorganisationssystems.

Qualitäten und Quantitäten

3.3.3 Qualitätsmanagementsystem (QM)

Grundlage für den Aufbau eines Qualitätsmanagement-Systems (QM-System) bildet die Festlegung der eigenen **Zielsetzung**. Diese Zielsetzung sowie die unternehmensspezifischen Maßnahmen zur Umsetzung der Ziele unter Qualitätsgesichtspunkten werden im Qualitätshandbuch dokumentiert.

Weiterhin soll es projektunabhängige Verfahren und Anweisungen für den eigenen Betrieb oder das eigene Planungsbüro beinhalten und die eigene Philosophie nach außen, z.B. für den Bauherrn, darstellen.

3.3.4 Elemente des QM-Systems

Die QM-Elemente bilden den Kern der Norm ISO 9000. Im QM-Handbuch müssen alle für das Unternehmen oder Planungsbüro entsprechenden Elemente und deren Umsetzung beschrieben sein. In den jeweiligen Verfahrensanweisungen muß dann weitergehend auf die Elemente eingegangen werden (*Bild 38*).

In der ISO 9001-9003 werden 20 QM-Elemente beschrieben, wobei nur in der ISO 9001 alle Elemente vollständig enthalten sind. ISO 9001 und 9002 unterscheiden sich nur im Element "Designlenkung", in der ISO 9003 sind außerdem die Elemente 6 (Beschaffung), 9 (Prozeßlenkung) und 19 (Kundendienst) ausgespart.

Jedes Unternehmen oder Planungsbüro muß für sich selbst klären, nach welcher Norm es arbeiten oder sich zertifizieren lassen möchte, was wiederum über die eigene im Handbuch formulierte Zielsetzung entschieden werden kann.

3.3.5 Eigenerklärung und Zertifizierung

Die Erstellung eines QM-Handbuchs gemäß den oben beschriebenen Anforderungen der Norm kann durch eine **Eigenerklärung** nach außen signalisiert werden. Diese Erklärung spart zwar die Zertifizierungskosten, wird jedoch nicht von allen Geschäftspartnern akzeptiert.

Die **Zertifizierung** des eigenen Unternehmens bedarf einer externen Prüfung (Audit) durch ein Zertifizierungsunternehmen (z.B. DQS, ZAID, DEKRA) und muß jährlich wiederholt werden. Nach drei Jahren erfolgt eine erneute Zertifizierung. Dem externen Audit geht ein internes Audit voraus, in dem alle Vorbereitungsmaßnahmen für die Zertifizierung, ggf. mit Hilfe von Beratern, getroffen werden.

Entgegen dem häufig suggerierten Eindruck sagt ein Zertifikat nichts über den erreichten Qualitätsstandard der Produkte oder der Leistung eines Unternehmens aus. In den Audits wird vielmehr überprüft, ob die formalen Instrumente der Norm (Qualitätshandbuch, Dokumentation etc.) vorhanden sind und entsprechend eingesetzt werden. Eine Garantie für qualitativ hochwertige Leistungen oder Produkte gibt die Zertifizierung nicht.

Für Planungsbüros von Bauwerken und Betrieben für das Bau- und Baunebengewerbe bedeutet dies aber eine Chance, eine eigene Büro- bzw. Unternehmensstruktur zu entwickeln, die nicht nur hilft, die Effizienz bei der Abwicklung zu erhöhen, sondern vor allem auch allen internen Mitarbeitern eine einheitliche Verfahrensweise bei sich wiederholenden Vorgänge bietet.

9001

9002

9003

1. Verantwortung der obersten Leitung/ Managementaufgaben)
2. Qualitätssicherungssystem
3. Vertragsprüfung
5. Lenkung der Dokumente
7. vom Auftraggeber beigestellte Produkte
8. Identifikation u. Rückverfolgung von Produkten
10. Prüfungen
11. Prüfmittel
12. Prüfstatus (Prüfzustand)
13. Lenkung fehlerhafter Produkte (Sollabweichung)
14. Korrekturmaßnahmen
15. Handhabung, Lagerung, Verpackung, Versand
16. Qualitätsaufzeichnungen
17. interne Qualitätsaudits
18. Schulung
20. statistische Methoden

6. Beschaffung (Produkte/Nachunternehmer)
9. Prozesslenkung (Arbeitsvorbereitung, Ausführung)
19. Kundendienst

4. Designlenkung (Planung und Entwicklung)

Bild 38: Qualitätmanagement - Elemente

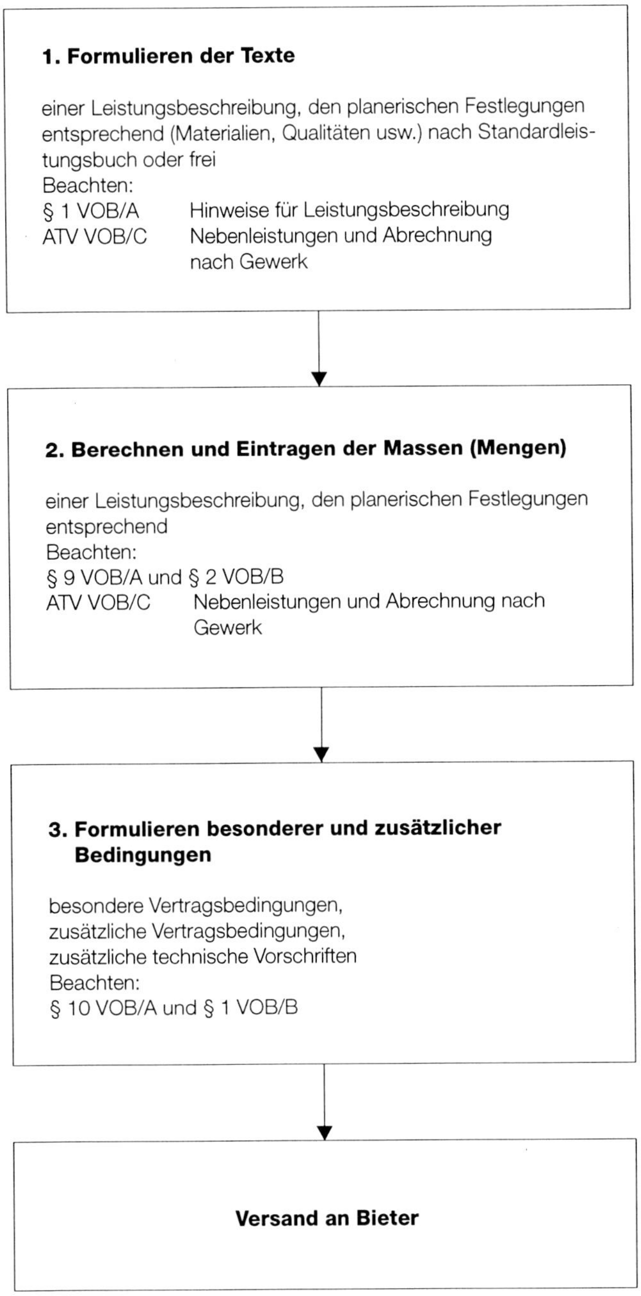

3.4 Ausschreibung

Die Realisierung eines Bauvorhabens erfordert in der Regel die Beauftragung von ausführenden Bauunternehmen. Mit einer **Ausschreibung** wird das Ziel verfolgt, über Preisangebote von mehreren Anbietern das wirtschaftlichste (nicht unbedingt das günstigste) Angebot zu erhalten.

3.4.1 Grundlagen der Leistungsbeschreibung

Damit das anbietende Unternehmen eine differenzierte Kalkulation vornehmen kann, muß die Ausschreibung möglichst umfassende Auskünfte über Art und Umfang der Leistungen sowie alle die Preisermittlung beeinflussenden Umstände beinhalten. Hier zugehören folgende Informationen:

- technisch-konstruktive (z.B. Tragwerk)
- architektonisch-gestalterische (z.B. Oberfläche)
- qualitativ-baustoffbedingte (z.B. Steingüte)
- quantitative (z.B. cbm, qm, m, t, Stück)
- vertragsrechtliche (z.B. Verjährungsfristen).

Diese Leistungsbeschreibung wird zusammen mit Planunterlagen und den zu formuliernden Vertragsbedingungen an die Anbieter versandt.

Kommt nach der Abgabe und Prüfung eines Angebots ein Bauvertrag zustande, wird die Leistungsbeschreibung zum zentralen Vertragsbestandteil. Nach § 1 VOB/B gelten die Ausschreibungs- oder Verdingungsunterlagen besonders bei Rechtsstreitigkeiten in nachstehender Reihenfolge:

- Leistungsbeschreibung (technisch)
- Besondere Vertragsbedingungen (rechtlich)
- Zusätzliche Vertragsbedingungen (rechtlich)
- Zusätzliche Technische Vorschriften (technisch)
- Allgemeine Technische Vorschriften (technisch)
- Allgemeine Vertragsbedingungen (rechtlich)

Diese Reihenfolge wird deutlich, wenn man den Ablauf beim Anfertigen einer Ausschreibung untersucht (*Bild 39*). Dabei steht die planungsabhängige Beschreibung der Leistung im Vordergrund. Erst mit der Ermittlung der Massen können weitergehende Modalitäten wie z.B. Mengenansatz oder Nebenleistung bestimmt werden. Zusätzlich beschreiben die rechtlichen Ergänzungen die Besonderheiten des Projekts. Letztlich gelten für alle nicht näher definierten Einzelheiten die technischen bzw. rechtlichen Bedingungen und Vorschriften.

---

1. Formulieren der Texte

einer Leistungsbeschreibung, den planerischen Festlegungen entsprechend (Materialien, Qualitäten usw.) nach Standardleistungsbuch oder frei
Beachten:
§ 1 VOB/A Hinweise für Leistungsbeschreibung
ATV VOB/C Nebenleistungen und Abrechnung nach Gewerk

↓

2. Berechnen und Eintragen der Massen (Mengen)

einer Leistungsbeschreibung, den planerischen Festlegungen entsprechend
Beachten:
§ 9 VOB/A und § 2 VOB/B
ATV VOB/C Nebenleistungen und Abrechnung nach Gewerk

↓

3. Formulieren besonderer und zusätzlicher Bedingungen

besondere Vertragsbedingungen,
zusätzliche Vertragsbedingungen,
zusätzliche technische Vorschriften
Beachten:
§ 10 VOB/A und § 1 VOB/B

↓

Versand an Bieter

Bild 39: Ablauf beim Anfertigen einer Ausschreibung

Qualitäten und Quantitäten

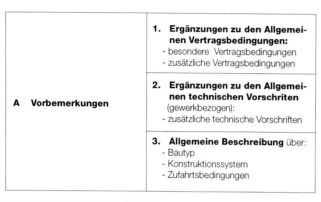

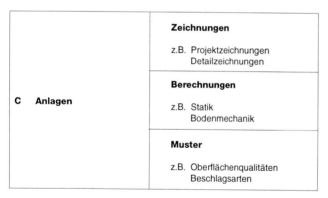

Bild 40: Aufbau der Ausschreibungsunterlagen

3.4.2 Formen der Leistungsbeschreibung

In § 9 VOB/A wird eine Ausschreibung in **Leistungsprogramm** und **Leistungsverzeichnis** unterteilt:

a. Eine Leistungsbeschreibung nach **Leistungsprogramm** wird auch als **funktionale Leistungsbeschreibung (FLP)** bezeichnet. Sie wird gewählt, wenn der Bauherr an der Ausführung durch einen Generalunternehmer interessiert ist und er die Vergabe zu einer Pauschalsumme beabsichtigt, wobei der Wettbewerb der Anbieter die Möglichkeit zur Entwicklung der günstigsten Konstruktion und Technik bietet. Eine funktionale Leistungsbeschreibung wird i.d.R. auf der Basis der Entwurfsplanung gefertigt. Sie umfasst die Beschreibung der Bauaufgaben, aus der die Bewerber alle für die Angebote maßgeblichen Bedingungen und Umstände erkennen können. Außerdem beinhaltet sie alle technischen, wirtschaftlichen, gestalterischen und funktionsbedingten Anforderungen der zu fertigenden Leistung sowie ggf. ein Musterleistungsverzeichnis, in dem die Mengen teilweise oder ganz offengelassen werden. Die Angaben des Auftraggebers lassen sich in einer Checkliste zusammenfassen:

- Bauwerksbeschreibung (Verwendungszweck)
- örtliche Gegebenheiten (z.B. Verkehrsanbindung, Topographie, Bodenqualität, Wetterverhältnisse)
- Anforderungsprofil (qualitativ und quantitativ)
- Funktionsschema (z.B. Betriebsablauf, Beanspruchung)
- Raumprogramm (z.B. Größe, Lage, Zuordnung, Höhe)
- gestalterische Anforderungen (z.B. städtebauliche Einbindung, Bebauungsplan, Außenwirkung)
- konstruktive Bedingungen (z.B. Gründung, Materialverwendung, Konstruktionssystem)
- räumliche Organisationsprinzipien (z.B. Rastermaße, Toleranzen, Flexibilität)
- Behaglichkeitskriterien (z.B. Belichtung, Belüftung, Akustik)
- Technische Ausstattung (z.B. Aufzüge, Installationsumfang, Beleuchtung)
- physikalische Anforderungen (z.B. Rutschfestigkeit, elektrostatisches Verhalten, Elastizität)
- hygienische Anforderungen (z.B. Straubfreiheit)
- öffentlich-rechtliche Belange (z.B. Baulasten, Wegerechte, bauordnungsrechtliche Bestimmungen).

Der Bieter sollte ein Angebot abgeben, das "außer der Ausführung der Leistung den Entwurf nebst eingehender Erläuterung und eine Darstellung der Bauausführung sowie eine eingehende und zweckmäßig gegliederte Beschreibung der Leistung - ggf. mit Mengen- und Preisangaben für Teile der Leistung - umfasst (Bild 40). Es empfiehlt sich, für später auftretende Alternativen in der Ausführung ebenfalls eine Liste mit Einheitspreisen anbieten zu lassen.

Üblicherweise werden diese Informationen in einem **Raumbuch** zusammengestellt. Die nachstehende Grafik beschreibt den Aufbau eines solchen Raumbuches in Bezug auf alle Raumeigenschaften am Beispiel einer Rehabilitationsklinik (Bild 41):

3.4 Ausschreibung

Raumnr.	Raumbezeichnung/Lage		Projektname			Rauminhalt (cbm)	68,20
23	Arztzimmer, EG, Dialyse		Erweiterung einer Rehabilitations-Klinik			Nutzfläche (qm)	22,00
Plannr.	Nutzer	Raumart	Haustechnische Anschlüsse	HSL	Fußbdnheiz.	Temperatur (C)	21°
3 a	Dr. Brinkmann	HNF		Elektro	Leuchtstoffr.	Lichtstärke (lux)	750

Lfd. Nr.	Bauteil, Konstruktionselement, Oberflächenart, Material	Raumab-wicklung (lfm)	Boden-fläche (qm)	Decken-fläche (qm)	Wand-fläche (qm)	Raum-höhe (m)	Bemerkungen
0	Kenndaten	43,00	22,00	22,00	136,40	3,10	
1	Bodenaufbau: Zementestrich auf Trittschall- und Wärmedämmung	42,00	22,00				Dämmung getrennt
2	Oberbelag: Kautschukboden (Freudenberg), Fabrikat "Stone" Nr.0023		22,00				oder gleichwertig
3	Fußleiste: Hartholz, 50/30 mm, weiß lackiert (RAL 9010)	42,00					
4	Wandflächen: Rauhfasertapete, hell getönt auf Gipsputz						wischfest
5	Deckenfläche: Glattputz mit hell getöntem Dispersionsanstrich			22,00	136,40		Teilbereich
6	abgehängte Decke: Gipskartonplatten 12,5 hell getönt mit Schattennut	22,00		14,00			Teilbereich
7	Türen: Holztüren, Fabrikat Svedex, 37 db, Größe 0,85/2,00 m, Farbe nach RAL Türgriff: Vieler, Edelstahl, Nr. 150023				4,00	2,00	
8	Stahlumfassungszargen, 2 Stück, lackiert Mauermaß 0,885/2,05m - nach Stück					2,05	mit Putznut
9	Stützenschaft: Stb.-Stützen, d=25 cm, Sichtbeton, gewachst				0,04	2,00	
10	Stützenkopf: Stahl, verzinkt, gestrichen, Farbe nach RAL - nach Stück					0,50	
11	Fassadenelemente: Aluminium, Farbe nach RAL, Fensterolive s. Fassadenelement				34,00	2,95	
12	Fensterbank: Aluminium, Farbe nach RAL s. Fassadenelement						
13	Oberlicht-Kuppel 1,20/1,20m, Innenverklei-dung bis zur Kuppel in Gipskarton Heizung						

Aufsteller	Datum	Geändert	Blattnummer

Bild 41: Beispiel für ein Raumbuch nach kleinsten Raumeinheiten

Qualitäten und Quantitäten

b. Bei einer Leistungsbeschreibung mit **Leistungsverzeichnis (LV)** wird die Bauaufgabe durch ein in Teilleistungen gegliedertes Leistungsverzeichnis beschrieben, wobei die Teilleistungen i.d.R. **nach Leistungsbereichen bzw. Gewerken (Standardleistungsbuch)** unterteilt sind. In ihnen sollten folgende Leistungsmerkmale enthalten sein:

- Konstruktionssystem bzw. -elemente nach Art, Form und Lage (z.B. Mauerwerk, Außenwand)
- Materialqualität (z.B. Hohlblocksteine aus Leichtbeton, DIN 18151, Hbl 1,4/4 ZK, MG II, d=30 cm)
- Mengenbedarf - nach Dimension (z.B. 300 cbm)

Für diese eben beschriebenen Leistungen werden bei den Angeboten von den Unternehmen sogenannte **Einheitspreise** (EP) abgefragt, die nicht nur der Überschaubarkeit dienen, sondern auch die Erstellung eines detaillierten Preisspiegels (vgl. Kap.3.5.2) ermöglichen.

Falls sich der Bauherr bzw. der Planer nicht sicher ist, ob die ausgeschriebene Leistung die einzig mögliche oder die wirtschaftlichste Lösung darstellt, kann er zusätzliche sogenannte **Nebenangebote** zulassen, die von der beschriebenen Leistung abweichen können. In jedem Fall müssen diese Nebenangebote genauso detailliert vorliegen wie das eigentliche Angebot, um eine brauchbare Vergleichsmöglichkeit zu gewährleisten.

3.4.3 Aufbau von Leistungsverzeichnissen

Wie bereits erwähnt, grenzt ein Leistungsverzeichnis den Umfang einer Bauleistung ab. Da für die Erstellung eines Bauwerks jedoch oftmals viele Teilleistungen erforderlich sind, muß ein Ordnungssystem eingeführt werden, das eine ausführungsbezogene Angebotsstrukturierung ermöglicht.

Mit Ausnahme von Komplettangeboten durch Generalunternehmer (GU) werden Bauleistungen auf mehrere Unternehmen verteilt. Selbst Generalanbieter verteilen ihre Leistungen oftmals auf verschiedene Nachunternehmer (Subunternehmer), wobei für den Auftraggeber rechtlich nur der GU relevant ist.

Diese aufzuteilenden Leistungsbereiche werden üblicherweise als Lose bezeichnet. Hierbei muß in **Teillose und Fachlose** unterschieden werden. Bei Teillosen wird eine umfangreiche einheitliche Bauleistung in mehrere Abschnitte unterteilt (z.B. Straßenbau, Tunnelbau etc.), während Fachlose den Zusammenschluß mehrerer, inhaltlich und funktional voneinander abhängiger Gewerke darstellen (Rohbauarbeiten beinhalten z.B. Erdarbeiten, Maurerarbeiten, Beton,-und Stahlbetonarbeiten u.a.).

Je nach Vergabeeinheit umfassen diese Fachlose mitunter mehrere Leistungsbereiche, für die sogenannte **Titel** als Unterteilungsform geführt werden. Für den Leistungsbereich, den z.B. ein Rohbauunternehmen abdeckt, könnten sich die Leistungstitel wie folgt zusammensetzen:

Titel I	Baustelleneinrichtung
Titel II	Erdarbeiten (DIN 18300)
Titel III	Wasserhaltungsarbeiten (DIN 18305)
Titel IV	Abwasserkanalarbeiten (DIN 18306)
Titel V	Maurerarbeiten (DIN 18330)
Titel VI	Beton- und Stahlbetonarbeiten (DIN 18331)
Titel VII	Abdichtungsarbeiten (DIN 18337)
Titel VIII	Stundenlohnarbeiten.

Die Baustelleneinrichtung unter Titel I wird nur bei größeren Bauaufgaben erforderlich, bei kleineren Projekten werden die Kosten hierfür in die Einheitspreise der Positionen eingerechnet, da meist die erforderlichen Installationen und Lagermöglichkeiten vorhanden sind.

Position	Position oder Ordnungszahl	Festlegung der geforderten Leistung nach Art, Qualität und Dimension
	Zulageposition	Erschwerniszulage für **erforderlichen** qualitativen und/oder quantitativen Zusatz zu einer bereits beschriebenen Grundposition
	Eventualposition	**möglicher** qualitativer und/oder quantitativer Zusatz zu einer bereits beschriebenen Grundposition
	Alternativposition	**andere** Ausführungsart und/oder Leistungsqualität mit Einzelpreisangabe
Titel		Ordnungssystem für eine gewerkmäßige Zusammenfassung von einzelnen Positionen innerhalb eines technisch-handwerklich vergleichbaren Leistungstitels
Los	Teillose	Aufteilung der Bauleistungen in Teillose nach Baustufen, Fertigungsstufen, Bauabschnitten (quantitativ)
	Fachlose	Aufteilung der Bauleistungen in Fachlose verschiedener Handwerks- oder Gewerbezweige (qualitativ)

Bild 42: Gliederung der Leistungsbeschreibung

3.4 Ausschreibung

Unter Stundenlohnarbeiten (Titel IIIV) sind all jene Arbeiten zusammenzufassen, die in die einzelnen Positionen nicht eingeordnet werden können. Neben den Stundenlohnsätzen für Polier, Hilfspolier, Facharbeiter, Bauhelfer und Hilfsarbeiter sind auch die entsprechend anzusetzenden Material- und Gerätepreise (z.B. 1 Baggerstunde einschl. Bedienung) auszuschreiben.

Die einzelnen Titel werden dann weiter in solche Leistungen unterteilt, die nach ihrer technischen Beschaffenheit und für die Preisbildung als in sich gleichartig anzusehen sind. Diese Leistungen werden als **Positionen** (**Ordnungsnummern**) fortlaufend nummeriert (*Bild 42*).

Um sich bis zur Vergabe der Bauleistungen noch Änderungen vorzubehalten, können zu jeder Position **Alternativpositionen** und **Eventualpositionen** (**Zulagepositionen**) in das Leistungsverzeichnis aufgenommen werden. Alternativpositionen beziehen sich auf geringfügige qualitative Veränderungen, Eventual- oder Zulagepositionen auf Mengenänderungen.

3.4.4 Mengenermittlung

Für die erforderlichen Mengenangaben je Position der Leistungsverzeichnisse müssen die Massen oder Mengen aus den Ausführungsplänen ermittelt werden. Häufig werden die Massen um einen Sicherheitszuschlag von einigen Prozentpunkten erhöht, um bei Einheitspreisverträgen Massenermittlungsfehler oder übersehene Leistungen auszugleichen. Diese Maßnahme kann jedoch eine Vergabeverhandlung erschweren.

Zu jedem Leistungsverzeichnis (LV), das erstellt und ausgegeben wird, empfiehlt es sich, daß der Auftraggeber bzw. der Aufsteller die anzubietende Leistung kalkuliert. Normalerweise erfolgt diese **Vorkalkulation** unter Zuhilfenahme von Erfahrungswerten aus vorangegangenen und vergleichbaren Projekten oder mit Daten aus entsprechenden Datenbanken. Man erhält durch den Vergleich mit den tatsächlichen Angeboten nicht nur einen sicheren Eindruck über die Marktsituation mit eventuellen Preisverschiebungen, sondern kann auch sehr schnell inhaltliche Fehler in der eigenen Ausschreibung oder unrealistische Angebote erkennen.

3.4.5 Erstellungstechniken

- frei getextet, für jedes LV neu, Nachteil: sehr aufwendig und Gefahr von Fehlern
- variierte Textung auf Grundlage alter LV-Texte; Ergänzung, Veränderung, Neuzusammenstellung alter Texte: am häufigsten verwendete Methode

Pos	Menge	Beschreibung	Einh.-preis	Gesamt-preis
2.02	105,0	qm Bodenplatte im Keller aus Stampfbeton B 10, 12 cm dick, herstellen. Die Oberflächen sind mit Gefälle zu den Einläufen auszubilden. 1,0 qm	35,70	**3.748,50**

Beispiel 1:   Mengen und EP außerhalb des Textes

Nachteile: - keine Angaben über EP-Anteile
           - EP nicht in Worten

Pos	Menge	Beschreibung	Einh.-preis	Gesamt-preis
2.02	105,0	qm Bodenplatte im Keller aus Stampfbeton B 10, 12 cm dick, herstellen. Die Oberflächen sind mit Gefälle zu den Einläufen auszubilden. Lohn DM 24,60 Material DM 11,10 Sonstiges DM - , - 1,0 qm EP i.W.: Fünfunddreißig 70/100	35,70	**3.748,50**

Beispiel 2:   EP innerhalb des Textes

Nachteil: - Mengen und EP nicht in einer Zeile

Pos	Beschreibung	Einh.-preis	Gesamt-preis
2.02	qm Bodenplatte im Keller aus Stampfbeton B 10, 12 cm dick, herstellen. Die Oberflächen sind mit Gefälle zu den Einläufen auszubilden. 105,0 qm L/M/S DM 24,60/DM 11,10/DM - , - EP i.W.: Fünfunddreißig 70/100	35,70	**3.748,50**

Beispiel 3:   EP und Mengen innerhalb des Textes und in einer Zeile

Vorteile: - Mengen x EP = Gesamtpreis in einer Zeile

Bild 43: Beispiele zur Gestaltung der LV-Schriftbilder - Die unterschiedlichen Informationen, also Text und Zahlen, sollten durch Leerzeilen deutlich unterschieden werden, um sie schneller erfassen und vergleichen zu können.

Qualitäten und Quantitäten

wenn auch mit viel Schreibarbeit verbunden
- auf der Basis von Stammtexten (Muttertexten, Textkonserven); Stammtexte aus Textbüchern, Karteien, Vordrucken und EDV-Programmen; Vorteil: übersichtlichste Methode mit geringstem Aufwand.

3.4.6 Gestaltung des Schriftbildes

Der Gestaltung des Schriftbildes kommt deshalb eine nicht unerhebliche Rolle zu, weil eine eindeutige Strukturierung sowohl für den Aufsteller wie für den Anbieter das Fehlerrisiko auf beiden Seiten mindert. Ein nachvollziehbarer Aufbau erhöht außerdem die Motivation des Anbieters zur Erstellung eines Angebots. Folgende Punkte sollten beachtet werden:

- Beschränkung des LV-Umfangs auf das notwendige Minimum, ohne auf Übersichtlichkeit zu verzichten
- Mengen, Einheitspreise und Gesamtpreis sollten in einer Zeile stehen, um das Nachrechnen der Angebote zu ereichtern (*Bild 43*)
- falls erforderlich Aufteilung der Einheitspreise in Lohnkosten- und Materialkostenanteil
- Übersichtlich gegliederte LV-e erhöhen die Motivation des Anbieters zur Angebotsabgabe
- Reduzierung der LV-Texte auf Angaben über Bauteil, Baustoff, Abmessung, Ausführung und Hinweise auf Pläne oder sonstige Hinweise
- sich wiederholende Textbausteine sollten in die zusätzlichen technischen Vorschriften aufgenommen werden.

3.4.7 Standardleistungsbuch (StLB)

Im Standardleistungsbuch, aufgestellt vom **GAEB (Gemeinsamer Ausschuß für Elektronik im Bauwesen)**, werden die nach Leistungsbereichen (LB) gegliederten Arbeiten in Standardbeschreibungen formuliert. Die vorgegebenen Texte gliedern sich in:

a. allgemeine Bestimmungen zur Leistungsbeschreibung mit zusätzlichen technischen Vorschriften
b. Standardleistungsbeschreibung mit Angaben über Bauart, Bauteil, Baustoff, Dimension, Herstellungsvorgang und Leistungsqualität.

Das StLB besteht aus hierarchisch gegliederten Textbausteinen, die zu Standardleistungsbeschreibungen zusammengefügt sowohl manuell verwendet werden können als auch eine Grundlage für den Einsatz von EDV-Anlagen bilden. Spezialbeschreibungen für ausgefallene, besondere Leistungen können frei formuliert werden.

Die einzelnen Leistungsbereiche des StLB entsprechen i.d.R. den Gewerken der "Allgemeinen Technischen Vorschriften"-ATV (VOB/C). Eine Anzahl von Gewerken mußte wegen ihres Umfangs jedoch auf mehrere Leistungsbereiche aufgeteilt werden. Das trifft vor allem auf die Bereiche zu, in denen ein erheblicher technischer Fortschritt zu verzeichnen ist, wie etwa die Bereiche der Ausbauarbeiten (z.B. Heizung, Lüftung, Sanitär, und Elektotechnik). Darüber hinaus wurden Leistungsbereiche erforderlich, die nicht oder nur unzureichend in den ATV geregelt sind, wie z.B. der LB - 000 - Baustelleneinrichtung oder der LB - 033 - Baureinigung.

Die einzelnen Leistungsbereiche werden teilweise durch Beiblätter ergänzt und ersparen damit umfangreiche Hinweise oder sonst kaum verständliche Ausschreibungstexte. Dadurch wird die Beschränkung der Standardtexte auf 10 Zeilen/Datensätze je Textteil ermöglicht.

Bei der Entwicklung des StLB ging der GAEB von der Erkenntnis aus, daß die enorme Vielfalt der Ausführungsarten, der Abmessungen, der Baustoffe und der Verwendungszwecke bei einer Vereinheitlichung der genormten Texte - namentlich im Hochbau - zu praktisch unbegrenzt vielen Leistungsbeschreibungen führen würde. Es mußte deshalb ein Weg gefunden werden, der dieser Vielfalt Rechnung trägt, ohne den Textumfang in unpraktikabler Weise anschwellen zu lassen.

Würde man vollständige Texte verwenden, die sich der Vielfalt der Bauleistungen anpassen, so müßte man sich nur auf sehr allgemein gehaltene Rahmenbeschreibungen beschränken, die zahlreiche freie Stellen für Ergänzungen enthalten müßten. Würde man einer solchen Rahmenbeschreibung eine Schlüsselnummer zuordnen, so bestünde keine Identität zwischen dieser Nummer und der Textaussage: die Einzelergänzungen würden den Text derart verändern, daß unter der gleichen Schlüsselnummer sehr unterschiedliche Leistungen vorhanden sein könnten, was eine Infragestellung weiterer Datenverwendung unter der gleichen Schlüsselnummer bedeuten würde.

Das StLB muß daher in der Weise angewendet werden, daß sich aus **"Bausteinen"** (**Textteilen**) vollständige Standardtexte zusammensetzen lassen. Mitunter bestehen die verschlüsselten Standardtexte (Standardbeschreibungen und Standardleistungsbeschreibungen) aus Textteilen (Textfragmenten) mit zugehörigen **Textteilnummern** (*Bild 44*) Es ist Sache des Anwenders, die Textteile und Textteilnummern so aneinander zu

3.4 Ausschreibung
3.5 Vergabe

OZ	StL - Nr.							Textergänzung		Menge
	LB-Nr.	L-Nr.						K - Nr.	Text	
		T1	T2	T3	T4	T5				
*	013	030	01	10	24	12				100
*	013	169	10	00	00	03				250
*	013	640	42	10	01	01				2

Bild 44a: Erfassen von Standardleistungsnummern

OZ	StL - Nr.								Textergänzung		Menge
	A-Nr.	LB-Nr.	L-Nr.						K - Nr.	Text	
			T1	T2	T3	T4	T5				
*	73	013	030	01	10	24	12				100
*	73	013	169	10	00	00	03				250
*	73	013	640	42	10	01	01				2

Bild 44b: Erfassen von erweiterten Standardleistungsnummern

OZ	Text	Menge	Einh.	Einh.-preis	Ges.-preis
*	013 030 01 10 24 12 Ortbeton des Streifenfundamentes, obere Betonfläche waagerecht, aus Normalbeton, Stahlbeton Bn 250 Breite bis 40 cm	100	cbm		
*	013 169 10 00 00 03 Schalung des Streifenfundamentes; Im Erdreich; Höhe über 0,20 bis 1,00 m	250	qm		
*	013 640 42 10 01 01 Betonstabstahl III K, Durchmesser über 10 bis 20 mm, Längen bis 14,00 m, liefern, schneiden, biegen, verlegen	2	t		

Bild 44c: Standardleistungsbeschreibungen in einem LV mit Standardleistungsnummer

Erläuterungen zu den Abbildungen

OZ	Ordnungszahl (Position)
LB-Nr.	3-stellige Nummer des Leistungsbereiches
L-Nr.	11-stellige Leistungsnummer, ist die Summe der Textteilnummern (T1 = 3-stellig, T2 bis T5 = je 2-stellig)
StL-Nr	14-stellige Standardleistungsnummer, setzt sich zusammen aus der 3-stelligen LB-Nr. und der 11-stelligen L-Nr.
A-Nr.	2-stellige Ausgabenummer, kennzeichnet das Jahr der Ausgabe des Leistungsbereiches mit den beiden letzten Stellen der Jahreszahl
erw. StL-Nr.	um die A-Nr. erweiterte 16-stellige Standardleistungsnummer
K-Nr.	2-stellige Kennnummer, kennzeichnet die Textergänzung

fügen, daß hieraus vollständige Texte und vollständige Schlüsselnummern entstehen.

Durch die Beschränkung auf einzelne Textteile, die mit bestimmten Eigenschaften oder Merkmalen identisch sind, wird der Umfang des StLB so sehr vermindert, daß man alle normalen Bauleistungen in einfachster Weise beschreiben kann.

Das Prinzip der Zerlegung und Neuzusammensetzung von Standardtexten in Textfragmente durch den Anwender kann nicht uneingeschränkt befolgt werden. Es wird stets Leistungsbeschreibungen geben, die sich nicht standardisieren lassen oder deren Standardisierung sich nicht lohnt. Eine Ergänzung der Standardtexte ist daher nicht nur möglich, sondern oftmals sehr sinnvoll. Die **freien Texte** unterscheiden sich äußerlich nur durch das Fehlen einer vom StLB festgelegten Schlüsselnummer.

Nicht zu verwechseln mit den freien Texten sind die **Textergänzungen**. Sie bieten die Möglichkeit, zusätzliche Aussagen zu treffen (z.B. die Angabe besonderer Abmessungen oder Fabrikate). Textergänzungen (Hinzufügen von Texten oder Zahlen) können jedoch nur dort vorgenommen werden, wo sie ausdrücklich zugelassen sind.

Ein weiterer Grundsatz des StLB muß beachtet werden: Jede Leistungsbeschreibung kommt im StLB nur einmal vor. So befinden sich im LB 013, Beton- und Stahlbetonarbeiten, keine Leistungsbeschreibungen für Erdarbeiten, Mauerarbeiten usw. Der Anwender muß also ggf. Leistungsbeschreibungen oder -texte aus mehreren verschiedenen Bereichen zusammenstellen. Aus Gründen der einheitlichen Verschlüsselung kann dieses Prinzip der "Reinhaltung" nicht umgangen werden. Um die Anwendung zu erleichtern, befinden sich in den einzelnen Leistungsbeschreibungen vor den entsprechenden Beschreibungen Verweise auf andere, eventuell zugehörige Leistungsbeschreibungen.

Zusätzlich zum Text der Standardleistungsbeschreibung - **Langtext** - wurde für innerbetriebliche Zwecke des Anwenders und für einen möglichen Datenaustausch ein Kurztext entwickelt und standardisiert, dem die gleichen Schlüsselnummern zugeordnet sind.

Die Standardleistungsbeschreibungen berücksichtigen in ihrer Reihenfolge im Allgemeinen den regulären Ablauf der Bauarbeiten. Sie sind wie die Standardbeschreibungen in Abschnitte und Unterabschnitte geordnet, die Ihrerseits mit Überschriften versehen sind.

Das Inhaltsverzeichnis des StLB verschafft einen umfassenden Überblick über sämtliche in dem jeweiligen Leistungsbereich enthaltenen Arbeiten.

3.5 Vergabe

Neben planungsrelevanten und ausschreibungsabhängigen Kostenentscheidungen können Bauherr und Planer noch im Zuge der Vergabe, also unmittelbar vor oder bei Vertragsabschluß, Einflüsse auf die tatsächlichen Kosten durch Vertragsverhandlungen nehmen.

3.5.1 Submissionsverfahren

Im Zuge der verschiedenen möglichen Angebotsverfahren werden die Angebote von den Wettbewerbsteilnehmern bearbeitet. Dafür steht diesen eine für alle einheitliche Zeitspanne, die Angebotsfrist, zur Verfügung. Sie sollte ausreichend bemessen sein und selbst bei kleineren Bauleistungen 15 Werktage nicht unterschreiten. Das Zurückziehen bereits vorgelegter Angebote kann bis zum Ablauf der Angebotsfrist erfolgen.

a. Eröffnungstermin

Vor allem bei Bauten der öffentlichen Hand findet nach Beendigung der Angebotsfrist ein Eröffnungstermin (**Submission**) statt, bei der die Angebotsendpreise in Gegenwart der evtl. anwesenden Bieter verlesen werden, nachdem die Angebote den bis dahin ungeöffneten Umschlägen entnommen wurden. Dieses formale Verfahren nach § 22 VOB/A wird im privaten Bereich seltener angewandt. Man legt hier eher Wert darauf, die Angebotsergebnisse geheimzuhalten, um Preisabsprachen der Anbieter vor Verhandlungsgesprächen zu verhindern.

b. Angebotsprüfung

Die eingegangenen Angebote sind in mehrfacher Hinsicht zu prüfen. Es empfiehlt sich generell, die Ergebnisse der Prüfung in Form eines **Angebotsprotokolls** schriftlich festzuhalten. Dabei sollten nachfolgende Punkte geklärt werden:

- formal: Vollständigkeit aller geforderten Angaben und Unterlagen, Muster, Nebenangebot, Begleitbrief...
- rechtlich: rechtsverbindliche Unterschrift(en), Einschränkungen hinsichtlich der Vertragsbedingungen
- technisch: Alternativen zur ausgeschriebenen Leistung, Vorbehalte gegenüber der ausgeschriebenen Leistung
- preislich: Angemessenheit der Preise, rechnerische Richtigkeit.

Vorgelegte Angebote müssen in ihrem Inhalt den formalen Festlegungen der Allgemeinen Vergabebestimmungen (§ 21 VOB/A) entsprechen. Für besondere Mitteilungen wie Änderungsvorschläge oder Nebenangebote müssen deutlich gekennzeichnete Anlagen verwendet werden. Angebote, die den formalen Bestimmungen nicht entsprechen, brauchen nicht geprüft zu werden. Die rechnerische Prüfung stellt fest, ob die rechnerischen Operationen richtig sind. Fehler sind kenntlich zu machen (§ 23 (3) VOB/A).

3.5.2 Wertung der Angebote / Preisspiegel

Der Endbetrag eines Angebots allein gibt keine ausreichende Auskunft über die Angebotszusammensetzung. Eine Gegenüberstellung detaillierter Angaben von Einheitspreisen der unterschiedlichen Angebote in Form eines **Preisspiegels** ermöglicht jedoch sehr rasch Kenntnisse über möglichen Verhandlungsspielraum mit den Anbietern vor Vertragsabschluß. Angebote, die deutlich aus dem Preisrahmen aller vorliegenden Angebote fallen, können dadurch genauer untersucht werden.

Die meisten der in der Praxis verwendeten Ausschreibungsprogramme besitzen die Möglichkeit, einen Preisspiegel zu erstellen. Hier macht sich außerdem der Vorteil bemerkbar, daß Erfahrungswerte aus früheren Projekten bzw. die Einheitspreise einer Vorkalkulation mit den Angebotspreisen direkt verglichen werden können und eine Aktualisierung der Kostenberechnung erfolgen kann.

3.6 Abrechnung

Entsprechend § 14 VOB/B erfolgt die Abrechnung der ausgeführten Leistung durch den Arbeitnehmer in Zusammenarbeit mit dem Auftraggeber bzw. dem bauleitenden Architekten. Dabei obliegt dem Unternehmer die Pflicht der **nachprüfbaren Rechnungsstellung** und dem Bauherrn oder Architekten die Aufgabe der **Rechnungsprüfung**. Weiterhin sind bei der Abrechnung evtl. vereinbarte Zahlungsmodalitäten zu berücksichtigen. Die Voraussetzung für einen Zahlungsanspruch des Unternehmers wird durch eine eindeutige **Mengen- bzw. Massenermittlung** geschaffen.

3.6.1 Mengenermittlung zur Abrechnung

Hierunter versteht man die quantifizierte Feststellung einer erbrachten Bauleistung, die den Mengeneinheiten des vorangegangenen Leistungsverzeichnisses fol-

3.6 Abrechnung

gend aufgebaut wird. Der Mengenermittlung geht das **Aufmaß,** d.h. die maßliche Überprüfung der ausgeführten Leistung, voraus (*Bild 45*).

Der Unterschied zur Mengenermittlung während der Ausschreibung liegt im Genauigkeitsgrad, da im Leistungsverzeichnis auch bei sorgfältiger Planung und Berechnung des Leistungsumfangs Abweichungen aufgrund von unvorhersehbaren Umständen möglich sind. Daher sieht die VOB vor, dass Änderungen bis zu 10% der veranschlagten Mengen den Einheitspreis nicht verändern dürfen.

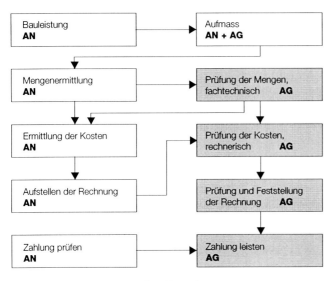

Bild 45: Ablaufschema der Abrechnung

Die Genauigkeit der Mengenermittlung bei der Abrechnung muß zwangsläufig sehr hoch sein, da der tatsächliche bauliche Aufwand, also der Ist-Zustand, erfasst werden kann und somit jede Ungenauigkeit eine Veränderung der Abrechnungssumme bewirkt.

Als Berechnungsgrundlage dienen i.d.R. zeichnerische Unterlagen (Werkpläne) oder **Aufmaßskizzen** bzw. **Aufmaßprotokolle**. Die Zeichnungen müssen alle der Berechnung zugrunde liegenden Maße enthalten, Änderungen während der Ausführung müssen in den Planunterlagen entsprechend korrigiert werden.

Die Ermittlung von erbrachten (Teil-)leistungen wird aber auch schon während der Ausführungszeit erforderlich, da sie nach ihrer Beendigung u.U. nicht mehr zugänglich sind (z.B. Fundamente) oder ihre Ausführung von der Planung abweicht.

Die Aufmaße sind vom Auftraggeber und Auftragnehmer gemeinsam vorzunehmen und in sogenannten Messurkunden in zweifacher Ausfertigung festzuhalten und von beiden Vertragspartnern zu unterzeichnen. In der VOB/C sind hierfür Mengenermittlungs- und Abrechnungsvorschriften festgelegt.

3.6.2 Rechnungsstellung und Rechnungsprüfung

Als Voraussetzung für eine **Rechnungstellung** gilt nach §16 (1) VOB/B, daß eine Leistung erbracht sein muß, bevor eine entsprechende Vergütung gewährt werden kann. Die Abrechnungskonditionen ergeben sich aus der Vertragsart:

1. Einheitspreisvertrag und Festpreisvertrag:
Menge x EP = Gesamtpreis je Position
Σ aller Positionen = Gesamt-Vergütung

2. Einheitspreisvertrag mit Gleitklausel für EP:
Menge x EP=Gesamtpreis je Position+Zuschlag
Σ aller Positionen + Zuschläge = Gesamtvergütung

3. Pauschal-Festpreisvertrag:
kein Aufmaß, keine Abrechnung
Gesamtvergütung genau definiert

4. Pauschal-Festpreisvertrag mit Preisgleitklausel:
kein Aufmaß, keine Abrechnung
Pauschalpreis + Zuschläge = Gesamt-Vergütung

Es ist Sache des Auftragnehmers, die Forderung dem Grunde und der Höhe nach zu formulieren und fristgerecht seine Forderungen zu stellen. Folgende Unterlagen müssen in der zu stellenden Rechnung enthalten sein:

- Kopfangaben mit Empfängeranschrift, Zeichen und Daten der Bestellung, Zeichen des Auftrages, Nummer und Datum der Rechnung

- Kernangaben wie Leistungs- oder Warenbezeichnung, Mengenangaben, Einzel,- Gesamt- und Endpreis

- zusätzliche Angaben wie Zahlungsbedingungen, Eigentumsvorbehalte usw.

Nach Vorlage der prüffähigen bzw. anerkannten Mengenergebnisse oder Lieferscheine kann der Unternehmer unter Berücksichtigung der Gliederung des beauftragten Leistungsverzeichnisses die Rechnung aufzstellen und sie zusammen mit den unterzeichneten Mengenergebnissen beim Auftraggeber einreichen.

Werden bei der **Rechnungsprüfung** durch den Auftraggeber bzw. Architekten Fehler oder Abweichungen festgestellt, so sind diese einvernehmlich zu klären und zu korrigieren. Zu den am häufigsten auftretenden Fehlern oder Unstimmigkeiten gehören:

Qualitäten und Quantitäten

- falscher Preis in Bezug auf das Angebots-LV
- Rechenfehler des Auftragnehmers
- Schreibfehler im abgezeichneten Mengenergebnis, der zur Über- oder Unterzahlung führt
- nicht beauftragte, aber abgerechnete Alternativ- oder Eventualpositionen
- vertraglich vereinbarte, aber nicht berücksichtigte Preisnachlässe.

3.6.3 Rechnungsarten

Der Ablauf von Rechnungsstellung und Rechnungsprüfung hängt in erster Linie von der Rechnungsart ab. Im Bauwesen unterscheidet man in:

a. **Anzahlung**
b. **Abschlagsrechnung**
c. **Abrechnung nach Zahlungsplan**
d. **Schluß- und Teilschlußrechnung**

a. Unter einer **Anzahlung** versteht man eine vertraglich vereinbarte Vorauszahlung, deren Höhe und Tilgung in den Auftragskonditionen zum Zeitpunkt der Vergabe festzuschreiben sind. Werden zu einem späteren Zeitpunkt Anzahlungen vereinbart (z.B. für Materialeinkäufe), so fließen sie über das Nachtragswesen in ihrer Höhe und Tilgung in die Auftragskonditionen ein.

Der Aufragnehmer kann bis zu einem von ihm gewählten Zeitpunkt die vertraglich vereinbarte Anzahlung in Rechnung stellen. Wird durch den Auftraggeber eine Vorauszahlungsbürgschaft gefordert, muß diese spätestens bei Rechnungsstellung (Anzahlungsanforderung) beim Auftraggeber vorliegen.

b. Bei **Abschlagsrechnungen** können nur die dem Baufortschritt entsprechenden Teilleistungen in Rechnung gestellt werden. Nach § 16 VOB/B kann der Auftragnehmer Abschlagsrechnungen in möglichst kurzen Zeitabständen fordern. Mit der Vereinbarung der VOB im Bauvertrag ergibt sich somit automatisch ein Anspruch des Unternehmers auf Abschlagszahlungen unter den Voraussetzungen des § 16 VOB/B.

Dabei können grundsätzlich entweder nur diejenigen Leistungen aufgeführt werden, die seit der letzten Zahlung erbracht wurden, oder es können alle bisher ausgeführten und in Rechnung gestellten Leistungen in der Abschlagsrechnung aufgeführt sein (kumulierte Abrechnungen mit steigendem Aufmaß).

Folgende Unterlagen sind beim Bauherrn vorzulegen:

- Abschlagsrechnung im Original
- sonstiger Schriftverkehr
- Aufmaße im Original (Aufmaßblätter, Abrechnungspläne in Kopie mit Eintragungen).

Grundsätzlich sieht die VOB vor, daß die in Rechnung gestellte Leistung in vollem Umfang auszuzahlen ist, in der Praxis wird dies bei privaten wie öffentlichen Bauherren im Rahmen der Vertragsbedingungen oft dahingehend geändert, daß Einbehalte (z.B. 10% des Rechnungsbetrages) auch für Abschlagszahlungen gelten. Die Abschlagszahlungen sind nach VOB innerhalb von 18 Werktagen, also 3 Wochen, ab dem Zugang der Abschlagszahlung zu leisten (*Bild 46*).

Abschlagsrechnung Nachweis					
Pos.	Leistung	Menge	Dim.	EP	Gesamtpreis
3.1	Mutterbodenabtrag	120	qm	4,80	576,- DM
3.2	Aushub Baugrube usw..........	700	cbm	9,10	6.370,- DM

Gesamt:	102.760,50 DM
Sicherheitseinbehalt 10%	10.276,05 DM
Summe:	92.484,45 DM
Erhaltene Abschlagszahlung 1 - 3	60.000,00 DM
Rest	32.484,45 DM
4. Abschlagszahlung	**32.000,00 DM**
14% MwSt	4.480,00 DM
Rechnungsbetrag	**36.480,00 DM**
Bankverbindung: Musterbank, Musterstadt, Nr. 12345678, BLZ 98765432	

Schlussrechnung	
Zunächst Nachweis wie oben	
Netto - Summe	349.551,50 DM
Erhaltene Abschlagszahlungen netto	290.000,00 DM
Rest	59.551,50 DM
14% MwSt	8.337,21 DM
Restforderung	**67.888,71 DM**

Bild 46: Formulierungsbeispiele für Rechnungen

c. Die Abrechnung und Zahlung bei Pauschalverträgen sowie bei Aufträgen nach VOL erfolgen üblicherweise nach einem **Zahlungsplan**. Der Zahlungsplan wird unter Beachtung der geplanten Ausführungsdauer sowie dem zu erwartenden Baufortschritt in Form von prozentual anteiligen Abschlagsrechnungen und -zahlungen im Zuge der Beauftragung vereinbart. Die hierfür erforderliche Rahmenterminplanung, die Feststellung der einzelnen Bauzustände sowie die Höhe der einzelnen Abschlagszahlungen sind vom Architekten vorzubereiten, mit dem Auftraggeber abzustimmen und werden notwendigerweise Bestandteil des Vertrages.

d. Für die Erstellung der **Schlussrechnung** müssen bestimmte Voraussetzungen erfüllt sein. Üblicherweise erfolgt nach Fertigstellung aller vereinbarten Leistungen die förmliche Abnahme gemeinsam durch den Architekten, den Bauherrn und den Unternehmer mit der Aufstellung eines Abnahmeprotokolls. Sind dabei Mängel festgestellt worden, muß der Schlussrechnung eine vom Architekten unterzeichnete **Mängelbeseitigungsanzeige** beigefügt werden. Die Schlussrechnung sollte folgende Unterlagen beinhalten:

- Schlussrechnung im Original
- Abnahmeniederschrift als Kopie
- sonstiger Schriftverkehr
- Mängelbeseitigungsanzeige
- Aufmaße im Original
- Bautagebuch

Bei der abschließenden Bearbeitung der Schlussrechnung sind einige besondere Punkte zu beachten. Dazu zählen alle Forderungen, die der Auftraggeber geltend macht wie z.B. vom Auftragnehmer verursachte Schäden nicht zu seiner Leistung gehörender Bauteile (z.B. Glasbruch, Oberflächenbeschädigung bzw. Verunreinigung usw.), anteilige Prämie für die Bauwesenversicherung, verwirkte Konventionalstrafe, sowie eine Minderung wegen mangelbehafteter Ausführung und dergleichen. Schließlich ist der Sicherheitseinbehalt in der vertraglich vereinbarten Höhe abzusetzen, sofern dieser nicht mit einer Bankbürgschaft abgelöst wurde.

Oftmals wird die Abrechnung mit einer **Schlusserklärung** abgeschlossen, um sicherzustellen, daß keine nachträglichen Forderungen erhoben werden können.

Teilschlussrechnungen eignen sich besonders bei Leistungen eines Auftragnehmers, der für mehrere unterschiedliche Gewerke beauftragt worden ist (z.B. Rohbauunternehmer), da die Teilleistungen in technologischer und ablaufbedingter Hinsicht als abgeschlossene Teilleistung anzusehen sind (vgl. Kap. 4).

Gliederung	Kostenrichtwert
Kosten nach Position des Leistungsverzeichnisses ATV nach Titel nach Gewerken	z.B. DM/cbm Beton z.B. DM Stahlbetonarbeiten z.B. DM Bauhauptarbeiten
Kosten von Bauteilen Kosten von Bauelementen	z.B. DM /qm Fassade z.B. DM/qm Decke
Kosten/Flächeneinheit Kosten/Rauminhalt Kosten/Kapazitätseinheit Kosten/Nutzungseinheit	z.B. DM/qm NF z.B. DM/cbm BRI z.B. DM/Schülerplatz z.B. DM/Wohneinheit

Bild 47: Kostenrichtwerte in Abhängigkeit von der gewählten Bezugsgröße

3.6.4 Kostenfeststellung

Nach Abschluss aller Abrechnungsvorgänge kann eine Kostenfeststellung vorgenommen werden. Sie dient dem Nachweis der tatsächlich entstandenen Kosten und ist Voraussetzung für Vergleiche und Dokumentation. Zu ihren Grundlagen zählen:

- Nachweise, geprüfte Schlussrechnungen, Kostenbelege, Eigenleistungen
- Planunterlagen, z.B. Ausführungszeichnungen
- Fertigstellungsbericht

Bei der Kostenfeststellung werden alle durch Baubuch, Bauausgabenbuch, Haushaltsüberwachungsliste oder dergleichen nachgewiesenen und durch Abrechnungsunterlagen belegte Kosten nach der Systematik der Kostengliederung der DIN 276, Teil 2, Anhang A geordnet bzw. zusammengefasst (*Bild 47*).

Zweck der Kostenfeststellung ist insbesondere das Bilden von Erfahrungswerten oder Kostenrichtwerten. Dazu kann folgender Weg beschritten werden:

1. kostenrechnerische Abspiegelung
2. Ermittlung der Kosten der Bauleistungen
3. messen der Bauleistungen, Aufmaß auf der Baustelle
4. bewerten der Leistungen mit den im Kostenanschlag ausgewiesenen Einheitspreisen
5. Vergleich von Ist-Maßen und Ist-Kosten mit den Soll-Größen des Leistungsverzeichnisses.

Aufgrund der zeitlichen Differenz von Kostenanschlag und Kostenfeststellung muß eine Preisanpassung mit Hilfe von aktuellen Preisindizes erfolgen.

3.6.5 Einordnung in die HOAI

Der Komplex der Ausschreibung, Vergabe und Abrechnung ist in der HOAI in den Leistungsphasen

6. Vorbereitung der Vergabe
7. Mitwirkung bei der Vergabe
8. Objektüberwachung
9. Objektbetreuung und Dokumentation

verankert. Die beschriebenen Leistungen umfassen alle zur Durchführung notwendigen Maßnahmen mit allen rechtlichen und kostenrelevanten Konsequenzen, d.h. der Leistungserbringer, meist der Architekt, haftet voll für die Fehler, aus denen dem Bauherrn Nachteile entstehen könnten. Zu den Grunleistungen zählen:

- Ermitteln und Zusammenstellen von Materialien
- Aufstellen von Leistungsbeschreibungen
- Abstimmen und Koordinieren von Leistungsbeschreibungen
- Zusammenstellen der Verdingungsunterlagen
- Einholen von Angeboten
- Prüfen und Werten der eingegangenen Angebote
- Verhandlungen mit den Bietern
- beratende Mitwirkung bei der Vergabe
- Aufstellen, Prüfen und Werten von Preisspiegeln nach bes. Anforderungen (z.B. EDV-Einsatz)
- Führen eines Bautagebuchs
- Gemeinsames Aufmaß
- Abnahme der Bauleistungen
- Rechnungsprüfung
- Auflisten der Gewährleistungsfristen
- Mitwirken bei der Freigabe von Sicherheitsleistungen.

Wie bei allen anderen davor zu erbringenden Leistungsphasen muß auch hier in Grundleistungen und Besondere Leistungen unterschieden werden. Zu den Besonderen Leistungen sind u.a. zu zählen:

- Aufstellen von alternativen Leistungsbeschreibungen (z.B. zusätzliche Leistungsbeschreibung nach Leistungsprogramm in Leistungsphase 6)
- Prüfen und Werten der Angebote aus Leistungsprogramm einschließlich Preisspiegel in Leistungsphase 7
- Aufstellen, Überwachen und Fortschreiben eines Zahlungsplanes zur Objektüberwachung
- Ermittlung und Kostenfeststellung zu Kostenrichtwerten sowie Überprüfung der Bauwerks- und Betriebs-Kosten-Nutzenanalyse zur Objektbetreuung.

Die Grundlage für die Berechnung des Honorars wird ausschließlich nach der Kostenfeststellung ermittelt. Eventuelle Mehr- oder Minderzahlungen aus Honorarabschlagszahlungen werden mit der Honorarschlussrechnung verrechnet.

Prinzipiell gelten hinsichtlich der (Kosten-) Abrechnung die gleichen rechtlichen Bedingungen für Planungsleistungen durch z.B. seitens des Architekten wie für Bauleistungen durch einen Unternehmer, d.h. Fragen der Gewährleistung, Haftung, Sicherheitseinbehalt u.ä. betreffen den Planer u.U. genauso wie ausführende Firmen.

4.1 Grundlagen

Da der Höhe der Kosten bei Bauprojekten u.a. am meisten Aufmerksamkeit geschenkt wird, kommt einer umfassenden Kostenbetrachtung sowohl für die Erstellung als auch während des Nutzungszeitraums besondere Bedeutung zu.

Dabei entsteht das Problem, dass die kostengünstigste Lösung nicht automatisch die wirtschaftlich beste Lösung ergibt. Ziel muß es daher sein, durch planungsökonomische Methoden wie Kosten-Nutzen-Analysen oder Vergleiche von Kostenkennwerten schon in frühen Planungsphasen eine Vielzahl von Alternativen zu erarbeiten.

Unter der Prämisse einer ganzheitlichen Betrachtungsweise müssen die Auswirkungen auf die Qualität des Objekts sowie dessen Erstellungs- und Nutzungsdauer miteinander verglichen werden.

Unter **Kosten** versteht man die Aufwendungen an Gütern und Dienstleistungen, die automatisch bei jeder wirtschaftlichen Tätigkeit entstehen. Dies gilt sowohl für den privaten Haushalt wie für Produktions- und Dienstleistungsbetriebe.

4.1.1 Kostenarten

Innerhalb des Sammelbegriffs unterteilen sich Kosten in unterschiedliche Kostenarten (*Bild 48*):

- **Arbeitskosten** (z.B. Löhne, Gehälter, Honorare)
- **Materialkosten** (z.B. Rohstoffe, Halbzeuge etc.)
- **Kapitalkosten** (z.B. Maschinen, Miete etc.)

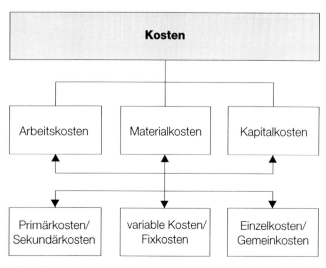

Bild 48: Kostenarten

Kosten und Finanzierung

Weiterhin unterscheidet man in:

- **Primäre Kosten**
  Leistungen, die von Fremdfirmen bezogen werden wie z.B. Strom, Rohstoffe etc.
- **Sekundäre Kosten**
  innerbetrieblich anfallende Kosten, z.B. selbst aufgeführte Reparaturen, Verwaltungskosten
- **Einzelkosten**
  Kosten, die ausschließlich bei der Herstellung eines einzelnen Produkts entstehen und damit auch direkt auf dieses umgelegt werden können
- **Gemeinkosten**
  Kosten, die einem bestimmten Erzeugnis nicht direkt zugerechnet werden können. Sie werden auf die gesamte Produktion umgelegt, z.B. Verwaltungskosten
- **fixe Kosten**
  Kosten, die leistungs- und produktionsunabhängig sind wie z.B. Gebäudeinstandhaltungskosten, Heizkosten
- **variable Kosten**
  Kosten, die produktions- und leistungsabhängig sind, z.B. Löhne, Gehälter, Rohstoffe.

4.1.2 Kosten von Hochbauten

Bezogen auf Bauprojekte lassen sich diese Kostenarten wiederum in 3 Hauptgruppen zusammenfassen, die jedoch zu unterschiedlichen Zeitpunkten entstehen und andauern (*Bild 49*):

- **Baukosten**
  Kosten, die durch die Erstellung eines Gebäudes entstehen
- **Investitionskosten**
  Kosten, die durch die Mittelbereitstellung während und nach der Erstellung eines Gebäudes entstehen
- **Baunutzungskosten**
  Kosten, die durch die Nutzung des Gebäudes von seiner Erstellung bis zu seinem Abriss entstehen.

4.1.3 Einflussfaktoren auf Gebäudekosten

Die entstehenden Kosten eines Bauvorhabens können je nach Unterschiedlichkeit der Einflussfaktoren variieren. Der Bauherr (oder Bauhernvertreter/Projektmanager) muß deshalb zu Beginn des Projekts die Prioritäten der Einflussfaktoren bestimmen, um eine Grundlage für weitere Kostenermittlungen zu erhalten (*Bild 50*).

Projektstart	Planungs- und Bauzeit	Nutzung
Baukosten		
Investitions-kosten		
Baunutzungs-kosten		

Bild 49: Kostenverteilung für die Projektdauer

1. Standort		- Region (Stadt, ländlicher Raum) - Infrastruktur (Angebot an Fachfirmen)
2. Grundstücks-qualität		- Grundstücksgröße und -zuschnitt - Topographie (Höhenentwicklung) - Erschließungsaufwand (Entwässerung, Energie etc.) - Bodenklasse (Tragfähigkeit, Schadstoffgehalt) - Grundwasser (Höhenpegel, Schichtwasser) - Mikroklima, Schallpegel - Festlegungen des Bebauungsplans - Zufahrtsbedingungen für Bauzeit und Nutzung
3. Gebäudetyp		- Anzahl der Funktionen - Geschoßzahl - Teil- oder Vollunterkellerung - Relation Gebäudetiefe/Gebäudebreite - Deckenspannweite und Deckenspannrichtung - Treppenlage und -anordnung - Dachform und -nutzung - Heizsystem (Öl, Gas, Elektro) - Ausstattungsstandard
4. Konstruktionssystem und Materialwahl		- Massivbauweise (z.B. Mauerwerk, Beton) - Schottenbauweise (z.B. Mauerwerk, Beton) - Skelettbauweise (z.B. Stahl, Holz)
5. Bauzeitdauer und Marktsituation		- kurze oder lange Bauzeit - saisonale Bauzeit (Winterbau) - Angebot und Nachfrage am Markt (z.B. Zinsniveau) - Angebot am Waren- und Leistungsmarkt

Bild 50: Einflussfaktoren auf Gebäudekosten

4.2 Kostenermittlungsmethoden

Die Benennung der zu erwartenden Kosten bildet das Hauptkriterium für die Frage, ob der Bauherr sein Bauvorhaben realisieren möchte. Deshalb müssen die erforderlichen Kostenermittlungsmethoden mit größter Sorgfalt durchgeführt werden, da sich jeder Bauherr an die anfangs genannte Bausumme halten wird.

4.2.1 Ermittlung von Kostenkennwerten

1. Empirische Methode

Die Abrechnungswerte aus realisierten Projekten (geordnet nach Gebäudetypen) sowie von abgeschlossenen Lieferungen von Gegenständen (Möbel, Geräte, etc.) werden vom Planer im Rahmen der Projektdokumentation (LV 9 HOAI) errechnet, zusammengestellt und verfahrensmäßig festgelegten Kostenkennwerten zugeordnet.

Diese Vorgehensweise birgt zwar den Nachteil, daß sie zeitlich nicht aktuell erfolgt, stellt jedoch für einen Zeitraum von mehreren Jahren Bauwerte und Preise für Einzelleistungen und -lieferungen (Erfahrungswerte) in einer Bandbreite dar, deren qualitativer Inhalt und Vergleichbarkeit vom Benutzer, der gleichzeitig der Ersteller ist, am besten eingeschätzt werden kann. Dabei gilt: Je größer die Anzahl der ausgeführten Projekte, um so sicherer die Kostenprognose.

Öffentliche Auftraggeber und Spezialinstitute verwenden die Erfahrungswerte ihrer realisierten Projekte als Grundlage für die Überprüfung der Wirtschaftlichkeit eines geplanten Projekts in Form von Kostenrichtwerten, also Verhältniszahlen von Kosten zu verschiedenen Bezugsgrößen wie qm, cbm oder Nutzeinheiten.

2. Datenbank

Da büroeigene Daten oftmals nicht umfangreich genug sind, um alle zukünftigen Projektdaten kostenmäßig zu erfassen, kommen die Kostendaten kommerzieller Datenanbieter und des Statistischen Bundesamtes bzw. der statistischen Landesämter zum Einsatz, die u.a. nach folgender Differenzierung aufgebaut sind:

- **Bautypen** (z.B. Wohnbauten, Schulen etc.)
- **Konstruktionssysteme** (z.B. Mauerwerk, Stahlskelett)
- **Baustoffe** (unterteilt in Lohn-und Materialkosten)
- **Gewerke** (prozentualer Anteil an Gesamtkosten).

Auch hier werden Kostenrichtwerte durch Quotienten aus DM zu Einheit, Fläche, Volumen oder Stück ausgedrückt (vgl. Kap. 3, Qualitäten und Quantitäten). Darüber hinaus werden die Daten durch Relationen zu den Gesamtbaukosten in %-Angaben vervollständigt. Die Definition der Volumen und Flächen nach festgelegten Regeln wie z.B. DIN 277 (vgl. Kap.3.2) schafft erst die Voraussetzung für eine Vergleichbarkeit von Kenndaten und damit die Möglichkeit zu einer Kosten- bzw. Wirtschaftlichkeitsaussage.

3. Bauindex

Der *index* (lat.),"Anzeiger", bildet in der Statistik eine Messzahl zur Isolierung von Preis- und Mengenänderungen. Bei Preis-Indizes geht man von einem konstanten Güterschema aus und ermittelt, wie sich die Preise dieser Güter oder Leistungen entwickeln. Mit dem Bauindex stellt man fest, wie sich die Kosten (Preise) gegenüber dem **Basisjahr** in den darauffolgenden Jahren entwickelt haben, d.h. es handelt sich hierbei immer um eine vergan-genheitsorientierte Betrachtungsweise.

Die Kostenermittlungsstufen für Grundstücks-, Bau- und Planungsleistungen (Kostenschätzung, Kostenberechnung etc.) sind immer gegenwarts- bzw. zukunftsorientiert.

4.2.2 Kostenermittlung nach DIN 276

Zeitgleich zum Planungs-und Ausführungsablauf erfolgt eine stufenweise Kostenüberwachung, die für den Hochbaubereich in der DIN 276, bzw. in der II. Berechnungsverordnung für öffentlich geförderten Wohnungsbau festgelegt ist. Die aktuelle DIN 276 vom Juni 1993 gliedert sich in folgende vier Hauptbereiche:

DIN 276 Teil 1 : Anwendungsbereich
DIN 276 Teil 2 : Begriffe
DIN 276 Teil 3 : Kostenermittlung
DIN 276 Teil 4 : Kostengliederung.

Kostenermittlungen haben zum Zweck, die zu erwartenden Kosten als Grundlage für Planungs- und Ausführungsentscheidungen möglichst treffend vorauszuberechnen bzw. entstandene Kosten in ihrer tatsächlichen Höhe festzustellen. Sie sind in ihrer Genauigkeit abhängig von den zur Verfügung stehenden Angaben und vom jeweiligen Stand der Planung bzw. von den Abrechnungsunterlagen. Im Folgenden werden die Inhalte der vier Bereiche erläutert.

Kosten und Finanzierung

Teil 1 der DIN 276 legt ihre Anwendung wie z.B. bei Herstellung, Umbau, Modernisierung und ihre Abgrenzung zur DIN 18960 (Baunutzungskosten) fest. Dabei gilt es zu beachten, daß diese Ermittlungen auf der Grundlage von Ergebnissen der Bauplanung durchgeführt werden. Sie gilt nicht für Kostenermittlungen auf der Grundlage von Bedarfsangaben (Kostenrahmen).

Teil 2 definiert alle verwendeten Begriffe.

Teil 3 (Kostenermittlung) unterteilt die entstehenden Kosten in vier Abschnitte, die entsprechend dem Planungs- und Baufortschritt aufgegliedert werden:

- Kostenschätzung
- Kostenberechnung
- Kostenanschlag
- Kostenfeststellung.

Außerdem werden in diesem Teil die formellen Grundlagen (Darstellung, Vollständigkeit, Umsatzsteuer etc.) sowie Besonderheiten bei der Kostenermittlung (z.B. bei Eigenleistung) aufgelistet.

Nach der Auffassung des Gesetzgebers bildet der Entwurf und damit die Kostenberechnung das Kernstück des Planungsprozesses, da i.d.R. spätestens zu diesem Zeitpunkt eine Entscheidung für oder gegen das Projekt fällt und es durch die nachfolgende Baugenehmigungsplanung auch einen öffentlichen Charakter erhält.

In der Praxis hat sich gezeigt, daß die Einflussnahme auf die Kostenentwicklung bei fortschreitendem Planungs- und Bauablauf sowie sprunghaft ansteigende Kosten in der Ausführungsphase exponentiell abnimmt, d.h. wirkungsvolle Kostenkorrekturen können nur in frühem Stadium, also bei der Vorbereitung und der Planung eines Projekts vorgenommen werden (Bild 51).

Teil 4 (Kostengliederung) erfaßt alle entstehenden Kosten und unterscheidet zwei Formen:

a. Kostengliederung in 3 Ebenen
b. Kostengliederung nach Gewerken.

Bei der Kostengliederung in 3 Ebenen (a.) werden alle Kosten für ein Bauvorhaben in Hauptgruppen erfasst und von Ebene zu Ebene differenziert. Die entstehenden Gesamtkosten setzen sich aus folgenden 7 Hauptgruppen zusammen:

1. Grundstück
2. Erschließung
3. Bauwerk - Baukonstruktion
4. Bauwerk - Technische Anlagen
5. Außenanlagen
6. Ausstattung und Kunstwerke
7. Baunebenkosten

In der Kostengruppe 3 erfolgt eine Differenzierung in Untergruppen immer im Hinblick auf Flächen oder Volumen von Bauteilen bzw. Bauelementen (Bild 52).

Eine ausschließlich **ausführungsorientierte** Gliederung der Kosten (b.) empfiehlt sich bei Modernisierungs- und Umbaumaßnahmen, da das Bauwerk in seiner Substanz bereits vorhanden ist und z.B. eventuelle Rückbau- und Entsorgungsleistungen bei den jeweiligen Leistungsbereichen anfallen. Als Grundlage hierfür können das Standardleistungsbuch für Bauleistungen (StLB) oder auch gewerkeorientierte Strukturen wie z.B. die Verdingungsordnung für Bauleistungen (VOB Teil C) verwendet werden.

Je nach Projektart können Kosten entweder von der 1. Ebene bis zur 3. Ebene nach Bauteilen bzw. Bauelementen (a.) oder in Gewerken bzw. Vergabeeinheiten (b.) geordnet werden, wenn bereits zu einem frühen Zeitpunkt ausreichende Informationen über das Bauvorhaben vorliegen und diese mit projektspezifischen Kenndaten verglichen werden können.

Entsprechend kann eine Detaillierung der einzelnen Kostengruppen nach technischen oder herstellungsbedingten Gesichtspunkten erforderlich werden.

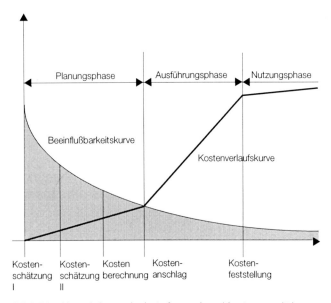

Bild 51: Abweichung bei stufenweiser Kostenermittlung

4.2 Kostenermittlungsmethoden

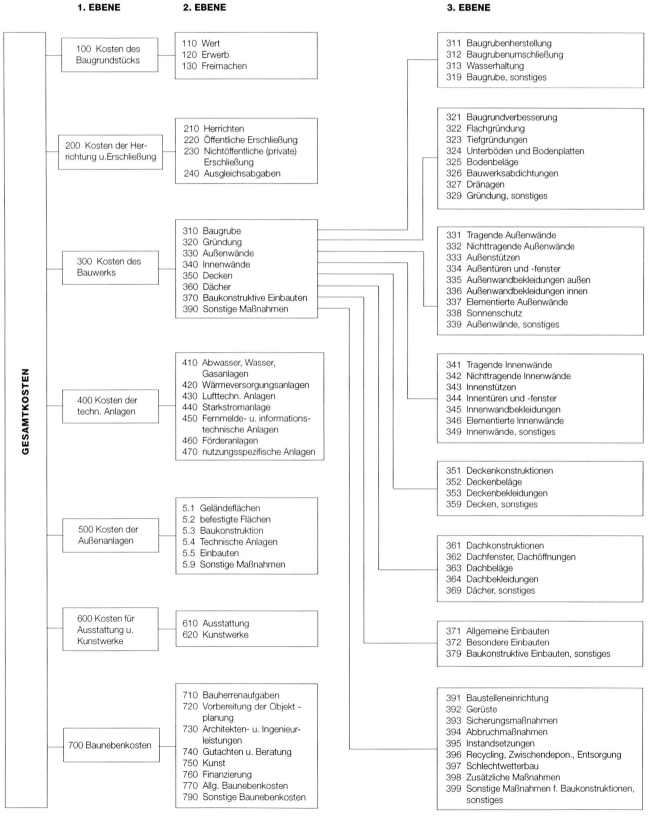

Bild 52: Gliederung der Gesamtkosten nach DIN 276 mit 3 Ebenen nur für Kostengruppe 3

Kosten und Finanzierung

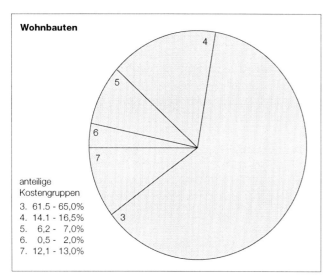

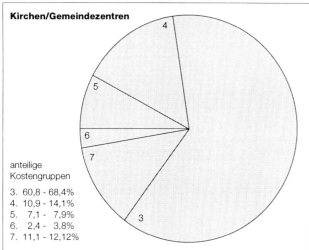

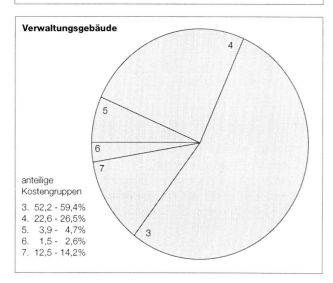

Bild 53: Kostenverteilung ohne Grundstück und Erschließung [13]

a. **Kostenschätzung**

Die Kostenschätzung dient der überschlägigen Ermittlung der Gesamtbaukosten und bildet eine vorläufige Grundlage für etwaige Finanzierungsentscheidungen. Grundlage der Kostenschätzung sind:

- **Bedarfsangaben** wie z.B. Flächen (Bruttogeschossflächen, Nutzflächen, Wohnflächen), Rauminhalte oder Nutzeinheiten (Arbeitsplätze, Bettenplätze, Tierplätze), Grundstückskennwerte und Erschließungsangaben
- **Planunterlagen** (gemäß HOAI : zur Vorplanung), zeichnerische Darstellungen und Erläuterungen
- **Kostenrichtwerte** (DM/qm, DM/Nutzeinheit, DM/cbm)

In der Kostenschätzung wird das Bauvorhaben als geschlossene Einheit betrachtet (Bild 53). Die einzelnen Kostengruppen werden je nach Art des Bauvorhabens, höchstens bis zur **1. Ebene** der Kostengliederung, berücksichtigt. Die Kosten der Kostengruppe 1 werden i.d.R über DM/qm-Werte mit Prozentanteilen ermittelt, die Kosten der Kostengruppe 2, 3, 4 und 5 errechnen sich über DM/qm(BGF), DM/cbm (BRI) oder Pauschalwerte und die Kostengruppen 6 und 7 werden als Pauschalwerte oder Prozentanteile der anrechenbaren Kosten angesetzt.

b. **Kostenberechnung**

Die Kostenberechnung ermöglicht eine Ermittlung der angenäherten Gesamtkosten und schafft zum einen die Voraussetzung für die Entscheidung, ob das Bauvorhaben wie geplant durchgeführt werden kann und zum anderen ob die erforderlichen Finanzierungsvarianten ausreichen. Die Grundlagen werden gebildet durch:

- **genaue Bedarfsangaben**, z.B. detailliertes Raumprogramm (qm, cbm, Rasterflächeneinheiten) oder Nutzungsbedingungen (Raumnutzung, Betriebstechnik, Außenanlagen)
- **Planunterlagen**, z.B. durchgearbeitete Entwurfszeichnungen (nach HOAI: zur Entwurfsplanung) und ggf. auch Detailpläne mehrfach wiederkehrender Raumgruppen
- **Ausführliche Erläuterungen**, z.B. eingehende Beschreibungen aller Einzelheiten, die aus Zeichnungen und Berechnungsunterlagen nicht zu ersehen, aber für die Beurteilung der Kosten relevant sind.

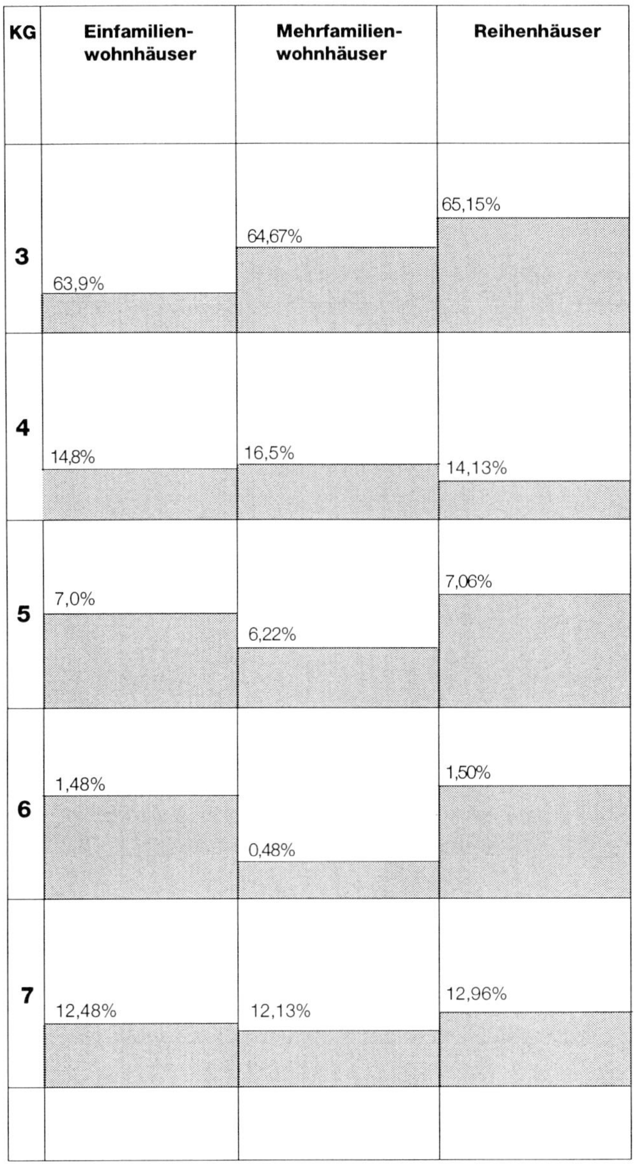

4.2 Kostenermittlungsmethoden

KG	Einfamilien-wohnhäuser	Mehrfamilien-wohnhäuser	Reihenhäuser
3	63,9%	64,67%	65,15%
4	14,8%	16,5%	14,13%
5	7,0%	6,22%	7,06%
6	1,48%	0,48%	1,50%
7	12,48%	12,13%	12,96%

Bild 54: Kostenverteilung von Wohnhaustypen [14]

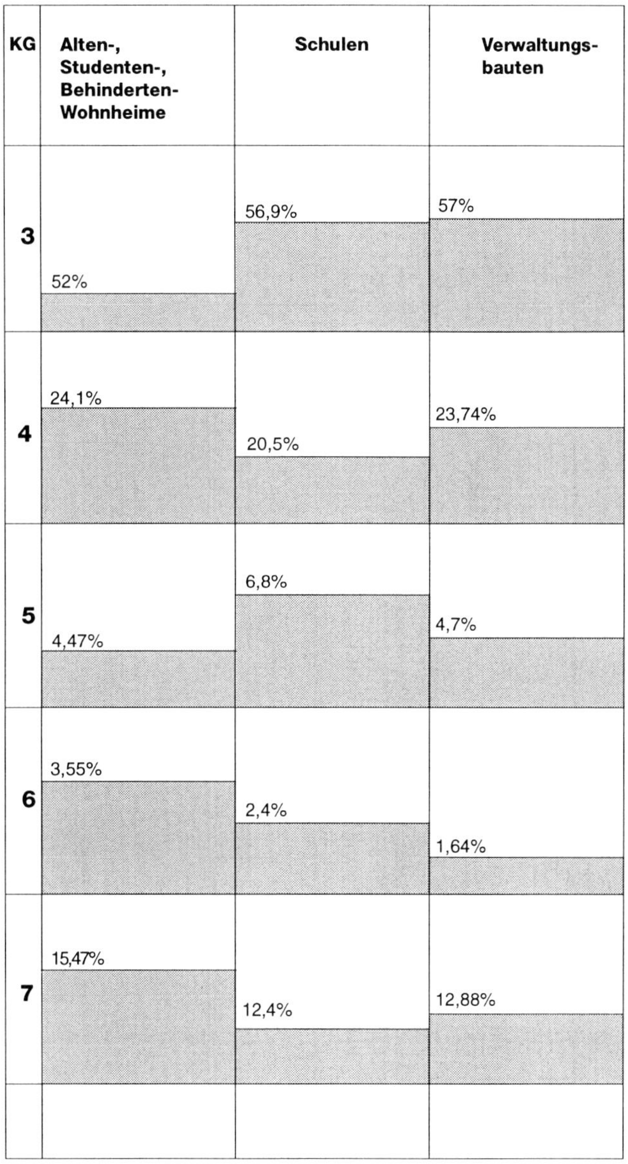

KG	Alten-, Studenten-, Behinderten-Wohnheime	Schulen	Verwaltungs-bauten
3	52%	56,9%	57%
4	24,1%	20,5%	23,74%
5	4,47%	6,8%	4,7%
6	3,55%	2,4%	1,64%
7	15,47%	12,4%	12,88%

Bild 55: Kostenverteilung bei öffentlichen Bauten [15]

In der Kostenberechnung werden alle Kosten je nach Art des Bauvorhabens innerhalb einer Kostengruppe bis zur **Ebene 2** der Kostenermittlung erfaßt und differenziert. Man ermittelt sie i.d.R. aus der Multiplikation von Einheitspreisen der Einzelleistungen oder Sachwerten mit der Fläche, dem Volumen oder der Stückzahl des jeweiligen Elements. In der Kostengruppe 3 und 4 wird bereits eine **bauteil- und anlagenspezifische Unterteilung** vorgenommen.

Diese Differenzierung erscheint deshalb sehr sinnvoll, da sich aus den Nutzungsarten der verschiedenen Projekte bereits deutliche Unterschiede in dem zu erwartenden Installationsaufwand abzeichnen (*Bild 54, 55*). So liegt der prozentuale Kostenanteil der Kostengruppe 4 (Technische Anlagen) bei Wohnheimen, Schulen und Verwaltungsbauten um bis zu 10 % höher als bei Wohnbauten, dagegen sind die Kostenanteile bei letztgenannten für Außenanlagen mit Ausnahme der Schulen deutlich niedriger. Ähnlich verhält sich bei den Kosten für Ausstattung (Kostengruppe 6) und Nebenkosten (Kostengruppe 7), die bei Wohnbauten niedriger angesetzt werden können als bei Bauten mit hohem Planungs- und Ausstattungsaufwand wie z.B. einem Altenwohnheim oder bei einem Krankenhaus.

Kosten und Finanzierung

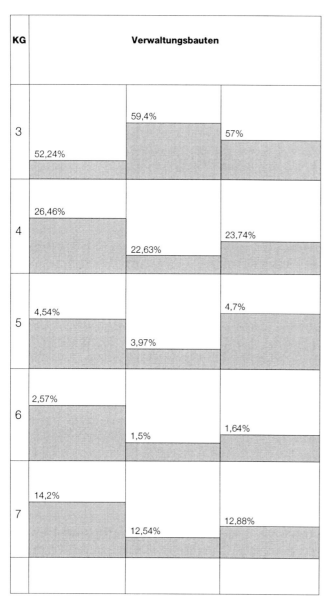

Bild 56: Kostenverteilung bei Verwaltungsbauten mit unterschiedlichem Ausführungsstandard [16]

Noch interessanter gestaltet sich diese Untersuchung beim Vergleich eines einzelnen Gebäudetyps mit unterschiedlichem Ausführungsstandard (Bild 56). Innerhalb des Kostenspektrums für ein Verwaltungsgebäude variieren die Kostenanteile abhängig vom Planungs- und Installationsaufwand. Ein Bürogebäude, das aufgrund seiner Besonderheit hinsichtlich Größe oder Höhe eine Sprinkleranlage oder eine Klimaanlage benötigt, erzeugt deutlich höhere Kosten als ein Gebäude mit vergleichbarem Programm, bei dem normal zu öffnende Fenster oder ausreichende Brandschutzmaßnahmen durch Fluchtwegesysteme o.ä. vorgesehen sind.

c. Kostenanschlag

Der Kostenanschlag dient der Ermittlung der tatsächlich zu erwartenden Kosten durch die Zusammenstellung von Angeboten, Eigenberechnungen für das Bauvorhaben, das Honorar, die anfallenden Gebühren sowie für das Baugrundstück und die Erschließung. Der Kostenanschlag kann auch ein Hilfsmittel zur Kostenkontrolle werden, um nach Abschluß der Ausführungsplanung die Übereinstimmung der veranschlagten Kosten mit den in der vorausgegangenen Kostenberechnung ermittelten Kosten zu überprüfen. Grundlagen hierfür sind:

- **genaue Bedarfsangaben**
  z.B. Standsicherheitsnachweis, Wärmeschutz, Installation und Betriebstechnik u.a.m., einschließlich aller Massenberechnungen und Kostenansätze von Angeboten
- **Planunterlagen**
  (nach HOAI: zur Vergabe), z.B. die endgültigen und vollständigen Ausführungs-, Detail- und Konstruktionszeichnungen im Maßstab 1:50 bis 1:1
- **Erläuterungen**
  (nach HOAI: zur Bauausführung), z.B. Hinweise, die zum Verständnis der in den Planungs- und Berechnungsunterlagen enthaltenen Einzelheiten und Absichten nötig sind, ggf. auch Abweichungen von früheren Plänen und Beschreibungen, Angaben über vorgesehene Herstellungs- und Konstruktionsmethoden, Terminplanung und -überwachung, Finanzierungsraten, sonstige finanzwirtschaftliche Angaben, ggf. auch Kosten der Folgearbeiten, der Bewirtschaftung und des Betriebs.

Im Kostenanschlag werden alle Leistungen und ihre Leistungspositionen beschrieben und innerhalb der Kostengruppen, soweit möglich, in der Reihenfolge des Herstellungsvorgangs geordnet. Dabei können die Gesamtkosten entweder bis in die **3. Ebene** der Kostengliederung, d.h. nach **Bauteilen** bzw. **Bauelementen** oder nach **Teilleistungen** im Sinne der **VOB Teil C**: "Allgemeine Technische Vorschriften für Bauleistungen" (ATV) gegliedert bzw. zusammengefasst werden. Letzteres wird notwendig, um überhaupt Angebote von ausführenden Firmen zu erhalten.

Der Kostenanschlag bildet damit die Schnittstelle zwischen der entwurfsbezogenen Kostenbetrachtung nach Bauteilen bzw. Bauelementen und der ausführungsorientierten Kostenbetrachtung nach Gewerken. Je nach Art des Bauvorhabens kann sich diese Schnittstelle nach vorne, also zur Kostenberechnung oder nach hinten bis zur Kostenfeststellung verschieben.

4.2 Kostenermittlungsmethoden

d. Kostenfeststellung

Die Kostenfeststellung ermöglicht den Nachweis der tatsächlich entstandenen Kosten und schafft die Voraussetzung für Vergleiche und Dokumentationen. Grundlage hierfür sind :

- **Nachweise** (nach HOAI: bei Objektüberwachung), z.B. geprüfte Schlussrechnungen, Kostenbelege, Eigenleistungen
- **Planunterlagen**, z.B. Ausführungszeichnungen (Baubestandspläne)
- **Fertigstellungsbericht**, z.B. die Bestätigung, daß Planung und Ausführung übereinstimmen; Begründung und Beschreibung von Änderungen oder nachträglichen bzw. zusätzlichen Leistungen gegenüber dem Kostenanschlag.

Bei der Kostenfeststellung werden alle durch Baubuch, Haushaltsüberwachungsliste u.a. nachgewiesenen und durch Abrechnungsunterlagen belegte Kosten bis zur 2. Ebene der Kostengliederung geordnet bzw. zusammengefasst.

Die Dokumentation der Kosten eines Bauwerks (nach HOAI : zur Objektbetreuung) für etwaige neue Projekte oder Baukostendatenbanken erfordert eine differenziertere Kostengliederung bis in die 3.Ebene bzw. die Umrechnung von gewerkebezogenen Kostendaten in bauteilbezogene Kostendaten. Im Folgenden werden diese beiden Kostenermittlungsmethoden näher untersucht.

4.2.3 Kostenermittlung nach Gebäudeelementen

Anders als beim Kauf eines Gebrauchsgegenstandes stehen zu dem Zeitpunkt der Entscheidung, ob ein Bauvorhaben durchgeführt wird oder nicht, die zu erwartenden Kosten i.d.R. noch nicht fest, da sich im Laufe der Planung und Ausführung die Projektziele und Bedingungen ändern können.

Die Angaben über die zu erwartenden Kosten unterliegen deshalb im Anfangsstadium einer relativ großen Streuung, die sich erst im Laufe der Planungsphase, im ungünstigsten Fall erst beim Kostenanschlag verringert, bzw. sich überhaupt erst realistisch abzeichnet (Bild 57).

Ziel muß es daher sein, durch detaillierte Vorgaben Kostendaten im frühen Planungsstadium zu erstellen und dadurch Toleranzen gering zu halten.

Die Kostengruppen 3 und 4 der Kostengliederung nach DIN 276 bilden den größten Anteil der entstehenden Kosten, sieht man von den Grundstücks- und Erschließungskosten einmal ab, die je nach Lage, Qualität und Übernahmemodalität (Kauf oder Pacht) stark variieren.

Da die DIN 276 für die Kostenschätzung die Erfassung der Bauwerkskosten lediglich nach DM/qm (BGF) der DM/cbm vorsieht, entsteht bereits zu diesem Zeitpunkt ein erheblicher Unsicherheitsfaktor, denn das Volumen oder die Summe der Bruttogrundrissflächen allein sagt nichts über Organisationsqualität und Ausnutzung, das Konstruktionssystem und den Ausbaustandard aus.

Das Ziel der Kostenermittlung nach Gebäudeelementen besteht deshalb in der differenzierten Erfassung der Kosten aller raumbildenden Elemente eines geplanten Bauvorhabens, um sie mit Kostendaten aus realisierten Gebäuden vergleichen zu können. Dies setzt allerdings voraus, daß eine Vergleichbarkeit hinsichtlich der Funktion, der Größe und des Ausführungs- bzw. Ausstattungsstandard gegeben ist.

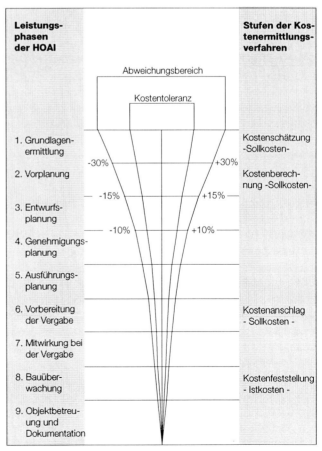

Bild 57: Kostenverlauf nach Leistungsphasen [17]

Kosten und Finanzierung

a. **Grobelemente**

Eine erste Annäherung an die tatsächlich zu erwartenden Kosten bietet die Unterteilung des Bauwerks nach dem "Kartenhaus-Prinzip" in folgende Grobelemente (*Bild 58/59*):

- Kellersohle oder Basisfläche (**BAF**)
- Außenwandfläche (**AWF**)
- Innenwandfläche (**IWF**)
- Deckenfläche oder horizontale Trennfläche (**HTF**)
- Dachfläche (**DAF**).

Da Gebäude mit Keller zuerst umfangreichere Erdarbeiten als Baumaßnahme erfordern, sind diese Kosten als eigenständiger Teil mit der Bezeichnung **Baugrube** zusammengefasst und in cbm/BRI ausgedrückt.

Die Ermittlung der Flächen erfolgt sinnvollerweise nach der DIN 277 in qm/BGF, sodass sich die entstehenden Kostenkenndaten in DM/qm BGF ausdrücken lassen.

Eine Zuordnung der Kosten für technische Anlagen auf diese Grobelemente erscheint aufgrund der zahlreichen Systemmöglichkeiten (z.B. Fußbodenheizung oder Plattenheizkörper an Wänden) als **nicht** sinnvoll. Hier bietet sich statt dessen eine differenziertere Kostenbetrachtung der einzelnen Installationsgruppen (z.B. Abwasser-, Wasser-, Gasanlagen, Elektroversorgung oder Lüftungstechnik) an, die sich auf die Nettogrundrissfläche (NGF) oder den prozentualen Anteil an den gesamten Baukosten bezieht. In der DIN 277 Teil 3 wird dieser Wert als **NGF anteilig/versorgt** beschrieben. So können die Kosten (z.B. einer Sprinkleranlage) für die tatsächlich abzudeckende Fläche in DM/qm NGF ausgedrückt werden.

2. **Gebäudeelemente**

Ein weiteres Gliederungsprinzip beruht auf der Unterscheidung zwischen Rohbau und Ausbau. Da auch hier die Gebäudeteile im Erdreich einer besonderen Betrachtung bedürfen, werden sie gesondert aufgeführt:

a. Gründungsart
b. Tragende Konstruktion
c. Nichttragende Konstruktion.

3. **Gebäude-Unterelemente**

Weiterführend zu den bereits genannten Methoden wird mit der Unterelementen-Methode der konstruktive oder materialbedingte Aufbau der Bauelemente näher beschrieben. Hierzu zählen Angaben über die:

- Unterscheidung in Stützen, Wände, Öffnungen
- Fassadenelemente/Wand- und Dachaufbauten
- Fußbodenbeläge und Deckenbekleidungen.

Die beiden letztgenannten Gliederungsarten sind in der 3. Ebene der DIN 276 zusammengefaßt.

4.2.4 Gewerkebezogene Kostenermittlung

Wie bereits erwähnt, bietet die DIN 276 neben der bauteilbezogenen Kostenermittlung die Möglichkeit einer Kostenerfassung auf der Grundlage von Leistungsteilen oder Gewerken. Bei Gewerken handelt es sich um sinnvoll abgegrenzte Bauleistungen für Rohbau- und Ausbaumaßnahmen. Eine Übersicht über die gebräuchlichsten Gewerke bietet das Standardleistungsbuch (StLb), das in vorformulierten Texten die einzelnen Bestandteile und Richtlinien der Leistung auf der Basis der Verdingungsordnung für Bauleistungen VOB Teil C, "Allgemeine Technische Vorschriften", beschreibt (vgl. Kap.3.4.7).

Im Verlauf einer Planung wird die Umstellung der Kostenermittlung von Bauelementebenen auf Gewerke spätestens beim Kostenanschlag erforderlich, um überhaupt die zu erwartenden Kosten in Form von Angeboten zu bekommen. Eine gewerkebezogene Kostenermittlung kann bereits in einem früheren Stadium der Planung erfolgen wie z.B. bei der Beteiligung von Generalunternehmern oder bei Modernisierungsmaßnahmen an bestehenden Gebäuden.

4.2.5 Fertigungsbezogene Kostenermittlung

Im Zuge wachsender Industrialisierung kommen vorgefertigte Bauteile und Bausysteme in Verbundbauweise immer häufiger zur Anwendung. Die Möglichkeiten des Einsatzes von komplexen Fertigteilen beeinflusst auch die dafür entstehenden Kosten entscheidend.

Hierbei wird die Idee der Kostenermittlung nach Grob- bzw. Unterelementen konsequent weiterentwickelt, was zu einer Zusammenlegung von Fertigungseinheiten führt (z.B. Sanitäteinheit mit kompletter Innenausstattung, großformatige Außenwandelemente). Voraussetzung dafür ist allerdings, daß die anbietenden Firmen technisch in der Lage sind, die meist sehr unterschiedlichen Gewerke auszuführen. Der Vorteil liegt ohne Zweifel in der höheren Kostensicherheit für den Bauherrn, wenn auch der höhere Planungsaufwand berücksichtigt werden muß.

4.2 Kostenermittlungsmethoden

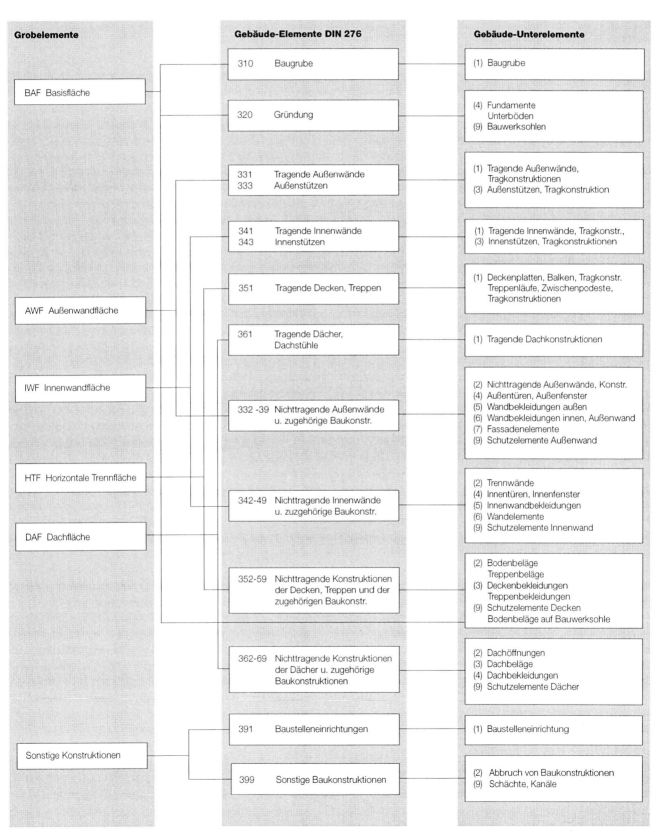

Bild 58: Kostenberechnung mit Gebäude-Unterelementen [18]

Kosten und Finanzierung

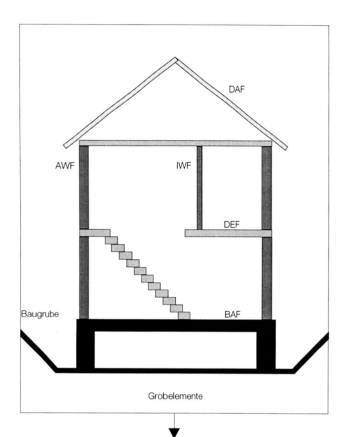

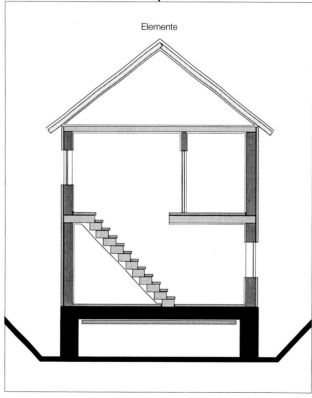

BAF	Basisflächen
AWF	Außenwandflächen
IWF	Innenwandflächen
DEF	Deckenflächen
DAF	Dachflächen

Kostengruppen nach DIN 276

310 Baugrube
311 Baugrubenherstellung
312 Baugrubenumschließung
313 Wasserhaltung
319 Baugrube, sonstiges

320 Gründung/Basisfläche
321 Baugrundverbesserung
322 Tiefgründungen
323 Flachgründungen
324 Unterböden und Bodenplatten
325 Bodenbeläge
326 Bauwerksabdichtungen
327 Dränagen
329 Gründung, sonstiges

330 Außenwände
331 Tragende Außenwände
332 Nichttragende Außenwände
333 Außenstützen
334 Außentüren und -fenster
335 Außenwandbekleidungen
336 Außenwandbekleidungen innen
337 Elementierte Außenwände
338 Sonnenschutz
339 Außenwände, sonstiges

340 Innenwände
341 Tragende Innenwände
342 Nichttragende Innenwände
343 Innenstützen
344 Innentüren und -fenster
345 Innenwandbekleidungen
346 Elementierte Innenwände
349 Innenwände, sonstiges

350 Decken
351 Deckenkonstruktionen
352 Deckenbeläge
353 Deckenbekleidungen
359 Decken, sonstiges

360 Dächer
361 Dachkonstruktionen
362 Dachfenster, Dachöffnungen
363 Dachbeläge
364 Dachbekleidungen
369 Dächer, sonstiges

370 Baukonstruktive Einbauten
371 Allgemeine Einbauten
372 Besondere Einbauten
379 Baukonstruktive Einbauten, sonstiges

Bild 59: Grobelemente - Elemente nach DIN 276/BKB [19]

4.2 Kostenermittlungsmethoden

4.2.6 Kostenermittlung in der HOAI

Die Ermittlung der entstehenden Kosten nach DIN 276 gilt gemäß HOAI als Grundleistung, die der einzelnen Planungs-und Ausführungsphasen entsprechend durchgeführt wird (*Bild 60*):

- Kostenschätzung : zur Vorplanung
- Kostenberechnung : zur Entwurfsplanung
- Kostenanschlag : zur Vergabe
- Kostenfeststellung : zur Objektbetreuung.

Darüber hinaus sieht die HOAI verschiedene besondere Leistungen in den jeweiligen Planungsstufen vor, die bei großen Bauvorhaben immer häufiger in Anspruch genommen werden. Zu den besonderen Leistungen zählen:

- Aufstellen eines Finanzierungsplans
- Mitwirkung bei der Kreditbeschaffung
- Analyse von Planungsalternativen und Wertung mit Kostenuntersuchungen (Optimierung)
- Wirtschaftlichkeitsberechnung
- Aufstellen einer Bauwerks- und Betriebskosten-Nutzen-Analyse zur Vorplanung
- Kostenberechnung durch Aufstellen von Mengengerüsten und Bauelementkatalog zur Entwurfsplanung
- Aufstellen von vergleichenden Kostenübersichten und Aufstellen, Prüfen und Werten von Preisspiegeln zur Vorbereitung und Mitwirkung bei der Vergabe
- Ausstellen, Überwachen und Fortschreiben von Zahlungsplänen und differenzierten Kostenplänen zur Obiektüberwachung
- Überprüfen der Bauwerks- und Betriebskosten-Nutzen-Analyse.

Die eben beschriebenen Kostenermittlungen bilden nicht nur sinnvolle Abschnitte für die Rechnungsstellung der Planungshonorare, sondern geben Bauherren wie Planern die Möglichkeit, umfassend Einblick in die Kostenstruktur zu nehmen und ggf. Maßnahmen zur Veränderung vorzunehmen (*Bild 61*).

Für alle Kostenermittlungsphasen gilt, dass Fehlberechnungen oder nichtberücksichtigte Kosten haftungsrechtliche Folgen haben können.

Architektenleistung	Kostenaussage	Honorar
Leistungsphase 1 Grundlagenermittlung 3%		
Leistungsphase 2 Vorplanung 7%	Kostenschätzung nach DIN 276	
Leistungsphase 3 Entwurfsplanung 11%	Kostenberechnung nach DIN 276	
Leistungsphase 4 Genehmigungsplanung 6%		Honorarabrechnung Leistungsphasen 1-4 27%
Leistungsphase 5 Ausführungsplanung 25%		
Leistungsphase 6 Vorbereitung der Vergabe 10%		
Leistungsphase 7 Mitwirkung bei der Vergabe 4%	Kostenanschlag nach DIN 276	
Leistungsphase 8 Objektüberwachung 31%	gewerkebezogene Abrechnung nach VOB	Honorarabrechnung Leistungsphasen 5-8 70%
Leistungsphase 9 Objektbetreuung und Dokumentation 3%	Kostendokumentation nach DIN 276 70%	Honorarabrechnung Leistungsphasen 5-8

Bild 60: Kostenermittlung in der HOAI

Kosten und Finanzierung

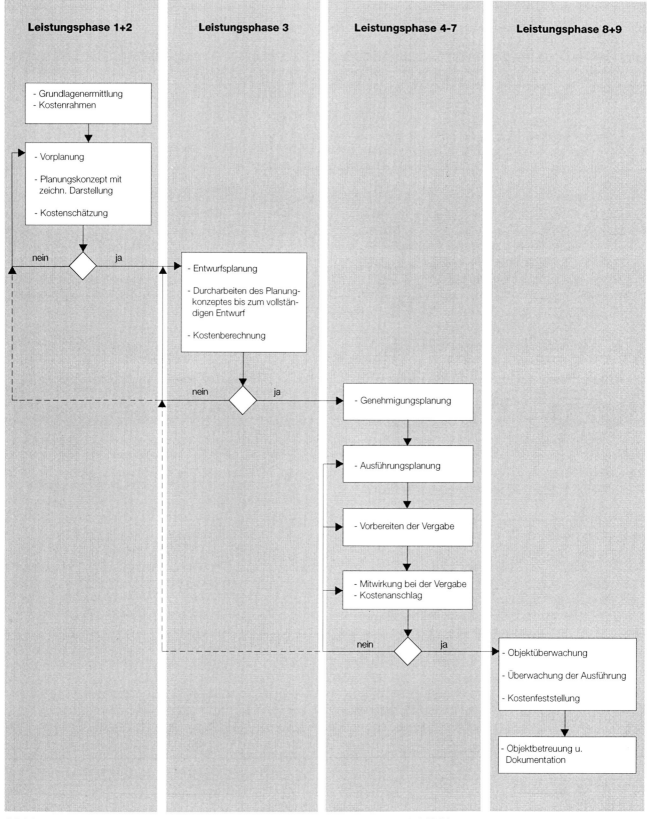

Bild 61: Einbindung der Kostenermittlungsarten in die Objektplanung nach HOAI

4.3 Baunutzungskosten

Die Baunutzungskosten (DIN 18960) - auch Baufolgekosten genannt - umfassen alle bei Gebäuden, den dazugehörenden baulichen Anlagen und deren Grundstücken unmittelbar entstehenden regelmäßig oder unregelmäßig wiederkehrenden Kosten vom Beginn der Nutzbarkeit des Gebäudes bis hin zum Zeitpunkt seiner Beseitigung.

Baunutzungskosten beziehen sich immer auf eine **selbständige wirtschaftliche Einheit**. Sie umfassen neben den Kosten für die baurechtlichen und funktionsbedingten Flächen auch die Kosten für alle haustechnischen Einrichtungen wie Heizung, Lüftung, Warmwasserbereitung sowie Personen- und Lastenaufzüge Müllbeseitigungsanlagen usw. Zu den Kosten für betriebstechnische Anlagen sind die Kostenanteile hinzuzurechnen, welche zur Sicherung angemessener Aufenthaltsbedingungen für die vorgesehene Nutzung der Gebäude und Außenanlagen dient (*Bild 62, 63*).

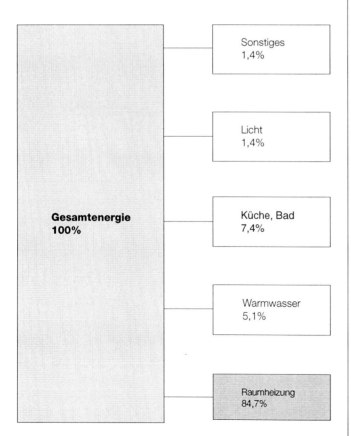

Energiekosten: Raumheizung, Warmwasserbereitung
Stromverbrauch: Küche, Bad, Licht
Freizeit (Fernsehen, Hobby)
Sonstiges (Bügeln, Staubsaugen)

Bild 62: Energieflussschema für ein Einfamilienhaus

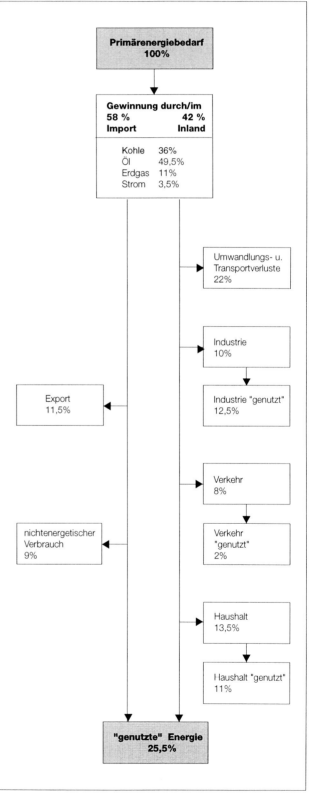

Bild 63: Energieflussschema für die Bundesrepublik Deutschland

Kosten und Finanzierung

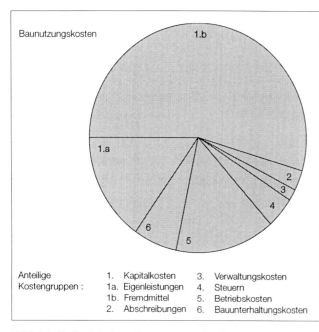

Bild 64: Beispiel einer Zuordnung der Baunutzungskosten nach DIN 18 960

Obwohl die DIN 18960 eine Aufschlüsselung in 6 Kostengruppen vorsieht (Bild 64), lassen sich die Baunutzungskosten nach ihrem Aufwand grob in folgende übergeordnete Kostengruppen unterteilen:

- Kapitalkosten und Steuern (Kostengruppe 1-4)
- Betriebskosten (Kostengruppe 5)
- Bauunterhaltungskosten (Kostengruppe 6).

4.3.1 Kapitalkosten und Steuern (KG 1-4)

In der DIN 18960 werden Kapitalkosten und Steuern in 4 Kostengruppen eingeteilt:

KG 1: Kapitalkosten

Grundsätzlich ist hierbei zu unterscheiden:

- **Fremdmittel**
  Zinsen für Fremdmittel und vergleichbare Kosten, bestehend aus: Darlehenszinsen, Leistungen aus Rentenschulden, Leistungen aus Grunddienstbarkeiten auf fremden Grundstücken, soweit sie mit dem Gebäude in unmittelbarem Zusammenhang stehen, Erbbauzinsen; sonstige Kosten für Fremdmittel wie z.B. laufende Verwaltungskosten und Leistungen aus Bürgschaften

- **Eigenleistungen**
  Eigenkapitalzinsen und Zinsen für den Wert anderer Eigenleistungen wie z.B. Arbeitsleistungen, eingebrachte Baustoffe, vorhandenes Grundstück oder Bauteile

KG 2: Abschreibung

Verbrauchsbedingte Wertminderung der Gebäude, Anlagen und Einrichtungen

KG 3: Verwaltungskosten

Fremd-und Eigenleistungen für Gebäude-und Grundstücksverwaltung

KG 4: Steuern

Steuern für Gebäude und Grundstücke, z.B. Grundsteuer

Veranschlagungsverfahren:
- Feststellung des Einheitswertes nach dem Bewertungsgesetz
- Erlass des Grundsteuermessbescheides durch das zuständige Finanzamt unter Anwendung des Steuersatzes; Steuermesszahlung auf den Einheitswert - Steuermessbetrag (steuerlicher Grundbetrag)
- Die Gemeinden setzen jährlich die Erhebungssätze fest - Grundsteuerbescheid
  Grundsteuer = bundesrechtlich geregelte Gemeindesteuer:

Höhe nach Bewertung der Grundstücke = Einheitswert. An den Einheitswert wird die Steuermeßzahl (Steuersatz) angelegt und so der Steuermessbetrag ermittelt. Durch Mulitiplizieren mit dem Hebesatz der Gemeinden ergibt sich der Steuerbetrag.

4.3.2 Betriebskosten (Kostengruppe 5)

Den zweiten Hauptbereich der Baunutzungskosten bilden die Betriebskosten, die in der DIN 18960 unter der **Kostengruppe 5** (KG 5) zusammengefaßt sind. Hierin sind die Kosten für diejenigen Maßnahmen enthalten, die für die Sicherung der Bedingungen für die vorgesehene Nutzung der Gebäude und Außenanlagen erforderlich sind. Zu diesen Maßnahmen zählen:

- das Gebäude sauber zu halten
- die für einen Menschen notwendige hygienische Ver- und Entsorgung zu gewährleisten
- ein dem Menschen zuträgliches Raumklima zu unterhalten
- die für die Nutzung erforderliche Beleuchtung sicherzustellen
- die innerhalb und außerhalb des Gebäudes notwendige Verkehrssicherheit (in horizontaler und vertikaler Richtung) zu gewährleisten

Diese geforderten Aufenthaltsbedingungen werden vorwiegend von haustechnischen Anlagen sichergestellt, für deren Bedienung, Wartung und Beaufsichtigung ein gewisser Anteil an Betriebskosten angerechnet wird. Man unterscheidet in folgende Untergruppen:

a. **Gebäudereinigung** (KG 5.1)

- **Innenreinigung**
z.B. für Fußböden, Inneneinrichtung, Vorhänge, Sanitärobjekte oder Arbeitsplätze

- **Fensterreinigung**
Bei der Fensterreinigung muß nach Zugänglichkeit (von innen, von innen und/oder außen) und Fensterzusatzelementen (z.B. Sonnenschutz außen) unterschieden werden

- **Fassadenreinigung**
abhängig von der Fassadengliederung, dem Fassadenbaustoff, dem regionalen oder örtlichen Verschmutzungsgrad und ggf. vorhandener Fassadenreinigungsanlagen

b. **Abwasser und Wasserversorgung** (KG 5.2)

- **Abwasser**
Abwasser wird nach Schmutz- und Regenwasser auch kostenmäßig getrennt. Grundsätzlich wird angenommen, daß der Frischwasseranteil wieder als Schmutzwasser fortgeleitet wird; daher wird die gleiche Menge Schmutzwasser wie Frischwasser in Rechnung gestellt. Nach dem Abwasserabgabegesetz werden Schadeinheitsaufschläge nach dem Verursacherprinzip (nach Schadklasse, häusliche Abwasser-Schadeinheit je Einwohner und Jahr) berechnet (*Bild 65a*). Die Gemeinden und Kommunen verfahren jedoch bei der Berechnung unterschiedlich, d.h. sie erheben entweder gemeinsame oder getrennte Gebühren für Schutz- und Regenwasser nach dem Kostendeckungsprinzip

Größe der Gemeinden (Einw.)	Gesamtbedarf (1/E und Tag)
unter 2.000	75
2.000 bis 10.000	95
10.000 bis 50.000	110
50.000 bis 200.000	125
über 100.000	140

Bild 65a: Wasserverbrauch nach Gemeindegrößen

Art der Gebäude	Bedarf (1/E und Tag)
Einfamilien - Reihenhäuser	80 - 100
Einfamilien - Einzelhäuser	100 - 200
Mehrfamilienhäuser	100 - 120
Häuser mit Komfortwohnungen	200 - 400

Bild 65b: Wasserbedarf nach Art der Wohnungen

Verwendung	Bedarf (1/E und Tag)
Trinken und Kochen	3 - 6
Wäsche waschen	20 - 40
Geschirrspülen	4 - 6
Raumreinigen	3 - 10
Körperpflege (ohne Baden)	10 - 15
Baden, Duschen	20 - 40
WC-Benutzung	20 - 40

Bild 65c: Wasserbedarf entsprechend Zweckbestimmung

- **Wasser**
Der Wasserbedarf beträgt in Deutschland rund 130 l Wasser/Einwohner/Tag. Dieser Wert variiert je nach Gemeindegröße, Gebäudeart und Zweckbestimmung (*Bild 65b, 65c*):

c. **Wärme und Kälte** (KG 5.3)

Hierzu gehören alle Heizstoffe, auch Fernwärme- und Fernkälte, die zur Erzeugung von Raum-, Lüftungs- und Wirtschaftswärme und -kälte erforderlich sind (darin enthalten sind auch die Kosten für Wasser, Abwasser und Strom zur Erzeugung von Wärme und Kälte in zusammenhängenden Systemen).

Der Primärenergiebedarf wird nach der Verrechnungseinheit von einer Steinkohleneinheit (1 SKE = 1 kg Steinkohle mit einem Heizwert von 7.000 kcal) berechnet (*Bild 66, 67*).

d. **Strom** (KG 5.4)

Hierzu gehört der Gesamtverbrauch an Strom, außer dem zur Erzeugung von Wärme und Kälte genannten Anteil der Kostengruppe 5.3.

Kosten und Finanzierung

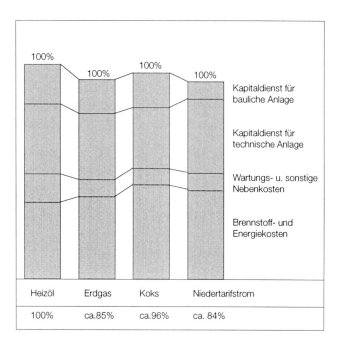

Bild 66: Vergleich der jährlichen Energiekosten für ein zentralbeheiztes Reihenhaus

$$\text{Gesamtjahresbenutzungsstunden} = \frac{\text{Jahresstromverbrauch}}{\text{Anschlußwert} \times \text{Gleichzeitigkeitsfaktor}}$$

Stromverbraucherquelle	Gleichzeitigkeitsfaktor
Beleuchtung	0,7 bis 0,9
Heizung, Umwälzpumpen	1,0
Lüftung, Klima	0,7
Personenaufzüge	0,2 bis 1,0
Küche	0,3
Warmwasserbereitung	0,3
Steckdosen	0,1

Bild 67: Gleichzeitigkeitsfaktor

Stromverbraucherquelle	kWh/Jahr	Abweichung pro Person (+/-)
Elektroherd	900	120
Warmwasser, Küche	600	120
Warmwasser, Bad	1.500	300
Fernsehgerät	200	-
Kühlschrank	360	60
Waschmaschine	480	96
Wäschetrockner	480	96
Bügelmaschine	220	24
Gefriertruhe	780	120
Gefrierschrank	840	120
Kleingeräte, Beleuchtung	270	-

Bild 68: Jährlicher Stromverbrauch eines gut ausgestatteten 4-Personen-Haushaltes

Neben dem Stromverbrauch der Beleuchtungsanlagen (nach Beleuchtungsstärke und Brenndauer) und der elektrotechnischen Ausstattung von Küchen und Bädern sind die lüftungstechnischen Anlagen und Aufzüge ein wesentlicher Faktor für den Stromverbrauch. Der Anschlusswert ist daher nicht gleich dem Verbrauchswert, da ein Gleichzeitigkeitsfaktor (*Bild 68*) berücksichtigt werden muß.

e. **Bedienung** (KG 5.5)

Je nach Nutzung und Installationsgrad fallen für betriebstechnische Anlagen Bedienungskosten an (z.B. Hausmeistertätigkeit für Heizungsregulierung).

f. **Wartung und Inspektion** (KG 5.6)

Wie bei den Bedienungskosten sind die Kosten für Wartung und Inspektion vom Installationsgrad und der Nutzung des Gebäudes abhängig. In Wohngebäuden fallen lediglich die Kosten für die Bedienung (ggf. einige Hausmeisterstunden), Gebühren für die Überwachung und Inspektion von Heizungs-, Lüftungs- und Aufzugsanlagen (Wartungsverträge) an, sowie ein geringer Kostenaufwand für allgemeine Verwaltungskosten.

g. **Verkehrs- und Grünflächen** (KG 5.7)

Verkehrsflächen wie Bürgersteige, Zufahrten, Parkplätze u.ä. werden in regelmäßigen Abständen gereinigt. Im Winter muß die für die Verkehrssicherheit erforderliche Schneeräumung für diese Bereiche erfolgen. Grünflächen mit ihren Bepflanzungen bedürfen der ständigen Pflege mit jahreszeitlich unterschiedlicher Intensität.

h. **Sonstiges** (KG 5.8)

- **Abfallbeseitigung**
Durchschnittlich fallen in Deutschland ca. 250 kg hausmüllähnliche Abfälle pro Einwohner und Jahr an. Da die Abfallbeseitigung nach dem Kostendeckungsprinzip (d.h. ohne Gewinnanteil) abgerechnet wird, sind die Kosten für die Sammlung und Beseitigung der Abfälle nach Art der Organisation und der Kippgebühren unterschiedlich.

- **Schornsteinreinigung**
Nach dem Schornsteinfegergesetz von 1969 wird die Reinigung öffentlich-rechtlich betrieben. Die Länder bestimmen durch Rechtsverordnung, welche Gebühren und Auslagen der Bezirksschornsteinfegermeister erhebt.

- **Versicherungen von Gebäuden und Grundstücken.**
Hierzu gehören die Prämien für Sach- und Haftpflicht-Versicherungen, sowohl für freiwillige als auch für Pflichtversicherungen bei privatrechtlichen oder öffentlich-rechtlichen Versicherungsträgern. Versicherungsarten: Versicherung gegen Feuer, Unwetter- oder Wasserschäden, Glasbruchversicherungen, Maschinenversicherungen, Haftpflichtversicherungen für Gebäude und Grundstücke sowie für bestimmte Einrichtungen (z.B. Aufzüge).

4.3.3 Bauunterhaltungskosten

In der DIN 18960 werden die Bauunterhaltungskosten unter der **Kostengruppe 6** zusammengefasst. Zu ihnen zählen die Gesamtheit der Maßnahmen zur Bewahrung und Wiederherstellung des Sollzustandes von Gebäuden und dazugehörenden Anlagen, jedoch ohne Kostengruppen 5.6 und 5.7.

Unter der Kostengruppe Bauunterhaltung sind keine Kosten für Nutzungsänderungen anzusetzen, jedoch Kosten für eine technische Verbesserung gegenüber dem ursprünglichen Zustand (Modernisierungsarbeiten). Außerdem gehören hierzu die Ersatzbeschaffung für zerstörte, beschädigte oder in Verlust geratene Anlagenteile sowie die Schönheitsreparaturen zur Bewahrung des Sollzustandes der Gebäude und der sonstigen Anlagen.

Der Kostenaufwand für die Erstellung eines Gebäudes muß im Zusammenhang mit seiner Lebensdauer gesehen werden. Bei einer angenommenen Lebensdauer von 80 Jahren kommt den erforderlichen Bauunterhaltungskosten eine besondere Bedeutung zu, da sie, abhängig von der Gebäudequalität, die Gesamtkosten in hohem Maße beeinflussen.

Eine Untersuchung der Hauptkostenanteile verschiedener Wohnbauten (*Bild 69*) macht deutlich, wie schnell sich der Kostenaufwand für Teilbereiche im Laufe der Nutzung umkehrt. Den höchsten Aufwand in der Bauunterhaltung erfordert die Haustechnik, was sowohl mit dem hohen Verschleiß als auch mit steigenden Anforderungen an den Wohnkomfort begründet werden kann. Noch stärker laufen diese Kostenanteile bei Gebäuden mit extrem hoher technischer Ausstattung (z.B. Krankenhäuser, Hochhäuser etc.) auseinander.

Doch nicht nur die einzelnen Bauwerke variieren in ihren erforderlichen Bauunterhaltungskosten. Die Beanspruchung der einzelnen Bauelemente bzw. Bauteile führt zu unterschiedlicher Lebensdauer bzw. zu häufigen oder seltenen Bauunterhaltungsmaßnahmen (*Bild 70*). Grundsätzlich kann davon ausgegangen werden, dass Bauteile oder -elemente, die eine hohe mechanische Beanspruchung erfahren, den höchsten Abnutzungsgrad aufweisen und damit die kürzeste Lebensdauer haben.

Bauleistungs-gruppen	Einfamilien-häuser 1 - bis 2 geschossig		Mehrfamilien-häuser 2 - bis 4 geschossig		Mehrfamilien-häuser 5 - bis 9 geschossig	
	BUK	BAK	BUK	BAK	BUK	BAK
Rohbau	49,8	26,9	44,9	16,9	44,6	13,9
Ausbau	31,3	58,2	32,6	66,0	30,5	51,2
Haustechnik	16,8	42,9	18,0	50,5	20,2	57,8
Sonstiges	2,1	5,1	4,5	7,1	4,7	7,3
Summe in %	100,0	133,6	100,0	140,5	100,0	130,2

Bild 69: Verhältnis von Bauunterhaltungskosten zu Erstellungskosten von Wohnhaustypen bei 80-jähriger Nutzungsdauer [20]

Bauwerksteile (Erstkosten, jeweils 100 %)	BUK in %
Mauerwerk, Beton, Stahlbeton	10
Betonwerkstein und Naturfliesen	20
Fliesen	20
Innenputz	32
Außenwandverkleidung	32
Stahlbauteile	48
Holzwerk	48
Türen	80
Estrich und Bodenbelag	100
Außenputz	130
Verglasung	144
Elektrische Installation, Antennen und Blitzschutz	160
Dacheindeckung	170
Fenster	200
Heizung und Lüftung	200
Dachentwässerung und Blechabdeckung	240
Aufzüge	260
Sanitäre Installation	265
Anstriche	600

Bild 70: Anfallende Bauunterhaltungskosten (BUK) in % der Bauteilerstellungskosten bei 80-jähriger Nutzungsdauer [21]

4.4 Finanzierung

Der Finanzierungsplan dient der Aufrechterhaltung des finanziellen Gleichgewichts zwischen entstehenden Kosten (Gesamtkosten) und den erforderlichen Finanzierungsmitteln. Man unterscheidet zwischen:

- Innenfinanzierung (Eigenfinanzierung, Eigenmittel, Eigenleistung)
- Außenfinanzierung (Fremdfinanzierung, Fremdmittel, Kreditfinanzierung).

4.4.1 Eigenfinanzierung/Fremdfinanzierung

Die Eigenfinanzierung (Finanzierung mit Eigenmitteln) kann nach folgenden Merkmalen gegliedert werden:

a. Geldmittel
- Bargeld, Sparguthaben bei Banken
- eingezahlte Bausparguthaben (Bausparvertrag)

b. Wert aus Sach- und Arbeitsleistungen
- Wert von eingebrachten Baustoffen, Baumaterialien
- Wert an eingebrachten Arbeitsleistungen (Selbsthilfe, Verwandten-und Nachbarschaftshilfe)
- Wert an eingebrachter Arbeitsleistung, an berufsbezogener Arbeit (Planungsleistungen, gewerbliche Leistungen mit eigenen Arbeitern)

c. Wert des eigenen Baugrundstücks
- erschlossenes oder nicht erschlossenens Grundstück
- Wert an zu verwendenden Bauwerksteilen (Gebäudeerweiterung, Umbau, Ausbau)

d. Barzahlungsnachlässe
- Skonto bei Material-und Leistungslieferung
- Rabatte bei mengenmäßigen Großeinkäufen von Baustoffen und Geräten

e. Rentenabfindungen
- kapitalisierte Rentenansprüche
- sonstige Versicherungen (z.B. kapitalisierte Lebensversicherungen), ggf. laufende Beitragszahlungen fallen jedoch unter Fremdfinanzierung
- Beschädigte, die mind. 21 Jahre alt sind, aber das 55. Lebensjahr noch nicht vollendet haben, können die Grundrente kapitalisieren

Die Fremdfinanzierung (Finanzierung mit Fremdmitteln) unterteilt sich in drei Hauptgruppen:

- Kreditfinanzierung
- rechtliche Sicherung
- Hypothek und Grundschuld.

4.4.2 Kreditffinanzierung

Zur Klärung der Finanzierung über Fremdmittel gehört eine Festlegung der in Anspruch zu nehmenden Kreditform. Grundsätzlich muß unterschieden werden:

- **Sachkredite :**
  Der Kreditgeber gewährt einen Kredit an Sachwerten; dieser kann als **Lieferantenkredit** z.B. Materialien, Halbfertigzeuge oder Fertigprodukte beinhalten oder als **Naturalkredit** gewährt werden.
- **Geldkredite:**
  Der Kreditgeber gewährt einen Kredit an Geld als Darlehen oder für Anzahlungen auf die Lieferung einer bestimmten Ware oder Leistung.
- **Kreditleihe:**
  Der Kreditgeber gewährt weder Sachwerte noch Geld, sondern Sicherheiten, mit denen ggf. Sach- oder Geldkredite aufgenommen werden können (Avalkredit).

Eine Kreditfinanzierung kann nach folgenden Merkmalen gegliedert werden:

a. Bankkredit:
- Kontokorrentkredit: Verbindung zweier Geschäftspartner (davon i.A. ein Partner: Bank), bei der die beidseitigen Leistungen und Forderungen in Form eines Kontos gegenübergestellt und regelmäßig abgerechnet werden (Überziehungskredit)
- Darlehen (Hypotheken, Grundschulden)
- Wechselkredit (Diskont- oder Akzeptkredit)
- Lombardkredit (Verpfändung von Wertpapieren, Wechsel und Waren).

b. Kredit von Privatpersonen und Betrieben
- Darlehen
- Schuldscheindarlehen (Beweisurkunde, Finanzierung oft durch Versicherungen, Sicherung meist durch erststellige Grundschuld)
- Obligationen (Industrieobligationen der öffentlichen Hand).

c. Lieferantenkredit
- Kaufpreisstundung;

d. Kundenkredit
- Anzahlungen (Mietvorauszahlungen);

4.4.3 Fremdfinanzierung durch rechtl. Sicherung

a. Schuldrechtliche Sicherung

- Bürgschaft und Garantien bei einer Bank durch einen Avalkredit:
Die Bank übernimmt für einen Kunden bis zu einer vereinbarten Höhe eine Bürgschaft oder eine Garantie (z.B. Leistungserbringungsbürgschaft, Erfüllungsbürgschaft, Sicherheitsbürgschaft).
- Forderungsabtretung muß vertraglich zugesichert sein.

b. Sachrechtliche Sicherung

- Grundpfandrechte
- bewegliche Pfandrechte
- Sicherungsübereignung
- Eigentumsvorbehalt

4.4.4 Hypothek und Grundschuld

Soll eine Finanzierung langfristig angelegt werden, empfiehlt sich eine Finanzierung mit grundbuchrechtlicher Sicherung. Dabei muß zwischen Grundschuld und Hypothek unterschieden werden. Bei einer **Hypothek** hat der Gläubiger eine persönliche Forderung gegenüber dem Schuldner, die durch die Haftung mit dem Grundstück gesichert ist. Der Schuldner haftet jedoch auch mit seinem sonstigen Vermögen. Bei einer **Grundschuld** haftet der Schuldner ausschließlich mit seinem Grundstück.

a. Grundbuch

Im Grundbuch sind neben dem Namen des zuständigen Amtsgerichts, der Bezeichnung der Gemarkung sowie der Band- und Blattnummer folgende Eintragungen festgehalten:

1. laufende Nummer der Grundstücke
2. bisherige laufende Nummer der Grundstücke
3. Bezeichnung der Grundstücke und der mit dem Eigentum verbundenen Rechte; Gemarkung, Flur, Flurstück, Liegenschaftsbuch, Wirtschaftsart
4. Größe (ha, a, qm)
5. laufende Nummer der Grundstücke
6. Bestand und Anschreibungen ...
7. ... zur laufenden Nummer der Grundstücke
8. Abschreibungen

b. Abteilung I:

formelle Eintragung bezüglich des Eigentümers/der Eigentümer (Name, Wohnort, Geburtsdaten)

c. Abteilung II:

Eintragung von Belastungen Dritter, außer Hypotheken, Grund- und Rentenschulden (z.B. Dienstbarkeiten, Nießbrauchrechte, Dauerwohnrechte, Erbbaurecht, Beschränkung des Verfügungsrechts des Eigentümers)

d. Abteilung III:

Eintragung von Hypotheken, Grundschulden und Rentenschulden

e. Rangverhältnis

Die Eintragungen im Grundbuch erfolgen in der Reihenfolge der Anträge. Diese Rangfolge ist maßgebend für den wirtschaftlichen Wert oder die Sicherheit des Rechts.

f. Erststellige Hypotheken

Die erststelligen Hypotheken sind in Abteilung III des Grundbuchs am 1. Rang eingetragen, sind marktüblich zu verzinsen und mit 1 bis 2 % jährlich zu tilgen. Die Laufzeit des Hypothekendarlehens richtet sich je nach Höhe der **Annuitäten** (Zinsen und Tilgung).

Bei sogenannten Tilgungshypotheken bleibt der Betrag für Zinsen und Tilgung konstant (*Bild 71a, b*):

Bei gleichbleibendem Gesamtrückzahlungsbetrag von 2.000,-DM/Jahr verringert sich die Resthypothek pro Jahr um 200,-DM (Tilgung).

Der Auszahlungskurs eines Hypothekendarlehens entspricht im Allgemeinen nicht der bewilligten Hypothekenhöhe. Der Prozentsatz, welcher für Verwaltungskosten, Schätzungsbeträge und bereits fällige Zins- und Tilgungsbeträge zu zahlen ist (Disagio), ergibt einen effektiven Zinssatz.

Bei einem Normalzinssatz von 8 % und einem Auszahlungskurs von 90 % (Disagio = 10 %) beträgt der Effektivzins 9,19 % bei einer Laufzeit von 28,6 Jahren und einem Normaltigungssatz von 1 % (*Bild 71c*).

Kosten und Finanzierung

Der Effektivzinssatz wird bestimmt von Nominalzinssatz, Auszahlungskurs, Laufzeit und Tilgungssatz. Die Vereinbarung eines Darlehens mit konstanter Annuität führt - wenn die Annuität einen Tilgungsanteil enthält - zu einer progressiven Tilgung, da sich der Zinsanteil infolge des abnehmenden Restdarlehens jährlich verringert (Bild 72).

g. Nachrangige Hypotheken

- landesverbürgtes Darlehen (lb-Hypotheken), zusätzliche Sicherung durch Landesbürgschaft, somit abgesichert wie eine erstrangige Hypothek;
- Hypotheken aus Bausparkassen-Darlehen;

Beispiel :	Hypothek	=	20.000,00 DM
	Zinssatz 9%	=	1.800,00 DM
	Tilgung 1%	=	200,00 DM
	Annuität	=	2.000,00 DM

Bild 71a: Tilgungshypotheken

Zinssatz/Jahr	1%	2%
8%	29 Jahren	21 Jahren
9%	27 Jahren	20 Jahren

Bild 71b : Tilgungszeit einer erststelligen Hypothek

Zinssatz	Laufzeit Jahren	Auszahlungskurs in %				
		90	92	94	96	98
8%	28,6	9,19	8,94	8,69	8,45	8,22
9%	26,7	10,31	10,03	9,76	9,49	9,24

Bild 71c: Effektivzinssatz bei 1% Nominaltilgung

h. Laufzeiten

- kurzfristige Kredite
  bis zu 90 Tagen, teilweise bis zu 360 Tagen Laufzeit; die Abgrenzung zu den mittelfristigen Krediten ist fließend;
- mittelfristige Kredite
  über 90 Tage, über 360 Tage, bis zu 4 Jahren Laufzeit;
- langfristige Kredite
  über 4 Jahre Laufzeit;

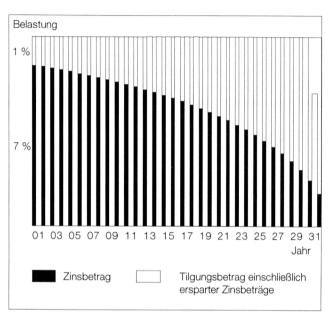

Bild 72: Tilgungsverlauf eines Darlehens mit konstanter Annuität [22]

Leistungsphase nach HOAI	Kostenermittlung	Finanzierungsplanung
Grundlagenermittlung	Kostenrahmen (Klären der Aufgabenstellung)	überschlägige Prüfung, ob Bauwunsch finanzierbar
Vorplanung	Kostenschätzung auf der Basis eines Planungskonzepts mit skizzenhaften, zeichnerischen Darstellungen	vorläufige Grundlage für Finanzierungsüberlegungen, Aufstellen eines Finanzierungsplans
Entwurfsplanung	Kostenberechnung auf der Basis eines vollständigen Entwurfs	Grundlage für die erforderliche Finanzierung; ggf. Darlehensantrag stellen, Konditionen aushandeln und fixieren
Mitwirkung bei der Vergabe	Kostenanschlag auf der Basis verbindlicher Unternehmerangebote	Festschreibung der Finanzierung, spätestens jetzt Darlehensverträge abschließen
Objektüberwachung	Kostenfortschreibung Kostenkontrolle und Kostenfeststellung	bei Bausummenüberschreitung Nachfinanzierung

Bild 73: Finanzierungsplan innerhalb der HOAI [23]

4.4 Finanzierungsplan
4.5 Wirtschaftlichkeitsberechnung

4.4.5 Finanzierungsplan

Die HOAI sieht die Erstellung eines Finanzierungsplans als besondere Leistung an, da es sich hier weitestgehend um eine Bauherrenaufgabe handelt (*Bild 73*).

Mit einem Finanzierungsplan werden alle zur Verfügung stehenden Finanzierungsmittel (einschließlich der damit verbundenen Zins-und Tilgungszahlungen), Eigenleistungen und Baukostenzuschüsse oder Mietvorauszahlungen aufgelistet, um zu überprüfen, ob die Realisierung eines Bauvorhabens ausreichend abgesichert ist.

Ein vollständiger Finanzierungsplan besteht aus drei Teilen (*Bild 74*):

- Ermittlung des Kapitalbedarfs
- Zusammensetzung der Finanzierungsmittel mit dem Nachweis der Deckung des Kapitalbedarfs
- Ermittlung der monatlichen Belastung.

Bei der Ermittlung des Kapitalbedarfs können zunächst nur die Gesamtkosten ohne Disagio erfaßt werden. Das Disagio, das jedoch einen Teil des Kapitalbedarfs darstellt, muß mitfinanziert werden, d.h. die Summe der Nominalbeträge aller Finanzierungsmittel muß die Gesamtkosten einschließlich Disagio abdecken.

Bei der monatlichen Belastung kommt es darauf an, nicht nur die Anfangsbelastungen zu ermitteln, sondern auch die Veränderungen z.B. durch Zuteilung eines Bausparvertrages oder reformierter Steuervorteile zu berücksichtigen.

Ein weiteres Problem stellt sich beim Finanzierungsplan bei der Frage, zu welchem Zeitpunkt welche Finanzmittel zur Verfügung gestellt werden können. Eine sinnvolle Finanzierung muß deshalb den Planung- und Baufortschritt berücksichtigen, um bereitgestellte Gelder, für die täglich Zinszahlungen anfallen, sofort einsetzen zu können.

Finanzierungsmittel	Konditionen (%) a) Auszahlungskurs b) Zinssatz c) Tilgungssatz	Nominal-betrag	Disagio	Auszahlungs-betrag	monatliche Belastung		
					1.-8. Jahr	9.-11. Jahr	12.-31. Jahr
Hypothekendarlehen	a) 90,0 b) 7,0 * c) 1,0	207.000	20.700	186.300	1.380	1.380	1.380
Bauspardarlehen	a) 100,0 b) 5,0 c) 7,0	30.000	-	30.000	300	300	-
öffentliche Darlehen	a) b) c)						
sonstige Darlehen	a) b) c)						
Eigenmittel - Bargeld/Spargutshaben - Grundstück (Eigentum) - Selbsthilfe		20.000 50.000 10.000	- - -	20.000 50.000 10.000	- - -	- - -	- - -
Summe Über-/Unterdeckung		317.000 + 300	20.700	296.300 + 300	1.680	1.680	1.380
Aufwendungszuschuss Steuervorteil					450	-	-
effektive Belastung					1.230	1.630	1.380

* ohne Zinsanpassung

Bild 74: Finanzierungsplan [24]

Kosten und Finanzierung

4.5 Wirtschaftlichkeitsberechnung

4.5.1 Anwendungsbereich

Bei einer Wirtschaftlichkeitsberechnung im Bauwesen handelt es sich i.d.R. um eine Investitionsrechnung, bei der die gesamten Aufwendungen für Erstellung und Betrieb eines Bauvorhabens mit den voraussichtlich zu erzielenden Erträgen verglichen werden.

Wenn öffentliche Mittel für Projekte bereitgestellt werden, liegen sogar gesetzliche Regelungen über die Notwendigkeit der Erstellung vor.

Bei folgenden Voraussetzungen wird eine Wirtschaftlichkeitsberechnung nach der "Verordnung über wohnungswirtschaftliche Berechnungen (Zweite Berechnungsverordnung - II.BV) gefordert, wenn

- die Wirtschaftlichkeit, Belastung, Wohnfläche oder der angemessene Kaufpreis für öffentlich geförderten Wohnraum bei Anwendung des zweiten Wohnungsbaugesetzes oder Wohnungsbindungsgesetzes zu berechen ist;

- die Wirtschaftlichkeit, Belastung oder Wohnfläche für steuerbegünstigten oder frei finanzierten Wohnraum bei Anwendung des zweiten Wohnungsbaugesetzes zu berechnen ist;

- die Wirtschaftlichkeit, Wohnfläche oder der angemessene Kaufpreis bei Anwendung der Verordnung zur Durchführung des Wohnungsgemeinnützigkeitsgesetzes zu berechnen ist.

Weiterhin prüfen Kreditgeber i.d.R. anhand einer Wirtschaftlichkeitsberechnung ihr Risiko bei der Finanzierung größerer Bauvorhaben, bzw. ob der Schuldner in der Lage ist, die zur Verfügung gestellten Geldmittel einschließlich Zinsen in der vereinbarten Frist zurückzuzahlen. Nach der HOAI zählt die Erstellung einer Wirtschaftlichkeitsberechnung zu den besonderen Leistungen, stellt jedoch im Zuge kostenbewußterer Planungsanforderungen einen immer wichtiger werdenden Leistungsbereich dar.

4.5.2 Aufwendungen und Erträge

Voraussetzung für die Erstellung einer Wirtschaftlichkeitsberechnung ist die Zusammenstellung aller Aufwendungen wie der Baukosten (vgl. Kap.4.2), der Baunutzungskosten (vgl. Kap.4.3) und der Finanzierungskosten (vgl. Kap.4.4). Dem gegenübergestellt werden die (zu erwartenden) Erträge aus Pacht- und/oder Mieteinnahmen, die in Geldwert umgesetzte Eigennutzung und sonstige Vergütungen oder Steuervorteile (Bild 75).

Ziel dieser Berechnung ist die Bestimmung einer monatlichen Belastung bzw. eines monatlichen Ertrages unter Festlegung eines Gesamtzeitraumes, der sich in der Regel nach der Finanzierungsdauer, den steuerlichen Abschreibungen und dem Nutzwert richtet.

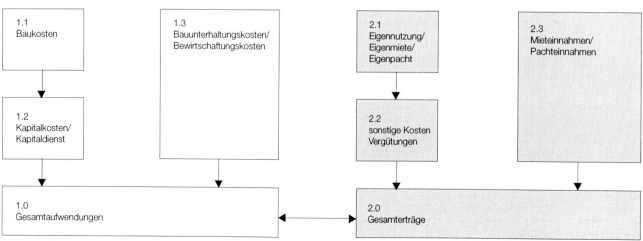

Bild 75: Gegenüberstellung Aufwendungen / Erträge

5.1 Terminplanung

Den dritten entscheidenden Bereich der Projektrealisierung bildet neben der Bestimmung der Kosten und Qualitäten die Einschätzung der **Termine** für Planung und Ausführung.

Das Ziel der organisierten Termin- und Ablaufplanung besteht darin, den Arbeits- und Zeitaufwand immer in Relation zu den vorgenannten Faktoren (Kosten und Qualität) zu setzen und je nach Anforderung zu gewichten. Außerdem stellt sich bei allen anfänglichen Projektüberlegungen immer die Frage, mit welchen Mitteln die Projektziele umgesetzt werden sollen. Gerade bei produktbezogenen Projekten wie der Herstellung von Gütern oder Bauwerken erhält die Art und Weise der Erzeugung eine zunehmende Bedeutung.

5.1.1 Grundlagen der Terminplanung

Die Aufgaben und Vorgänge in den Bereichen Wirtschaft und Technik sind in den letzten Jahrzehnten so umfangreich und komplex geworden, daß eine Produktionsbeschleunigung durch gesteigerte Arbeitsproduktivität nur noch selten zu höherer Effizienz führt.

Steigende Löhne, technischer Fortschritt und immer größer werdende Bauaufgaben bewirken einen Übergang vom lohnintensiven Handwerksbetrieb zum maschinenintensiven Industriebetrieb, um eine stärker werdende Nachfrage innerhalb kürzester Zeit abzudecken.

Gegenüber dem Handwerksbetrieb unterscheidet sich die industrielle Fertigung durch zwei Merkmale: Einmal durch eine weitestgehende **Arbeitsteilung**, die auf verschiedensten Gebieten des Bausektors zur Vorfertigung von Bauelementen in stationären Betriebsstätten und zu leistungsfähigen Montageweisen geführt hat.

Das zweite Merkmal der industriellen Fertigung besteht darin, daß durch eine **detaillierte Planung** der Einsatz des Potentials einer Unternehmung bis in wesentliche Einzelheiten vorgedacht und überwacht wird. Im Bauwesen wurde die Planung des Bauablaufs im Rahmen der industriellen Fertigung bereits zu einer Notwendigkeit.

Daraus resultiert für besonders komplexe Unternehmungen, zu denen Bauwerke zählen können, die Forderung nach einer gut organisierten Vorbereitung (Planung der Planung).

5.1.2 Termine der Planungszeit
(Planung der Planung)

Durch die Planung der Planung wird der äußere Rahmen für den Entscheidungsprozeß der Planung festgelegt. Sie umfaßt das Bilden von Planungsinstanzen, die Festlegung der zu verwendenden Planungsmethoden, die Ermittlung der zu beachtenden Planungsdeterminanten, sowie die Ermittlung des Zeitbedarfs der gesamten Planung.

Mit Planung wird geklärt, was ausgeführt werden soll (**Zielplanung**), mit welchen Mitteln dies erreicht werden soll (**Mittelplanung**) und auf welche Weise die Mittel zum Erreichen des Zieles eingesetzt werden sollen (**Wegplanung**).

Eine entscheidende Bedeutung kommt dabei dem Parameter **Zeit** zu. Die Ablaufplanung (sie umfaßt die oben genannte Ziel-, Mittel- und Wegplanung) dient der Koordination und Überwachung eines Bauvorhabens von der Entwurfskonzeption über die Ausführungsplanung bis hin zur Ingebrauchnahme des Werkes, um den störungsfreien Projektablauf zu gewährleisten. Daraus ergeben sich folgende Voraussetzungen:

a. Unterscheidung in Technologie der Teilprozesse und Planung des Bau- und Montageablaufs
b. Erkennen aller Einflussgrößen sowie Definition ihrer Größe am Gesamtergebnis
c. Anwendung mathematisch-statistischer Methoden als Vergleichsberechnung zur Verringerung des Risikos.

Durch Störungen können Veränderungen sowohl bei den Teilprozessen (z.B. werksseitige Herstellung von Bauteilen) als auch beim Bau- und Montageablauf auftreten. Diese Störungen können prinzipiell durch den Einsatz von Reserven (z.B. kurzfristig zusätzlich eingesetzte Arbeitskräfte) aufgefangen werden, wobei aus ökonomischen Gründen die Bereitstellung dieser Reserven nur begrenzt möglich und sinnvoll erscheint.

Im Gegensatz zu dieser **passiven Reaktion** auf Störungen sollte eine **aktive Gegenwirkung** angestrebt werden, d.h. Schaffung von Reserven **möglicher Verhaltensweisen**. Daraus resultiert die Forderung, daß der Ablaufplan kein starres, unveränderbares Gebilde sein darf. Vielmehr muß er unter Beibehaltung der Zielvorstellung (z.B. Fertigstellungstermin) dynamisch und flexibel genug sein, um Abweichungen von der ursprünglichen Strategie durch Erarbeitung einer der veränderten Situation angepassten **optimalen Strategie** zu ermöglichen.

Es wird versucht, im Voraus den Einfluss von Störgrößen und damit die Veränderung zu erfassen, des weiteren festzulegen, welche Maßnahmen zur Vermeidung dieser Störungen einzuleiten sind. Bei Entscheidungsmodellen werden an den Störstellen die möglichen Gegenmaßnahmen genannt. Der Forderung nach Dynamik und Flexibilität trägt die Methode der Netzwerktechnik (Netzplantechnik) Rechnung. Kritische Vorgänge können im Voraus erkannt und entschärft werden.

5.1.3 Termine der Ausführungszeit (Bauablaufplanung)

Mit der zeitlichen Planung des Bauvorgangs werden komplexe Abläufe verdeutlicht, die über die logischen bzw. technologisch bedingten Zusammenhänge von Einzelvorgängen (Tätigkeiten) und die Reihenfolge der durch sie bewirkten Ereignisse eine Orientierung ermöglichen.

Unabhängig von der Darstellungsart sind zur Aufstellung eines Ablauf- oder Zeitplans bestimmte Vorarbeiten erforderlich, die in drei Stufen zusammengefasst werden können:

- in der **1. Stufe** wird das Gesamtprojekt in die zur Ausführung erforderlichen Einzeltätigkeiten zerlegt;
- in der **2. Stufe** werden die Zeitdauern geschätzt und daraus die entsprechenden Termine berechnet. Hierbei erfolgt die Darstellung des kritischen Weges (vgl. Kap. 5.4.6.);
- in der **3. Stufe** werden Kostenelemente in das System integriert und Zusammenhänge zwischen Projektabschluß- und Projektkosten analysiert.

Notwendige Voraussetzung zur Aufstellung eines Ablaufplans ist die Bearbeitung der Ausführungstechnologie als Grundlage zur technisch sinnvollen Aufteilung in Teilarbeiten.

Ein Hauptziel des Ablaufplans besteht darin, ihn ständig aktuell zu halten (Kontrollfunktion), sodass während der Projektdauer der gewünschte Genauigkeitsgrad der geplanten Termine eingehalten werden kann (Bild 76). Hierzu bestehen zwei Grundbedingungen:

1. Der Plan muß dynamischen Charakter haben und eine Vielzahl von Störungen abfangen bzw. umleiten können (Störreserven in Form von alternativen Verhaltensweisen).
2. Der Plan muß ständig hinsichtlich seiner Aktualität überprüft werden, um die strategische Konzeption ggf. korrigieren zu können.

5.1 Terminplanung

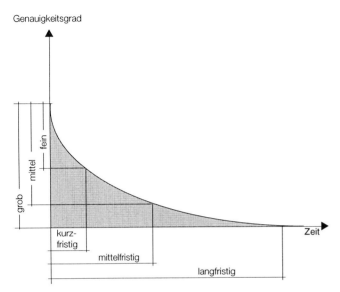

Bild 76: Abhängigkeiten von Genauigkeitsgrad und Planungsfristen

5.1.4 Handwerklicher und industrieller Bauablauf

Für beide Verfahren besteht das Hauptproblem in der zeitlichen Koordinierung der Fertigungsabläufe. Um die unterschiedlichen Abläufe zu definieren, wird davon ausgegangen, daß die im Folgenden betrachteten Abläufe bei der handwerklichen Fertigung und bei der industriellen Herstellung vom Grundsatz her gleich sind:

a. Ablaufdefinition

Zur Definition wird festgelegt, daß die Tätigkeiten 1 bzw. 2 abgeschlossen sein müssen, bevor die Tätigkeiten 2 bzw. 3 begonnen werden können. Darüber hinaus kann jede Tätigkeit in drei Tätigkeitsstufen unterteilt werden (Bild 77).

Häufig bilden Herstellung und Montage bei der handwerklichen Methode einen einheitlichen Vorgang (z.B. Verputzen).

Als Beispiel für die Trennung in Herstellung (Th) und Montage (Tm) bei der handwerklichen Methode kann die Fertigung von werkstattgefertigten (industriellen) Fenstern angesehen werden (Bild 78). Hierbei gilt:

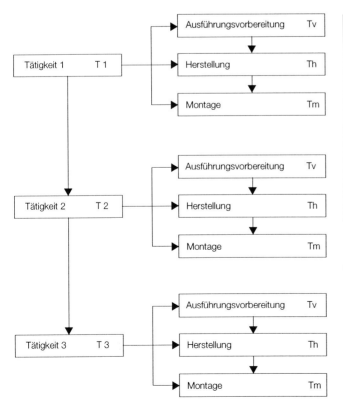

Tätigkeitsstufen	Bearbeitungsabschnitte der	
	handwerkl. Methode	industriellen Methode
Ausführungs-vorbereitung Tv	Ausführungsplanung Massenermittlung Ausschreibung Auftragsvergabe	Ausführungsplanung Ausschreibung Auftragsvergabe Arbeitsvorbereitung Fertigungsplanung
Herstellung Th	Aufmaß Materialvorbereitung Ausführung / Herstellung	Fertigung Transport zur Einbau-stelle
Montage Tm	Ausführung bzw. Montage	Montage auf der Baustelle

Bild 78: Ablaufvergleich zwischen handwerklicher und industrieller Methode (dabei fällt auf, dass der Schwerpunkt der Tätigkeit nach handwerklicher Methode vor Ort liegt und damit stärkeren Umwelteinflüssen ausgesetzt ist, während bei der industriellen Methode bereits in der Vorbereitungszeit der größte Teil der Leistung erbracht ist) [26]

Th = Aufmaß, Materialvorbereitung, Fertigung
Tm = Einbau an der Baustelle und Einglasen

Bild 77: Ablaufdefinition [25]

b. Ablauforganisation

Grundsätzlich sollten folgende Abhängigkeiten der einzelnen Tätigkeitsstufen gelten (*Bild 79*):

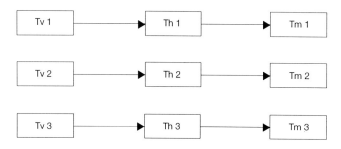

Bild 79: Abhängigkeiten von Tätigkeitsstufen [27]

Bei der handwerklichen Methode muß eine vorangegangene Tätigkeit abgeschlossen sein, da sie als Grundlage des Aufmaßes für die nachfolgende Tätigkeit gilt. Daraus ergibt sich folgende Abhängigkeit (*Bild 80*):

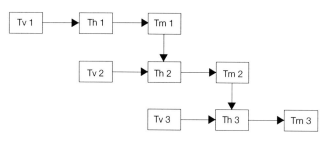

Bild 80: Abhängigkeiten in der handwerklichen Fertigung [28]

Bei der industriellen Fertigung besteht nur die Bedingung, daß die Montageschritte hintereinander ablaufen (*Bild 81*):

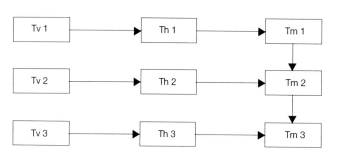

Bild 81: Abhängigkeiten bei der industriellen Fertigung [29]

c. Ablaufdauern

Die Ablaufdauern für die einzelnen Tätigkeitsstufen (Tv 1, Th 1, Tm 1, Tv 2, usw.) werden in Zeiteinheiten (T) ausgedrückt. Diese Zeiteinheiten können definiert werden als:

AH = Arbeitsstunden
AT = Arbeitstage
AW = Arbeitswochen (= 5 AT)
AM = Arbeitsmonate (= 20 AT)
AJ = Arbeitsjahr (ca. 230 AT)

Überwiegend erfolgt die Definition in Arbeitstagen (AT). In *Bild 82* werden für die handwerkliche und die industrielle Methode unterschiedliche Teildauern angenommen. Dabei ist zu beachten, daß die Zeiteinheit (T) als Einzeladdition der Tätigkeitsstufen nicht gleich Ausführungszeit ist.

Tätigkeit	Tätigkeitsstufe	Methode handwerklich	industriell
T 1	Tv 1 Th 1 Tm 1	t = 20 20 8	t = 40 10 5
		48	55
T 2	Tv 2 Th 2 Tm 2	25 20 4	35 4 2
		49	41
T 3	Tv 3 Th 3 Tm 3	30 25 12	50 12 6
		67	68
		t ges = 164	t ges = 164

Bild 82: Ablaufdauern

d. Ablaufdiagramme

Die Ablauforganisation wird unter Berücksichtigung der Ablaufdauern in Ablaufdiagrammen dargestellt. Dabei kann man grundsätzlich unterscheiden:

- Balkendiagramme, Gantt-Diagramme
- Geschwindigkeitsdiagramme, Mengen-Zeit-Diagramme; Weg-Zeit-Diagramme
- Netzwerke, Netzpläne.

5.2 Lineare Darstellungsmethoden

5.2.1 Balkendiagramme, Gantt-Diagramme

a. Balkendiagramme (auch Balkenpläne genannt) werden im Baubetrieb vor allem für Bauarbeiten ohne ausgeprägte Fertigungsrichtung zur graphischen Darstellung des Terminplans eines Bauablaufs angewendet (*Bild 83,84*).

In einem Koordinatennetz werden auf der Vertikalen die Arbeitsabschnitte, auf der Horizontalen wird die Zeit dargestellt. Normalerweise werden dabei die verschiedenen Vorgänge in einzelnen Zeilen untereinander aufgezeichnet. Am Anfang jeder Zeile können sowohl die genaue Bezeichnung des Vorgangs, seine laufende Nummer, als auch seine Dauer u.a. eingetragen werden (Balkenplan ohne Darstellung der Abhängigkeiten).

Es besteht aber auch die Möglichkeit, Beziehungen zwischen den Vorgängen graphisch darzustellen, wobei die Anordnung der Vorgänge so verändert werden muß, dass die Gesamtdarstellung übersichtlich bleibt (Balkendiagramm mit Darstellung der Abhängigkeiten).

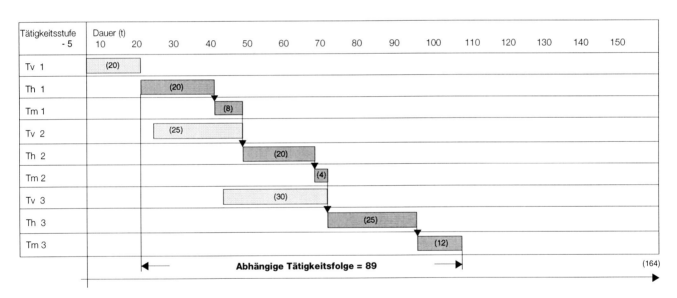

Bild 83: Balkendiagramm bei "Handwerklicher Ausführungsmethode"

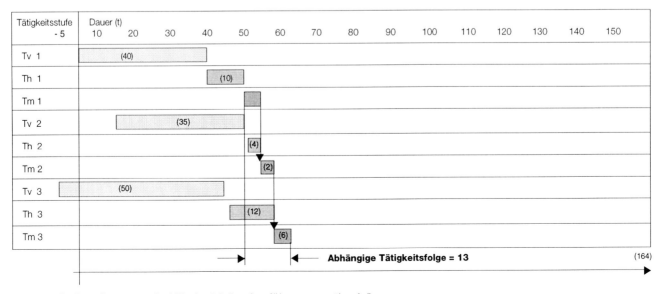

Bild 84: Balkendiagramm bei "Industrieller Ausführungsmethode"

Termine und Kapazitäten

Der Vorteil des Balkendiagramms besteht darin, dass es leicht lesbar ist und die Darstellungsweise **zeitproportional** erfolgt. Wegen der Übersichtlichkeit des Ge-samtablaufs eignet es sich besonders für Kapazitätsplanungen. Aus diesem Grund werden Netzpläne oft nachträglich in Balkenpläne umgewandelt, damit erforderliche Kapazitätsausgleiche erkannt und durchgeführt werden können (Bild 92).

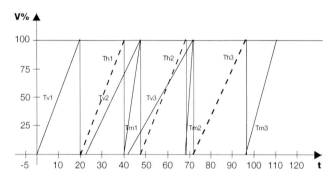

Bild 85: Geschwindigkeitsdiagramm bei handwerklicher Ausführungsmethode

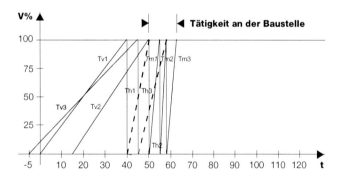

Bild 86: Geschwindigkeitsdiagramm bei industrieller Ausführungsmethode

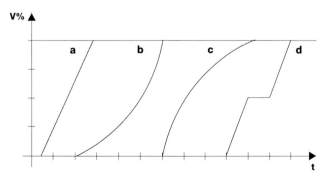

Bild 87: Leistungskurven (a. linearer Leistungszuwachs, b. Leistungsbeschleunigung, c. Leistungsabfall, d. Leistungsunterbrechung)

Um den tatsächlichen Stand der Bauarbeiten darzustellen, kann eine weitere Linie bzw. Balken unter jeder Vorgangszeile eingefügt werden, in der die Dauer derjenigen Vorgänge eingetragen sind, die zu einem bestimmten Zeitpunkt bereits abgeschlossen sind (Kontroll-Check).

5.2.2 Geschwindigkeitsdiagramme

Geschwindigkeitsdiagramme besitzen neben der Zeitachse eine weitere Koordinate für die Produktionsmenge (absolut oder in Prozenten), sie werden für folgende Abläufe eingesetzt:

a. Produktionsgeschwindigkeiten (Bauablaufgeschwindigkeiten)

b. zeitliche und räumliche Abstände von Bautätigkeiten

c. räumliche Abläufe von Bautätigkeiten

Geschwindigkeitsdiagramme eignen sich besonders zur Ablaufplanung von Bauprojekten mit ausgeprägter linearer Fertigungsrichtung, bei denen die Arbeitsgeschwindigkeit und die Abstände der einzelnen Tätigkeiten für die Planung besonders wichtig sind (z.B. Tunnelbau, Straßen, Pipelines, Hochhausbau etc.). Die einzelnen Tätigkeiten ergeben Verhältniswerte zum Zeitablauf (meist Geraden), deren Steigungen den Arbeitsfortschritt - also die Arbeitsgeschwindigkeit - angeben (Bild 85/86).

Auch bei den einzelnen Leistungsbereichen läßt sich der Baufortschritt mit Hilfe dieser Diagramme kontrollieren. Je nach Abhängigkeit (Einarbeitungszeit, witterungsbedingte Unterbrechung etc.) können sich die sonst linear verlaufenden Prozesse in Kurven oder nichtlineare Verlaufsbilder verändern (Bild 87).

5.3 Netzwerktechnik

Netzwerke dienen der Planung, der Durchführung und der Kontrolle von Arbeitsabläufen jeglicher Art. Sie unterscheiden sich von den bereits genannten Verfahren (Balken- oder Geschwindigkeitsdiagramme) durch zwei Faktoren:

a. die graphische Darstellung des gesamten Projektablaufs wird von der Zeitbestimmung für die Einzelvorgänge (Tätigkeiten) getrennt;

b. die Abhängigkeiten zwischen den Tätigkeiten werden graphisch dargestellt. Die zeitliche Festlegung des Projektablaufs wird nicht graphisch, sondern rechnerisch ermittelt.

5.3 Netzwerktechnik

Zu den Vorteilen des Netzwerks gehört, dass es die Ablaufstruktur eines Projekts aufgrund der Abhängigkeitsbeziehungen seiner Vorgänger visualisiert. Da alle Abhängigkeiten der verschiedenen Tätigkeiten darzustellen sind, ist es notwendig, den gesamten Bauablauf vor der Projektrealisierung genau zu durchdenken (Planspiel).

Aufgrund dieser Methode des Aufstellens und Berechnens werden Engpässe und kritische Stellen, die den Baufortschritt verzögern könnten, zwangsläufig erkannt. Die Durchführung kann auf diese kritischen Stellen ausgerichtet werden.

Aus einem Netz können neben dem zeitlichen Ablauf des Projektes auch die Zeitreserven seiner Vorgänge bestimmt werden. Außerdem läßt sich mit einem Netzwerk eine günstige Ablauffolge bei vernünftigem Planungsaufwand finden; Kapazitäts- und Kostenplanungen sind damit möglich.

Durch das Erfassen aller Abhängigkeiten wird eine Koordination aller am Bau Beteiligten (Bauherr, Sonderfachleute, Unternehmer) wie auch eine Koordination innerhalb einer Firma möglich, wobei gleichzeitig Verantwortungen für Terminüberschreitungen offengelegt werden. Störungen und Änderungen im Bauablauf und ihre Auswirkungen auf nachfolgende Arbeiten können so erkannt, verfolgt und für den weiteren Ablauf berücksichtigt werden.

Die Nachteile des Netzwerks liegen im Fehlen einer graphischen Darstellungsmöglichkeit der Zeitdauern; es bezieht sich lediglich auf die technisch-logischen Abhängigkeiten; ihm fehlen damit die Vorteile des Balkendiagramm.

5.3.1 Grundlagen

Jedes Projekt setzt sich aus verschiedenen Teilarbeiten zusammen, somit kann auch jedes Objekt in entsprechende Teilarbeiten zerlegt werden. Verbindet man diese Teilarbeiten nach technologischen und kapazitativen Gesichtspunkten, sodass jede Teilarbeit unmittelbar mit der ihr vorangegangenen verknüpft wird, entsteht daraus ein Netz (Netzwerk).

Bei der Festlegung der Reihenfolge von Teilprozessen treten in Abstimmung mit der zur Verfügung stehenden Gesamttechnologie noch weitere zeitabhängige Prozesse auf, die in den Ablaufplan einbezogen werden müssen.

In einem Netzwerk werden alle diese Prozesse als **Vorgang** (**Tätigkeit**) bezeichnet. Der Begriff "Vorgang" beinhaltet folglich alle Prozesse, die Zeit und Kapazität benötigen, wobei unter Kapazität auch die Aufwendung an Materialien und Kosten zu verstehen ist. In der Ablaufplanung, insbesondere im Bauwesen, gilt diese Definition für:

- Arbeitsprozesse (z.B. Beton herstellen, Bewehrung flechten, Gerüst aufstellen)
- technologie- und organisationsbedingte Wartezeit (z.B. Erhärten des Betons, Trocknen von Farbanstrichen, Umsetzen von Maschinen und Gerüsten)
- Terminvereinbarungen, die vor der Ablaufplanung getroffen wurden (z.B. Lieferung von Materialien, Rüstungen, vertraglich vereinbarte Ausführungstermine)
- naturbedingte Termine (z.B. Frost- und Eistage)

Das Netzwerk eines Projekts enthält:

1. alle **Vorgänge** (**Tätigkeiten**), in die das Projekt zerlegt werden kann,
2. die **Abhängigkeitsbeziehungen** der Vorgänge,
3. die **Reihenfolge** dieser Vorgänge beim Projektablauf aufgrund der Abhängigkeitsbeziehungen.

Die Darstellungselemente des Netzplans sind **Knoten** und **Pfeile** (*Bild 88*). Üblicherweise ist der Zeitverlauf von links nach rechts bzw. von oben nach unten gerichtet. Die Endereignisse haben eine höhere Nummer als die Anfangsereignisse, was nicht bedeutet, daß die Zahlen durchlaufend aufeinander folgen müssen. Die Zahlenreihe kann lückenhaft sein, um sich einen Spielraum zur Modifizierung des Plans zu schaffen; die Zahlen müssen jedoch in einem logischen Zusammenhang aufeinander folgen (z.B. 1,2,3,7,9,10,etc.)

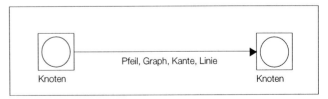

Bild 88: einfacher Netzaufbau

Je nach Art und Verwendung dieser Elemente kann man unterscheiden nach:

a. **Vorgangs-(Tätigkeits)pfeilnetzen** - Tätigkeit im Pfeil z.B. CPM (Critical-Path-Method); PERT (Programm-Evaluation-Rewiew-Technique)

b. **Vorgangs-(Tätigkeits)knotennetzen** - Tätigkeit im Knoten z.B. MPM (Metra-Potential-Methode) BKN (Baukasten-Netzplan-Methode).

5.3.2 Vorgangspfeilnetze

Vorgänge (Tätigkeiten) werden durch Pfeile dargestellt. **Die Länge der Pfeile ist beliebig und damit kein Maß für die Vorgangsdauern**. Die Knoten stehen für Zustände oder Ereignisse, welche den Start oder das Ende von Vorgängen angeben (*Bild 89 a - g*) [30].

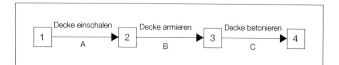

Bild 89a: Jede Tätigkeit muß abgeschlossen sein, bevor die nächste beginnen kann:

   Knoten 1 enthält: Anfangsereignis   T.: A
   Knoten 2 enthält: Endereignis   T.: A
                     Anfangsereignis   T.: B
   Knoten 4 enthält: Endereignis   T.: C

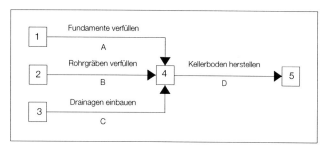

Bild 89b: Mehrere Tätigkeiten (T.: A, B, C) müssen abgeschlossen sein, bevor weitere (T.: D) beginnen können:

   Knoten 4 :   Endereignis   T.: A, B, C
                Anfangsereignis   T.: D

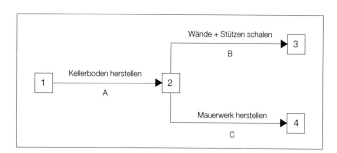

Bild 89d: Eine Tätigkeit (A) ist Voraussetzung für mehrere andere Tätigkeiten (C, B).

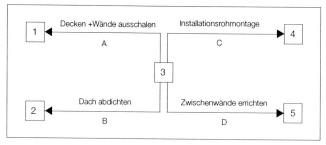

Bild 87d: Mehrere Tätigkeiten müssen beendet sein, bevor mehrere weitere Tätigkeiten (C, D) beginnen können.

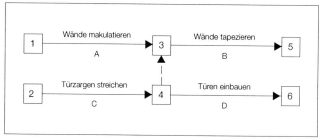

Bild 89e: Sowohl A als auch C sind Voraussetzung für B. Der gestrichelte Pfeil deutet eine Scheintätigkeit (Dummy), jedoch keine Zeiträume an.

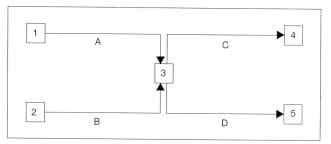

Bild 89f: Diese Darstellung ist irreführend, da sie eine falsche Abhängigkeit zwischen A und D beinhalten würde.

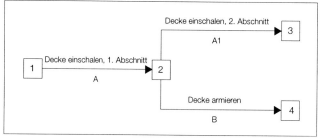

Bild 89g: Zerlegung der Tätigkeiten in zwei Abschnite: wenn A 1 abgeschlossen ist, können A 2 und B gleichzeitig beginnen.

5.3 Netzwerktechnik

Die Anzahl der Pfeile, die vom gleichen Knoten ausgehen und am gleichen Knoten enden, stellen unterschiedliche Vorgänge dar, die für eine Folgetätigkeit erforderlich sind und gleichzeitig beendet sein müssen. Je höher die Anzahl paralleler Vorgänge, umso übersichtlicher das Pfeilnetz (*Bild 89*).

5.3.3 Vorgangsknotennetze (MPM, BKN)

Die Knoten sind Symbole für die Vorgänge (Tätigkeiten) eines Projekts. **Die Pfeile geben die Reihenfolge der Vorgänge beim Projektablauf an.** (*Bild 91a-c*) [31].

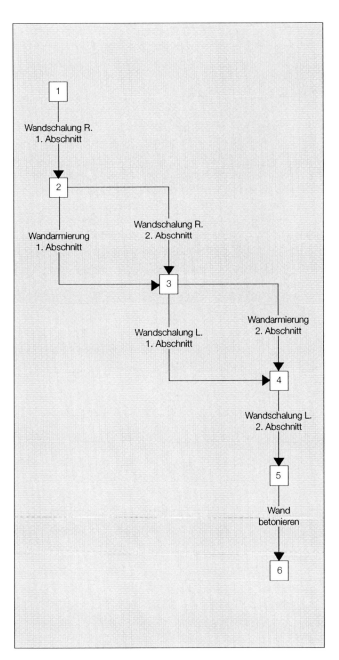

Bild 90: verknüpfte Vorgangspfeilnetze

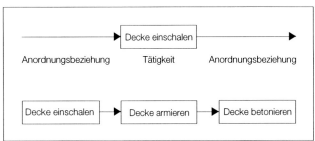

Bild 91a: Tätigkeit 1 muß beendet sein, bevor Tätigkeit 2 beginnen kann.
Tätigkeit 2 muß beendet sein, bevor Tätigkeit 3 beginnen kann.

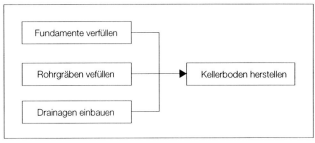

Bild 91b: Mehrere Tätigkeiten (T1, T2, T3) sind Voraussetzungen für weitere Tätigkeiten (T4).

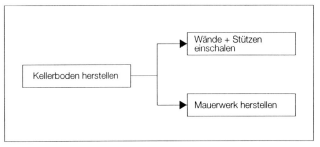

Bild 91c: Eine Tätigkeit (T1) ist Voraussetzung für mehrere weitere Tätigkeiten (T2, T3).

Termine und Kapazitäten

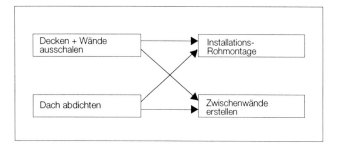

Bild 91d: Mehrere Tätigkeiten müssen beendet sein, bevor mehrere weitere Tätigkeiten (T3, T4) beginnen können.

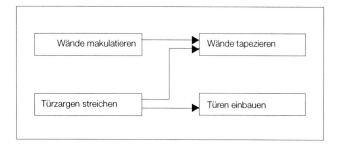

Bild 91e: T1 ist Voraussetzung für T3, T2 ist Voraussetzung für T3 und T4.

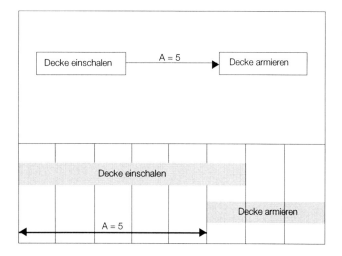

Bild 92: Vergleichende Darstellung im Balkendiagramm

A (Abstand) = 5 bedeutet : 5 Zeiteinheiten (Stunden, Tage usw.); nach Beginn von Tätigkeit 1 kann Tätigkeit 2 bereits beginnen.

5.3.4 Vergleich von CPM und MPM

Im Folgenden werden die tätigkeitspfeilorientierten Methoden als **CPM** und die tätigkeitsknotenorientierten Methoden als **MPM** zusammengefaßt und folgendermaßen bezeichnet:

1. In CPM-Netzen können keine Überlappungen dargestellt werden. Sollen zwei sich überlappende Tätigkeiten dargestellt werden, so muß man sie in Teiltätigkeiten aufteilen. Der Plan wird dadurch unübersichtlicher und komplizierter, da sich die Zahl der Elemente erhöht.

2. Nachträgliche Änderungen von Abhängigkeitsbeziehungen sind bei MPM leicht möglich. Bei CPM ist zumindest ein teilweises Neuzeichnen nötig.

3. Bei einem schrittweisen Aufbau eines Netzplans wird normalerweise zuerst die technologische Struktur aufgebaut, danach werden kapazitative und weitere Abhängigkeiten eingeführt. Bei CPM ist dies meist nicht ohne teilweises Neuzeichnen möglich.
Bei jedem Zeichnen eines Pfeils müssen Lage und Richtung berücksichtigt werden, die von schon gezeichneten und noch zu zeichnenden Verknüpfungen abhängig sind. Daher ist der Aufbau des CPM-Netzes wesentlich schwieriger als bei MPM, bei der eine beliebige Anzahl von Verknüpfungen nachträglich eingetragen werden kann.

4. Bei CPM bedeuten durchgezogene Pfeile Tätigkeiten, gestrichelte Pfeile (dummies) dagegen reine Abhängigkeitsbeziehungen (Scheintätigkeiten), genau wie die Ereignisse, die - als Ende der einen oder Anfang der anderen Tätigkeit - damit die Abhängigkeit zwischen Tätigkeiten symbolisieren. Es werden also Abhängigkeiten einmal als Knoten und einmal als gestrichelte Pfeile dargestellt. Bei MPM werden Tätigkeiten (Knoten) und Abhängigkeiten (Pfeile) klar unterschieden.

5. Bei MPM können alle erforderlichen Beschreibungen, Daten und Termine direkt in den Netzplan eingetragen werden. Eine zusätzliche Tätigkeitsliste (bei CPM notwendig) entfällt. Der Netzplan kann daher auf der Baustelle von allen Beteiligten als Arbeitsunterlage verwendet werden.

5.4 Erstellung eines Netzplans

5.4.1 Erstellung eines Netzplans

Wie für jeden anderen Ablaufplan (Balken- oder Geschwindigkeitsdiagramm) müssen für den Netzplan nachfolgende Voraussetzungen erfüllt sein, wenn er den an ihn gestellten Anforderungen gerecht werden soll:

- technische Unterlagen über den zu planenden Bauablauf
- Kenntnis der zur Herstellung des Bauvorhabens notwendigen bzw. technisch möglichen Technologien
- Kenntnis der Planunterlagen
- Kenntnis der einsetzbaren Kapazitäten und der vertraglich gebundenen Termine für Arbeitskräfte und Betriebsmitteleinsatz sowie für die Lieferung von Materialien, Rüstungen usw.

a. Erfassen der Vorgänge

Die eigentliche Erarbeitung des Netzwerks beginnt mit dem Erfassen der Vorgänge (Tätigkeiten). Unabhängig davon gelten bei der Zusammenstellung der Vorgänge folgende Grundsätze:

- je detaillierter der Bauablaufplan aufgestellt wird, umso anfälliger ist er i.d.R. gegen Störungen
- Mehrere technologisch gleiche oder unterschiedliche Teilprozesse können nur dann in einem Vorgang zusammengefasst werden, wenn keiner dieser Teilprozesse allein Voraussetzung für weitere Prozesse ist, oder allein von anderen Prozessen abhängt.
- Sind Abhängigkeiten beim Zusammenstellen der Vorgänge noch nicht klar zu überschauen, dann sollten alle in sich abgeschlossenen Teilprozesse als selbständige Vorgänge behandelt werden. Beim Vernetzen ist es dann immer noch möglich, mehrere Teilprozesse zu einem Vorgang zusammenzufassen. Dies gilt hauptsächlich für die Zeitplanung.

b. Technische und betriebliche Verknüpfungen

Für die verschiedenen Vorgänge sind im Allgemeinen bestimmte Ablaufbedingungen zwingend vorgegeben, die jedes sinnvolle Ablaufsystem des Projekts einhalten muß. So bestehen zwischen den einzelnen Prozessen einer Baustelle konstruktive, technologische oder bautechnische Abhängigkeitsbeziehungen, die deren Reihenfolge beim Bauablauf bereits zu Beginn festlegen. Abhängigkeitsbeziehungen, die von solchen zwingend vorgegebenen Ablaufbedingungen festgelegt werden, kann man als **technische Verknüpfungen** bezeichnen.

Darüber hinaus sind Entscheidungen zu treffen, die aus betrieblichen Erwägungen heraus erfolgen. So können Kapazitätsbeschränkungen, gleichmäßiger Betriebs- und Materialeinsatz, aber auch Lieferfristen - besonders für Einbauteile (Fertigteile) und ähnliche technische Wünsche - die Reihenfolge von Vorgängen bestimmen. Derartige Abhängigkeitsbeziehungen nennt man **betriebliche Verknüpfungen.**

Diese betrieblichen Verknüpfungen lassen sich beliebig abändern, vorausgesetzt, dass zwingend vorgegebene Ablaufbedingungen nicht beeinträchtigt werden. Deshalb ist bei der Koordination eines Bauvorhabens eine Vielfalt von Ablaufsystemen denkbar.

Das Aufstellen des Netzwerks erfolgt nach folgenden Schritten:

1. Zusammenstellen aller zu koordinierenden Vorgänge (Tätigkeiten) unter Berücksichtigung der technischen und betrieblichen Verknüpfungen in einer Jobliste
2. Massen- und Mengenermittlung
3. Ermittlung der Vorgangsdauern
4. Aufstellen des Netzwerks
5. Zeichnen des Netzes als Netzplan.

c. Schwierigkeiten bei der Aufstellung

Zur Dimensionierung der Vorgänge und der Bestimmung des Aufwands werden Arbeitszeit von Arbeitskräften sowie Maschinen- und Geräteeinsatz festgelegt. Hierbei sind Ungenauigkeiten nicht zu vermeiden, da Kompromisse bei der qualitativen und quantitativen Zuordnung und Abgrenzung erforderlich sind.

Die Werte aus der Massen- und Mengenermittlung sind anfangs mit Fehlern behaftet. Verwendete Kenndaten für Arbeitsleistungen beruhen auf einem mehr oder weniger fundierten Mittelwert (Erfahrungswert) mit zumeist unbekanntem Streumaß.

Wegen der genannten Ungenauigkeiten und der Anfälligkeit gegen Störungen (z.B. Ausfall von Betriebsmitteln, Schlechtwetter- und Frosttage etc.) darf die Planung nicht zu fein ausgearbeitet werden. Erfahrungsgemäß sollte der kleinste in einem Vorgang zu erfassende Arbeitsumfang etwa 2 bis 3 Tage umfassen.

d. Liste der Vorgänge (Jobliste)

Alle Vorgänge, die in die Planung einbezogen werden sollen, können zunächst in einer Jobliste zusammengestellt werden, wobei jeder Vorgang mit einer Nummer gekennzeichnet wird. Welche Vorgänge eines Bauvorhabens in der Ablaufplanung zu koordinieren sind, hängt ab:

- von der Art der Planung (Generalplan des Bauherrn oder Ausführungsplanung des Unternehmers);
- von den Anforderungen an den Genauigkeitsgrad der Planung (welches Detail soll die Planung noch erkennen lassen?);

Wenn die Vorgangslisten ausgefüllt sind, kann mit dem Aufstellen des Netzwerks bzw. mit dem Zeichnen des Netzplans begonnen werden. Theoretisch sind die Angaben zur Ermittlung der Vorgangsdauern nicht erforderlich. Praktisch ist es vorteilhaft, auch diese Angaben möglichst vor dem Vernetzen zu ermitteln, weil neben der Festlegung logischer und technologischer Zusammenhänge oft auch erste Überlegungen zur Aufwandsanalyse beim Entwerfen des Netzes notwendig sein können. Aus dieser Aufwandsanalyse resultieren gewöhnlich zusätzliche Abhängigkeiten, die sich hauptsächlich aus Kapazitätsbeschränkungen und Kontinuitätsbedingungen ergeben können.

5.4.2 Ermittlung von Vorgangsdauern

Möglichkeiten der Ermittlung:

- Zeitschätzungen
- Erfahrungswerte
- Zeitberechnungen

Als Einheit gilt in der Regel der Arbeitstag (AT). Jedem Vorgang wird ein Zeitwert zugeordnet. Die Brauchbarkeit der Ablaufplanung hängt weitgehend von der Genauigkeit dieser Zeitwerte ab. Deshalb sollten Vorgangsdauern stets berechnet werden, wenn das verfügbare Datenmaterial dies zuläßt.

Bei den allgemeinen Vorgängen, sowie bei den speziellen Vorbereitungs- und Abschlußhandlungen ist man heute noch häufig auf Schätzungen angewiesen, wenn nicht Erfahrungswerte aus bereits durchgeführten Planungen vorliegen. Für die Vorgänge der eigentlichen Herstellung von Fertigteilen sind meist genügend Daten vorhanden, aus denen die Vorgangsdauern errechnet werden können.

Grundsätzlich kann eine Zeitberechnung über folgende Angaben vorgenommen werden (*Bild 93-96*):

- Baufortschritt
- Arbeitsvermögen
- Aufwandswert
- Leistungswert der Baustelle (Umsatz)

$$d = \frac{v}{c} = \text{Dauer} = \frac{\text{Produktionsmenge (cbm, qm, t, usw.)}}{\text{Baufortschritt}}$$

$$\text{Beispiel: } d = \frac{300.000 \text{ cbm Erdreich}}{5.000 \text{ cbm/AT}} = 60 \text{ AT}$$

Bild 93: Zeitberechnung über den Baufortschritt

$$d = \frac{V}{Lp} = \text{Dauer} = \frac{\text{Produktmenge}}{\text{Leistungswert}} = \frac{\text{Baukosten}}{\text{Umsatz}}$$

$$\text{Beispiel: } d = \frac{3.000.000 \text{ DM}}{300.000 \text{ DM/Monat}} = 10 \text{ Monate}$$

Bild 95: Zeitberechnung über den Leistungswert einer Baustelle (Umsatz)

120 DM = *durchschnittlicher Leistungswert (zeitabhängig) eines Arbeiters (Lohn + Materialien + Gewinn des Unternehmers)*

$$d = \frac{v}{N0 \times T} = \frac{\text{Produktionsmenge (cbm, qm, t, usw.)}}{\text{Arbeitsverm. x tägl. Arbeitszeit des Betriebes}}$$

$$\text{Beispiel: } d = \frac{3.000.000 \text{ DM}}{100 \text{ Mann} \times 120 \text{ DM/h} \times 10 \text{ Ah/AT}} = 25 \text{ AT}$$
Leistungsvermögen

Bild 94: Zeitberechnung über das Arbeitsvermögen

$$d = \frac{V \times WA}{A \times T} = \frac{\text{Produktionsmenge x Aufwand an Arbeitsstunden}}{\text{Arbeiter x tägl. Arbeitszeit}}$$

$$\text{Beispiel: } d = \frac{800 \text{ qm Schalung} \times 1,9 \text{ Ah/qm}}{20 \text{ Arbeiter} \times 8 \text{ h/AT}} = 10 \text{ AT}$$

Bild 96: Zeitberechnung über den Aufwandswert

5.4 Erstellung eines Netzplans

Eine tabellarische Auflistung dieser Verknüpfungen erleichtert das systematische Aufstellen (*Bild 97*):

Startvoraussetzungen	Tätigkeit S :	Baugenehmigung erteilt
Starttätigkeit	Tätigkeit Nr. 1 :	Rohbau
weitere Tätigkeiten	Tätigkeit Nr. 2 : Tätigkeit Nr. 3 : Tätigkeit Nr. 4 :	Ausbau Bes. Betriebseinrichtungen Geräteeinrichtungen
Endergebnis	Tätigkeit E :	Inbetriebnahme

Bild 97: Ermittlung der technischen Verknüpfungen [32]

Hieraus kann abgeleitet werden:

- Die Startvoraussetzung (Tätigkeit S "Baugenehmigung erteilt") ist Voraussetzung für Tätigkeit 1 (Rohbau).
- T1 ist Voraussetzung für "Ausbau" (T2) und besondere Betriebseinrichtungen (T3).
- Sowohl T2 als auch T3 sind Voraussetzung für die Geräteeinrichtung (T4).
- Nach Beendigung der Geräteeinrichtung kann das Endergebnis - die Inbetriebnahme - erfolgen (dass verschiedene Tätigkeiten z.T. parallel laufen können, braucht hierbei noch nicht berücksichtigt werden).

Die technischen Abhängigkeiten können auch in Tabellenform (als Notation) dargestellt werden (*Bild 98*).

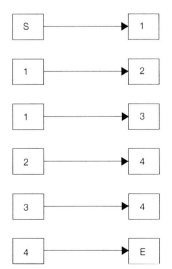

Bild 98: Tabellarische Notation der technischen Abhängigkeiten [33]

Aus diesen Abhängigkeits-(Anordnungs)beziehungen kann folgendes Netzwerk aufgestellt werden (*Bild 99*):

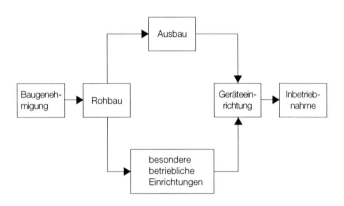

Bild 99: Netzwerk [34]

5.4.3 Methoden der Vernetzung
(technische Verknüpfung)

a. Progressive Vernetzung
(Nichtrechnen des Netzwerks)

Um den Netzplan in Richtung des zu vernetzenden Ablaufs erstellen zu können, wird der Entwurf beim Startereignis begonnen und zum Zielereignis (Endergebnis) hin entwickelt.
Bei der Festlegung der Abhängigkeiten findet diese Methode bereits ihren Niederschlag, wenn die Frage für jeden Vorgang lautet:
Welche Vorgänge müssen abgeschlossen sein, damit der zu betrachtende Vorgang beginnen kann?

b. Retograte Vernetzung
(Nichtrechnen des Netzwerks)

Damit ist der Aufbau des Netzplans entgegen dem zu vernetzenden Ablauf gemeint. Der Entwurf wird mit dem Zielereignis (Endergebnis) begonnen und zum Startereignis hin entwickelt. Die Frage zur Feststellung der Abhängigkeiten lautet:
Für welche Vorgänge ist die Beendigung des zu betrachtenden Vorgangs Voraussetzung?
Diese Methode ist besonders dann von Vorteil, wenn ein grober Orientierungsplan für ein Bauvorhaben, das aus mehreren Objekten besteht, aufgestellt werden soll.

Termine und Kapazitäten

5.4.4 Das Netz als Terminplan

Netzplan und Notation zeigen die Abhängigkeitsbeziehungen aller Vorgänge eines Projekts. Ordnet man jedem Vorgang eine Dauer zu, läßt sich aus dieser Ablaufstruktur ein Terminplan für das Projekt entwickeln. Dazu werden rechnerisch oder graphisch Termine für Start und Ende jedes Vorgangs ermittelt. Diese Termine sind bestimmt durch:

1. die Abhängigkeitsbeziehungen der Vorgänge (Tätigkeiten),
2. die Vorgangsdauern (Tätigkeitsdauern),
3. den Projektstart und
4. exogene Ablaufbedingungen wie vorgegebene Bauzeiten und Zwischentermine, Sparzeiten aus Witterungsgründen etc.

Im Folgenden wird ein tätigkeitsknotenorientiertes Verfahren angewendet, das auf der Grundlage von MPM aufgebaut ist. Bei diesem Verfahren können alle Daten, Termine und die erforderlichen Beschreibungen direkt in den Knoten eingetragen werden (*Bild 100*).

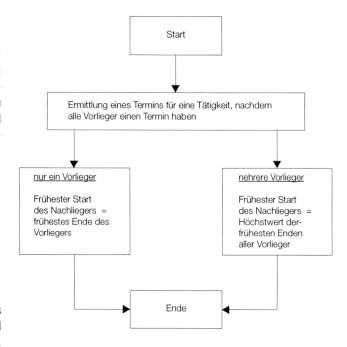

Bild 102: Vorwärtsrechnung eines Netzwerkes [36]

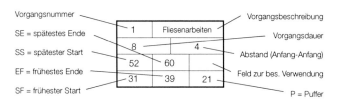

Bild 100: Knotensystem [35]

5.4.5 Berechnung des Netzwerks

a. Die Dauern der einzelnen Tätigkeiten werden in das Netz (D) eingetragen (*Bild 101*).
b. Die Rechnung beginnt mit dem frühesten Start (SF) der ersten Tätigkeit bzw. mit dem Startereignis.
c. Danach wird das früheste Ende der ersten Tätigkeit berechnet (EF = SF + D).

Beginn der Tätigkeit + Dauer		=	Ende der Tätigkeit
13. Tag (7 h)	+ 8 Tage	=	20. Tag (17 h)
13. Tag (12 h)	+ 8 Tage	=	21. Tag (12 h)

Bild 101: Beispiel für Netzwerkberechnung (12-Uhr-Regelung)

d. Vorwärtsrechnung: Je nach Verknüpfungsart wird das jeweils nächste Tätigkeitsfeld berechnet. Ist ein Tätigkeitsfeld von zwei oder mehreren Tätigkeiten abhängig, so stehen auch zwei oder mehrere Termine für die betrachtete Tätigkeit zur Auswahl.
Um den frühestmöglichen Termin zu erhalten, wird der jeweils höchste Zahlenwert eingesetzt, denn auch die letzte Vorgängerbedingung muß erfüllt sein, damit die betreffende Tätigkeit ablaufen kann. Auf diese Art wird das gesamte Netz vorwärtsgehend durchgerechnet (*Bild 102*).

e. Damit sind die jeweils frühestmöglichen Starts und Enden der einzelnen Tätigkeiten festgelegt und das frühe Ende der letzten Tätigkeit ist gleich der kürzesten Gesamtdauer des Netzes bzw. der Herstellung des Objekts.

f. Das späteste Ende der letzten Tätigkeit und damit das späteste Ende der Gesamtbauzeit wird festgelegt. Soll das Projekt zum frühesten Ende auch spätestens fertig sein, so ist bei der letzten Tätigkeit des Gesamtnetztes:

$$ES = EF \text{ und } SS = SF$$

5.4 Erstellung eines Netzplans

Bild 103: Rückwärtsrechnung eines Netzwerkes [37]

Es kann aber auch ein anderer, späterer Endzeitpunkt festgelegt werden, dann ist bei der letzten Tätigkeit des Gesamtnetztes :

ES beliebig und SS = ES - D

g. **Rückwärtsrechnung** : Je nach Verknüpfungsart werden das späteste Ende und der späteste Start des jeweils vorherigen Tätigkeitsfeldes berechnet. Ist ein Tätigkeitsfeld -rückwärts gesehen- von zwei oder mehreren Tätigkeiten abhängig (z.B. es ist im Netzplan Voraussetzung für zwei oder mehrere Tätigkeiten), so stehen zwei oder mehrere Termine für die betrachtete Tätigkeit zur Auswahl.

Um den spätest erlaubten Termin zu erhalten, wird bei der Rückwärtsrechnung der kleinstmögliche Zahlenwert eingesetzt, denn die betrachte te Tätigkeit muß so früh beginnen, daß auch für den spätest nachfolgenden Weg der Endtermin noch eingehalten werden kann. In dieser Art wird das gesamte Netz von hinten nach vorn durchgerechnet (Bild 103).

h. **Berechnung der Pufferzeiten:** Der Puffer einer Tätigkeit ist die Zeit zwischen dem frühestmöglichen und dem spätesten Anfang oder Ende. Innerhalb dieser Pufferzeit kann die Tätigkeit maximal verschoben werden, ohne dass der Endtermin des Projekts beeinflußt wird (Bild 104). Oder: Die Pufferzeit ist das Spiel, das für eine Tätigkeit vorhanden ist, wenn alle vorhergehenden Tätigkeiten zum spätesten Termin begonnen werden.

Vv	V		GP		Vn
Vv	V		FP		Vn
Vv		V	FRP		Vn
Vv		V		UP	Vn

V = Vorgang
Vv = Vorgeordneter Vorgang
Vn = nachgeordneter Vorgang
GP = gesamte Pufferzeit
FP = freie Pufferzeit einwärts
FRP = freie Rückwärtspufferzeit
UP = unabhängige Pufferzeit

Bild 104: Arten von Pufferzeiten [38]

5.4.6 Der Kritische Weg

Unter dem Begriff "kritischer Weg" versteht man die Verbindung aller Tätigkeiten mit dem Puffer = 0.
Oder: Der kritische Weg ist der längste Weg des Netzes, wobei eine Folge von Tätigkeiten definiert ist, die voneinander unabhängig sind. Werden die Dauern oder Termine von Tätigkeiten, die auf dem kritischen Weg liegen, verändert, so verändert sich dadurch die Gesamtdauer des Projekts. Die Darstellung von Abhängigkeiten und deren Berechnung ist auch in Tabellenform in einer Jobliste möglich.

Die beiden nachfolgenden Graphiken zeigen ein Beispiel eines fertig berechneten Netzes (Bild 105-106). Der kritische Weg ist hier die Kette S - 1 - 2 - 4 - E, da hier alle Pufferzeiten = 0 sind, dargestellt in einem Netzplan und einer Art Balkenplan.

5.4.7 Anordnungsbeziehungen

Bei den Vorgangsknotennetzen wird die Netzplanstruktur durch die Anordnungsbeziehungen aufgebaut. Geht man davon aus, daß jeder Vorgang durch zwei Zeitpunkte, nämlich seinen Anfang und sein Ende, gekennzeichnet wird, so ergeben sich vier verschiedene Mög-

115

Termine und Kapazitäten

1 Jobnr.	2 Bezeichnung	3 Vorlieger	4 Nach-lieger	5 A	6 D	7 frühest. Start	8 frühest. Ende	9 spätest. Start	10 spätest. Ende	11 Puffer
5	Baugenehmigung	-	1	-	-	-	-	-	-	-
1	Rohbau	5	2 3	70 100	100 -	0 -	100 -	0 -	100 -	x -
2	Ausbau	1	4	110	120	70	190	70	190	x
3	Bes. Betriebseinrichtung	1	4	40	40	100	140	140	180	40
4	Geräte-Einrichtung	2 3	E	20	20	180	200	180	200	x
5	Inbetriebnahme	4	-	-	-	200	-	200	-	-

Bild 105: Darstellung von Abhängigkeiten und Berechnung in Tabellenform, z.B. in einer Jobliste [39]

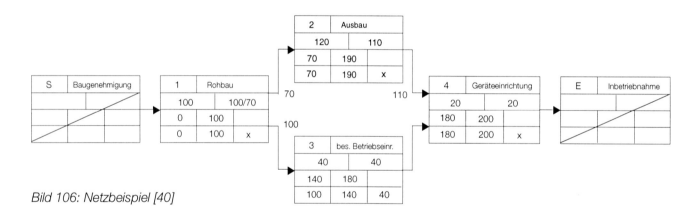

Bild 106: Netzbeispiel [40]

lichkeiten, zeitliche Beziehungen zwischen zwei Vorgängen zu erläutern, je nachdem, ob man vom Anfang oder vom Ende der Vorgänge ausgeht.

5.4.8 Einflussfaktoren

Ablaufplanung und Terminberechnung hängen grundsätzlich davon ab, ob die Bauzeit frei wählbar oder vorgegeben ist. Normalerweise wird die Bauzeit für ein Projekt in einer übergeordneten Planung festgelegt, ist also vorgeschrieben. Damit beeinflusst sie bereits im Planungsstadium die Annahmen über tägliche Arbeitszeiten und den Kapazitätseinsatz, d.h. die Vorgangsdauern und die Anzahl der Herstellungsabschnitte (Teilung der Arbeit in mehrere Abschnitte) gleichen Typs im Bauablaufnetz.

Ob eine vorgegebene Bauzeit bei der Planung des Projektablaufs eingehalten wird, zeigt erst eine Terminrechnung für das Netz. Die zeitlängste Folge des Bauablaufnetzes muß mit der vorgegebenen Bauzeit verglichen werden. Ergibt dieser Vergleich, daß die vorgegebene Bauzeit unterschritten wurde, lassen sich die Vorgangsdauern verlängern oder bisher noch parallel ablaufende Vorgänge gleichen Produktionstyps nacheinander ausführen. Damit verringert sich die einzusetzende Kapazität. Häufig wird jedoch bereits im ersten Planungsstadium die vorgegebene Bauzeit überschritten, der geplante Projektablauf muß verkürzt werden. Um dies zu erreichen, stehen folgende Möglichkeiten zur Verfügung:

- Erhöhung der Kapazität der jeweiligen Vorgänge
- Veränderung der Technologie der Einzelprozesse (keine Änderung der logischen Beziehungen im Netzplan)
- Veränderung der Technologie einzelner Abschnitte, bestehend aus mehreren Vorgängen (Veränderung der logischen Beziehungen im Netzplan erforderlich)
- Veränderung innerhalb der in der Gesamtzeit liegenden Zwischentermine (z.B. Teilinbetriebnahme, Lieferung von Ausrüstungen).

5.5 Kapazitätsplanung

Die Kapazitätsplanung oder Produktionsanalyse bildet eine Stufe der Ablaufplanung. Sie ist damit Bestandteil der Arbeitsvorbereitung und beinhaltet die Planung des wirtschaftlichen Einsatzes der Produktionsfaktoren wie z.B. Arbeitskolonneneinsatz, Vorhaltung von Schalung oder Gerüsten in Abhängigkeit von Zeit- und Kostenanalysen.

5.5.1 Begriffsbestimmung

Mit **Kapazität**, von *capacitas* (lat.), der "Raum", wird im Allgemeinen das Ausmaß der Fähigkeit oder das Vermögen einer Größe bezeichnet, einem Zweck oder einer Anforderung zu genügen. Kapazitätsangaben beziehen sich auf zweckbestimmte **Aggregate** und beschreiben im ursprünglichen Wortsinn das Fassungsvermögen des Aggregats. Als Aggregat bezeichnet man ein durch Herstellung und Zusammenfügen gewonnenes mehrgliedriges Ganzes, welches somit ein System bildet. Im Rahmen einer betrieblichen Kapazitätserörterung zählen hierzu:

- Fertigungsanlagen- oder betriebe
- Maschinen und Maschinengruppen
- Unternehmen und Branchen in ihrer Gesamtheit
- Personal und organisatorische Voraussetzungen.

Die prozentuale Auslastung dieser Kapazitäten wird als Beschäftigungsgrad oder Leistungsfähigkeit bezeichnet. Demnach kann man Kapazität als das Leistungsvermögen einer wirtschaftlichen oder technischen Einheit beliebiger Art, Größe und Struktur innerhalb eines Zeitabschnitts beschreiben.

Der sehr unterschiedlich verwendete Begriff der **Leistung** kann betriebswirtschaftlich oder personenbezogen gedeutet werden: zum einen handelt es sich bei ersterem um eine erzeugte Menge oder um das bewertete Resultat der Tätigkeit eines Betriebes und steht damit den betrieblichen Kosten gegenüber. Zum anderen ist damit die Arbeitsleistung eines Menschen (einer Arbeitskraft) innerhalb einer bestimmten Zeitspanne gemeint, z.B. wird die Leistung eines Maurers ausgedrückt in cbm Mauerwerk pro Stunde. Die **Leistungszeit** umfaßt den Teil der Arbeitszeit, in der ein Arbeiter tätig ist, d.h. unmittelbar Leistung erbringt. Dieser Begriff kann auch auf Leistungsgeräte angewendet werden.

Der **Aufwandswert** kennzeichnet den zeitlichen Aufwand (h, Tage), der für eine bestimmte Leistungseinheit erforderlich ist, daher auch "Stundenaufwand" bezeichnet.

$$\text{Aufwandswert} = \text{Arbeitsaufwand (h) / Menge (E)}$$

5.5.2 Planungskapazitäten

Um die Leistungsfähigkeit eines Planungsbüros zu definieren, werden Begriffe wie Erfahrung, Größe und Bonität verwendet. Als Bonität (lat. bonus = gut) bezeichnet man die Aussage über den Ruf und die Zahlungsfähigkeit einer Person oder eines Büros. In diesem Begriff kann auch die Erfahrung des Büros enthalten sein.

Die eigentliche Kapazität eines Büros wird zunächst durch die Anzahl der beschäftigten Personen gekennzeichnet. Diese Kapazität kann durch den Einsatz von Computern erhöht werden, ohne dabei das Personalvolumen zu erhöhen. Der Einsatz von Computern empfiehlt sich allerdings nur in den Bereichen, in denen sich Arbeitsprozesse wiederholen und damit zur Routine werden. So bringt der Einsatz von Zeichencomputern im Entwurfsstadium keine Erhöhung der Kapazität und damit kein schnelleres Arbeiten. Im Hinblick auf die Ausführungsplanung, ggf. im Zusammenhang mit Massenermittlung und Ausschreibung, kann der Computer ungleich mehr leisten als der Projektleiter.

Durch die immer ausgereiftere Technologie sowie die Entwicklung von neuen Baustoffen und Komponenten teilt sich das Planungsspektrum in Leistungsbereiche wie Heizung, Lüftung, Sanitär etc. Durch die Erhöhung der an der Planung beteiligten Ingenieure erhöht sich der Bedarf an Koordination, deren Stelle zu Planungsbeginn festgelegt werden muß (i.d.R. Architekt = Koordinator).

5.5.3 Ausführungskapazitäten

Die Ausführenden eines Bauvorhabens sind normalerweise Handwerksbetriebe (Ausnahme: Selbst- und Nachbarschaftshilfe), die über bestimmte Leistungsmerkmale verfügen.

Grundsätzlich unterscheidet ein Betrieb:

- **Ausführungskapazität mit Personal**
- **Ausführungskapazität mit Maschinen.**

Dabei kennzeichnet der Begriff **Beschäftigungsgrad** das Verhältnis von **effektiver Vorhaltezeit** (genutzte Kapazität) und **theoretisch möglicher Vorhaltezeit** (vorhandene Kapazität) an Personen und Betriebsmitteln (Geräte, Maschinen).

a. Ausführungskapazität mit Personen

Um ein Bauvorhaben in einem bestimmten Zeitraum und in entsprechender Qualität umzusetzen, braucht jeder Betrieb eine Anzahl fachlich qualifizierter Arbeitskräfte. Besitzt ein Unternehmen keinen ausreichend qualifizierten Personalstamm, kann die Personalkapazität durch eine Reihe von **Subunternehmen** und **Mietarbeitern** erhöht werden. Eine weitere Möglichkeit zur Vergrößerung der Personalkapazität schafft die **Verlängerung der Arbeitszeiten**. Ebenso können die organisatorischen Fähigkeiten der Unternehmensleitung mit entscheidend für das Kapazitätsvolumen einer Firma sein.

b. Ausführungskapazität mit Maschinen

Unter dem Begriff Maschinen (oder auch Baugeräte) sind in der Bauwirtschaft alle Produktionsmittel zu verstehen, für die die steuerliche Abschreibung als Ausdruck ihrer Wertminderung verwendet wird.

Diese Baugeräte werden unterschieden in Leistungs- und Bereitschaftsgeräte. Erstere können nur zu bestimmten Teilleistungen eingesetzt werden. Zu ihnen zählen u.a. Bagger, Scraper, Straßenfertiger etc.

Das Bereitschaftsgerät muß zur Aufrechterhaltung einer Baustelle über einen längeren Zeitraum vorgehalten werden. Im Unterschied zum Leistungsgerät kann es einer bestimmten Leistung nur schwer oder gar nicht zugeordnet werden. Daher wird es im Normalfall in den Bereitschaftskosten für eine Baustelle miterfasst. Als Beispiel für ein typisches Bereitschaftsgerät kann der Turmdrehkran genannt werden.

Zu diesen Baumaschinen, also Geräten, die mit einem Motor ausgerüstet sind, werden aber auch Gerüste, Schalungen oder Bauwagen gezählt. Um spezielle Arbeiten durchführen zu können, besteht für jedes Unternehmen die Möglichkeit der Anmietung von Spezialgeräten. Dennoch sollte in jedem Unternehmen ein Grundstock an universellen Maschinen und Geräten mit entsprechendem Bedienungspersonal vorhanden sein. Dabei muß beachtet werden, daß durch Transport, Aufbau, Umbau, Abbau, Reparatur und eventueller Leerstunden die Zeit, in der ein Gerät genutzt wird, immer geringer ist als die mögliche Vorhaltezeit. Dieses Verhältnis von tatsächlicher Nutzungszeit zu möglicher Vorhaltezeit eines Betriebsmittels (z.B. Turmdrehkran) wird als **Nutzungsgrad** bezeichnet.

Um das Leistungsvermögen einer Maschine zu ermitteln, wird die Fertigungsmenge ins Verhältnis zur Zeit gesetzt. Der entstehende Wert wird **Leistungsansatz** genannt. Es gilt:

> Fertigungsmenge / Zeiteinheit = Leistungsansatz

Den Reziprokwert bezeichnet man als **Aufwandswert**. Er wird jedoch überwiegend bei manueller Tätigkeit verwendet. Dem Leistungsansatz entspricht der Begriff **Leistungswert**.

5.5.4 Kapazitätserfordernis/Kapazitätsausgleich

Die für eine Bauaufgabe bereitzustellende Kapazität, d.h. Maschinen, Personal und Gerät richtet sich nach folgenden drei Faktoren:

- dem Auftragsvolumen,
- dem Schwierigkeitsgrad der Bauaufgabe und
- den vorgegebenen Terminen.

Grundlage für die Ermittlung der erforderlichen Kapazität ist das Zusammenstellen der zu leistenden Arbeit in Arbeits- oder Maschinenstunden bzw. Tagen. Weiterhin muß die anzuwendende Arbeitsmethode berücksichtigt werden (vgl. Kap. 5.4.2). Um zu überprüfen, ob die Leistungserfüllung mit den zur Verfügung stehenden Arbeitskräften über die gesamte Ausführungsdauer möglich ist, wird der Kapazitätsbedarf mit Hilfe des bereits erläuterten Geschwindigkeitsdiagramms visualisiert (*Bild 107*):

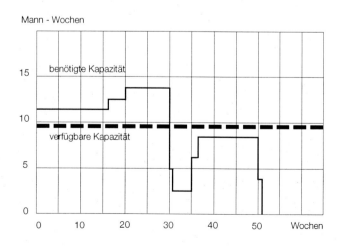

Bild 107: Kapazitätsplanung als Geschwindigkeitdiagramm [41]

5.5.5 Verknüpfungen

Bei großen, komplexen Projekten können Planung, Kontrolle und Steuerung der Planungs- und/oder Ausführungsvorgänge nur effizient sein, wenn sie die angestrebten Bestandteile Zeit, Kosten, Kapazität und Qualität umfassen. Dabei sind i.d.R. nicht alle Bestandteile frei wählbar. Vielmehr geben zu Beginn der Planung Nutzungsanforderungen den Qualitätsstandard eines Projekts an. Daraus entwickeln sich die Kostenvorstellungen, die zeitliche Dimension und zuletzt die Überlegung, mit welchen Mitteln die Arbeit geleistet werden muß, um den zuvor entwickelten Projektvorstellungen zu entsprechen.

Im Laufe des Planungsprozesses und der Ausführung ändert sich die Bedeutung der Komponenten, da sich diese wechselseitig beeinflussen. Das Stadium der größten Harmonie zwischen diesen vier Komponenten liegt kurz vor Ausführungsbeginn, da zu diesem Zeitpunkt die Planung endgültig konzipiert, die Kosten und die qualitativen Bedingungen festgelegt sein müssen (*Bild 108*). Eine Vorstellung über den zeitlichen Ablauf ist zu diesem Zeitpunkt ebenfalls getroffen. Kurz nach diesem Stadium beginnen die gegenseitigen Einflüsse zu wirken, welche sich während der Ausführung steigern.

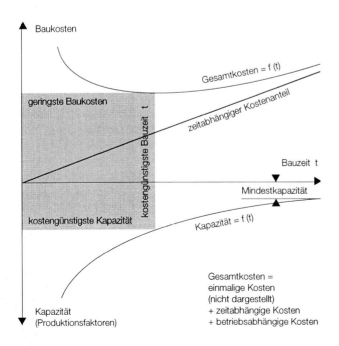

Bild 108: Zusammenhang Kosten, Termine, Kapazitäten

Termine und Kapazitäten

6 Anhang

6.1 Literaturnachweis

6.1.1 Grundlagen

Corsten, Hans
Lexikon der Betriebswirtschaftslehre
Oldenbourg Verlag GmbH, München 1995

Hoffmeister, Johannes
Wörterbuch der philosophischen Begriffe
Verlag Felix Meiner, Hamburg 1955

Hopfenbeck, Waldemar
Allgemeine Betriebswirtschaftslehre u. Managementlehre
Verlag Moderne Industrie 1997

Kalusche, Wolfdietrich
Der Architekt als Projektsteuerer
Artikel aus der DAB 10/96

Löwenhauser, Paul/Guthoff, Jens
Planungs-und Bauorganisation, Handbuch
Rudolf Haufe Verlag, Freiburg 1992

Rösel, Wolfgang
Baumanagement, Grundlagen/Technik/Praxis
Springer-Verlag, Berlin 1994

Schubert, E.
Baubetrieb 1
THD, FB Bauingenieurwesen, Darmstadt 1980

Weeber, Hannes
Bauleitung und Projektmanagement für Architekten und Ingenieure, Band 1
WEKA-Bauverlag GmbH, Handbuch 1992

Wendland/Preißing, Bundesarchitektenkammer
Das neue Praxishandbuch für Architekten von A - Z
Verlag Praktisches Wissen, Handbuch, Offenburg 1994

Wöhe, Günther
Einführung in die allgemeine Betriebswirtschaftslehre
Vahlen Verlag, München 1996

Anhang

6.1.2 Organisation und Dokumentation

AGB

BGB
Beck-Texte
Deutscher Taschenbuch Verlag, München 1997

Bundesarchitektenkammer
HOAI
Kohlhammer-Verlag, Stuttgart 1995

Damerau, H./Tauterat, A.
VOB im Bild
Rudolf Müller Verlag GmbH, Köln

DIN Deutsches Institut für Normung e.V.
VOB Verdingungsordnung für Bauleistungen
Beuth-Verlag GmbH, Berlin 1996

DIN 18 960, Technische Baubestimmungen
Rudolf Müller Verlag GmbH, Köln

Glatzel, Ludwig/Hofmann, Olaf/Frikell, Eckhard
Unwirksame Bauvertragsklauseln nach dem
AGB-Gesetz
Verlag Vögel, 1995

Höfler, Horst/Kandel, Lutz/Linhardt, Achim
Bausparfibel
Rudolf Müller Verlag GmbH, Köln 1994

Hoffmann, Manfred/Kremer, Peter
Zahlentafeln für den Baubetrieb
Teubner-Verlag, Stuttgart 1996

Kampe, K.H.
Bauteile zwischen Investitions- und Bauunterhaltungskosten, DBZ 10/85

Kapellmann, Klaus/Langen, Werner
Einführung in die VOB/B
Werner Verlag GmbH, Düsseldorf 1995

Locher, Horst/Koebele, Wolfgang/Frik, Werner
Kommentar zur HOAI
Werner Verlag GmbH, Düsseldorf 1996

Mahr, Werner
Allgemeine Volkswirtschaftslehre
Gabler Verlag GmbH, 1986

Mantscheff, Jack
Einführung in die Baubetriebslehre, Teil 2
Werner Verlags GmbH, Düsseldorf 1994

Mantscheff, Jack
Einführung in die Betriebswirtschaftslehre, Teil 1
Werner Verlag GmbH, Düsseldorf 1995

Morlock, Alfred
Die HOAI in der Praxis
Werner Verlag GmbH, Düsseldorf 1997

Pott, Werner/Dahlhoff, Willi
HOAI, Kommentar
Rudolf Müller Verlag GmbH, Köln 1989

Schwarz, Heinz
Daten- und Informationsverarbeitung in Planung
und Steuerung von Bauprojekten
Verlag Ernst und Sohn, 1988

Verlagsgesellschaft Recht und Wissenschaft
Grundstudium BWL, Band 2
Heidelberg 1985

Werner, Ulrich/Pastor, Walter/Müller, Karl
Lexikon des Baurechts
Rudolf Müller Verlag GmbH, Köln 1988

Korbion, Hermann
Handbuch zum System der VOB-Vertragsbedingungen
Werner Verlag GmbH, Düsseldorf 1995

6.1.3 Qualitäten und Quantitäten

Brüssel, Wolfgang
Baubetrieb von A - Z
Werner Verlag GmbH, Düsseldorf 1995

Corsten, Hans
Lexikon der Betriebswirtschaftslehre
Oldenbourg Verlag GmbH 1995

GAEB
Anwenderhandbuch
Beuth Verlag GmbH, Berlin 1985

Engel, Ralf
Organisationshandbuch für Architekten
Werner Verlag GmbH, Düsseldorf 1986

6.1 Literaturnachweis

Franke/Portz
Handbuch für die Baupraxis
Werner Verlag GmbH, Düsseldorf 1985

Führer, Hansjakob
FG für Entwerfen und Industriebau, THD
Umdruck Bauplanung für Architekten PM/AVA
Darmstadt 1993

Möller, Dietrich A.
Planungs- und Bauökonomie, Band 1
Oldenbourg Verlag GmbH, 1996

Rösel, Wolfgang
Baumanagement, Grundlagen/Technik/Praxis
Springer-Verlag, Berlin 1994

Rösel, Wolfgang
Stichwort AVA, Band 1
Bauverlag GmbH, Wiesbaden 1994

Standardleistungsbuch für das Bauwesen
Leistungsbereich 013
Beton und Stahlbetonarbeiten

Weiß, F. Knut
Normengerechtes Bauen Bd.1 & 2
Rudolf Müller Verlag GmbH, Köln 1993

Winkler, Walter
Hochbaukosten/Flächen/Rauminhalte
Vieweg-Verlag, Braunschweig/Wiesbaden 1994

6.1.4 Kosten und Finanzierung

DIN 276 Kosten
Deutsches Institut für Normung
Beuth Verlag GmbH, Berlin 1993

DIN 18 960, Technische Baubestimmungen
Rudolf Müller Verlag GmbH, Köln

Friedrich, Wilhelm
Tabellenbuch, Bau- und Holztechnik
Dümmler-Verlag, 1990

Grüske, Karl/Recktenwald, Horst
Wörterbuch der Wirtschaft
Alfred Kröner-Verlag, 1995

Höfler, Horst/Kandel, Lutz/Linhardt, Achim
Bausparfibel
Rudolf Müller Verlag GmbH, Köln 1994

Hoffmann, Manfred/Kremer, Peter
Zahlentafeln für den Baubetrieb
Teubner-Verlag, Stuttgart 1996

Hutzelmeyer, Hannes/Greulich, Manfred
Baukostenplanung mit Gebäudeelementen
Rudolf Müller Verlag GmbH, Köln 1983

Jendges, W.
Kostendämmung für Hochbauten
Bauverlag GmbH, 1978

Kampe, K.H.
Bauteile zwischen Investitions- und Bauunterhaltungskosten, DBZ 10/85

Keller, Siegbert
Baukostenplanung für den Architekten
Bauverlag GmbH 1995

Mahr, Werner
Allgemeine Volkswirtschaftslehre
Gabler Verlag GmbH, 1986

Mantscheff, Jack
Einführung in die Baubetriebslehre, Teil 2
Werner Verlag GmbH, Düsseldorf 1994

Möller, Dietrich A.
Planungs- und Bauökonomie, Band 1
Oldenbourg Verlag GmbH, 1996

Muser/Drings
Baunutzungskosten
Vieweg-Verlag, Braunschweig/Wiesbaden 1977

Peglow, Dieter R.
Der Traum vom eigenen Heim
Bauherrenverlag 1988

Referat Presse und Informationen des
Bundesministeriums für Wirtschaft
Wirtschaft von A - Z
Köllen Druck und Verlag GmbH, 1982

Sartorius, Karl
Verfassungs- und Verwaltungsgesetze der BRD
Beck-Verlag

Statistisches Bundesamt
Preise
Metzler-Poeschel-Verlag, Febr. 1996

Verlagsgesellschaft Recht und Wissenschaft
Grundstudium BWL, Band 2
Kosten- u. Leistungsberechnung, Heidelberg 1985

Winkler, Walter
Hochbaukosten/Flächen/Rauminhalte
Vieweg-Verlag, 1994

Winkler, Walter/Schwarzenberger
Normengerechte Kosten- und Preisermittlung von Bauleistungen
Braunschweig 1978

6.1.5 Termine und Kapazitäten

Aita, R./Veit, W./Schilchegger, W.
Planungs-und Bauablauf
Springer Verlag, Wien 1976

Bayer, Karl H.
Planen nach HOAI
Bauverlag GmbH, Wiesbaden 1987

Brüssel, Wolfgang
Baubetrieb von A - Z
Werner Verlags GmbH, Düsseldorf 1995

Burkhardt, Georg
Numerische Ablaufplanung einer Baustelle
Bauverlag GmbH, Wiesbaden 1968

Corsten, Hans
Lexikon der Betriebswirtschaftslehre
Oldenbourg Verlag GmbH, München 1995

Fleischmann, Hans D.
Bauorganisation-Ablaufplanung, Baustellenein.
Werner Verlag GmbH, Düsseldorf 1993

Führer, Hansjakob
Bauplanung für Architekten
THD, FB Architektur, Darmstadt 1993

Gabler
Volkswirtschaftslexikon
Gabler Verlag GmbH, Wiesbaden

Hoffmann, Manfred/Kremer, Peter
Zahlentafeln für den Baubetrieb
Teubner-Verlag, Stuttgart 1996

Lockyer, K.G.
Einführung in die Netzplantechnik
Rudolph Müller Verlags GmbH, Köln 1968

Möller, Dietrich A.
Planungs-und Bauökonomie
Oldenbourg Verlag GmbH, München 1996

Neufert, Ernst/Rösel, Wolfgang
Bauzeitplanung
Bauverlag GmbH, Wiesbaden 1974

Plümecke, Karl
Preisermittlung für Bauarbeiten
Rudolf Müller Verlag GmbH, Köln 1995

6.2 Abbildungsverzeichnis

[1] aus Weeber, Bauleitung und Projektmanagement für Architekten u. Ingenieure, WEKA Verlag, 4/2.2 S. 9
[2] aus HOAI 1995, Bundesarchitektenkammer
[3] aus Neufert, Rösel; Bauzeitplanung, Bauverlag, Wiesbaden 1974, S. 15, 16
[4] aus Neufert, Rösel; Bauzeitplanung, Bauverlag, Wiesbaden 1974, S. 89
[5] aus Hoffmann, Kremer, P.; Zahlentafeln für den Baubetrieb,Teubner Verlag Stuttgart 1996, S.164
[6] nach Hoffmann, Kremer, P.; Zahlentafeln für den Baubetrieb,Teubner Verlag Stuttgart 1996, S. 315
[7] nach Hoffmann, Kremer, P.; Zahlentafeln für den Baubetrieb,Teubner Verlag Stuttgart 1996, S. 221
[8] aus Ruf, Lothar; Integrierte Kostenplanung von Hochbauten, VDI Verlag Heft Nr. 94, S. 17
[9] nach Winkler, Walter; Hochbaukosten, Vieweg Verlag Wiesbaden 1994
[10] aus Aellen, J./Keller, Th./Mayer, P./Wiegand, J. Bern 1975
[11] aus Möller, Dietrich A.; Planungs- und Bauökonomie Band 1, Oldenbourg Verlag 1996, S.69
[12] aus Möller, Dietrich A.; Planungs- und Bauökonomie Band 1, Oldenbourg Verlag 1996, S. 72
[13-16] nach Mittag, Martin; Bauplanung/Bauausführung/ Kostenplanung nach § 15 HOAI + DIN 276
[17] BKB, Architektenkammer Baden-Württemberg
[18] Hutzelmeyer, Greulich, Baukostenplanung mit Gebäudeelementen, Rudolph Mülller Verlag, Köln 1983, S.15
[19] BKB, Architektenkammer Baden-Württemberg
[20] aus Hoffmann, M/Kremer, P.; Zahlentafeln für den Baubetrieb,Teubner Verlag Stuttgart 1996, S. 292
[21] aus Hoffmann, M/Kremer, P.; Zahlentafeln für den Baubetrieb,Teubner Verlag Stuttgart 1996, S. 291
[22] aus Möller, Dietrich A.; Planungs- und Bauökonomie Band 1, Oldenbourg Verlag 1996, S.151
[23] aus Möller, Dietrich A.; Planungs- und Bauökonomie Band 1, Oldenbourg Verlag 1996, S. 150
[24] aus Möller, Dietrich A.; Planungs- und Bauökonomie Band 1, Oldenbourg Verlag 1996, S. 165
[25-37] nach Neufert, Rösel, Bauzeitplanung, Bauverlag, Wiesbaden 1974, S.7, 8, 53-64
[38] nach Hoffmann, Kremer, P.; Zahlentafeln für den Baubetrieb,Teubner Verlag Stuttgart 1996, S. 412
[39,40] nach Neufert, Rösel, Bauzeitplanung, Bauverlag, Wiesbaden 1974, S.62-64
[41] nach Lockyer, Einführung in die Netzplantechnik, Rudolph Müller Verlag, Kölm 1968, S. 91-95

6.3 Stichwortverzeichnis

Ablauf
- dauer — S. 104
- definition — S. 103
- diagramme — S. 104 ff
- organisation — S. 104
- plan/-planung — S. 102 ff
Abnahme — S. 15, 68
Abrechnung — S. 72 ff
Abschreibung — S. 91
AGB — S. 47
Aggregate — S. 117
Alternativposition — S. 55, 69
Angebot — S. 60
Angebotsverfahren — S. 72
Annuität — S. 97
Architekt — S. 24
Architektenvertrag/HOAI — S. 46
ATV — S. 44, 65
Aufmass — S. 73
Aufwands
- analyse — S. 112
- wert — S. 117 ff
Ausführender — S. 29
Ausführungs
- ablauf — S. 33
- beteiligte — S. 19 ff
- kapazität — S. 117
- planung — S. 33
- phase — S. 15
- qualität — S. 56
Ausschreibung — S. 65 ff
AVB — S. 46, 51

Balkendiagramm — S. 105 ff
Bauablauf — S. 103
Bauablaufplanung — S. 102
Bauaufsichtsbehörde — S. 38 ff
Bauindex — S. 79
Bauherr — S. 19
Baukosten — S. 78, 100
Bauleiter — S. 26
Baunutzungskosten — S. 78, 80, 91 ff
Baumanagement — S. 45
Bauordnungsrecht — S. 38
Bauplanungsrecht — S. 38
Baustoffdaten — S. 62
Bauteildaten — S. 62
Bauunterhaltungskosten — S. 95, 100
Bauvertrag — S. 53 ff
Behaglichkeitsrelevante Daten — S. 62

Anhang

Behörden	S. 26, 28	**H**ausmeistervertrag	S. 53
Beschäftigungsgrad	S. 117	Hersteller	S. 29
Besondere Leistung	S. 24	HOAI	S. 22, 24 ff, 76
Betriebskosten	S. 91	Hypothek	S. 97 ff
BGB	S. 47 ff		
BKN	S. 109	**I**deenphase	S. 15
BVB	S. 52, 65	Informations	
		- arten	S. 31
CPM	S. 110	- fluss	S. 31, 34 ff
		- flussarten	S. 33
Dienstleister	S. 30	- planung	S. 32
Dienstvertrag	S. 43	- wert	S. 31
DIN 276	S. 79 ff, 88	Investitions	
Din 1960	S. 42	- kosten	S. 78
DIN 1961	S. 43	- rechnung	S. 100
Disagio	S. 97	ISO 9000	S. 64 ff
Dokumentations			
- formen/-träger/- zeitpunkt	S. 36	**J**obliste	S. 112
Eigenfinanzierung	S. 96	**K**apazität	S. 117 ff
Eingewöhnungsphase	S. 15	Kapazitäts	
Einheitsvertrag	S. 53	- einsatz	S. 116
Endphase	S. 15	- erfordernis	S. 118
Eventualposition	S. 54, 69	- planung	S. 117ff
		Kapital	
Fachingenieurvertrag	S. 46	- bedarf	S. 99
Fachplaner	S. 26	- gesellschaft	S. 40
Facility	S. 13	- kosten	S. 77
Facilitymanager	S. 30	Kaufvertrag	S. 42
Feasibility	S. 12	Kontrolle	S. 12
Festpreisvertrag	S. 53	Kosten	S. 77 ff, 100
Finanzierung	S. 41, 96 ff	- anschlag	S. 80, 84
Finanzierungsplan	S. 99	- arten	S. 77, 90
Flächenkenndaten	S. 62	- berechnung	S. 80 ff
Fremdfinanzierung	S. 96 ff	- betrachtung	S. 84
Funktionalausschreibung	S. 66	- daten	S. 79
		- ermittlung	S. 79 ff
Gantt-Diagramm	S. 105	* gewerksbezogen	S. 80 ff, 86
Gebäude		* in der HOAI	S. 89
- kosten	S. 78	* nach Gebäudeelementen	S. 85 ff
- management	S. 13 ff, 16	- feststellung	S. 75, 80
General		- gliederung	S. 78, 85
- planer	S. 29, 35, 45	- gruppe	S. 84 ff
- übernehmer	S. 29, 35, 45	- kennwert	S. 77, 79
- unternehmer	S. 29, 45	- prognose	S. 79
Geschwindigkeitsdiagramm	S. 106, 118	- richtwert	S. 73, 79, 82
GOA/GOI/GOGA	S. 24	- schätzung	S. 80, 82
Grundbuch	S. 97	- überwachung	S. 79
Grundleistung	S. 24	- verteilung	S. 83 ff
Grundschuld	S. 97	Kosten-Nutzen-Analyse	S. 58
Grundstückskaufvertrag	S. 42	Kosten-Wirksamkeits-Analyse	S. 60
Gutachter	S. 26	Kredit	S. 96

Stichwortverzeichnis

Kritischer Weg	S. 115
Kybernetik	S. 12
Leistung	S. 117
Leistungs	
- ansatz	S. 118
- bereiche (LB)	S. 66, 70
- beschreibung	S. 65ff
- phasen	S. 85, 89
- position	S. 84
- programm	S. 66
- umfang	S. 45
- vertrag	S. 53
- verzeichnis (LV)	S. 66
* LV-Erstellung	S. 69
* LV-Schriftbild	S. 69
- wert	S. 118
- zeit	S. 117
Los	S. 68
Management	S. 11
Mengenermittlung	S. 69, 72 ff
Mietvertrag	S. 44
Mittelplanung	S. 102
Mischgesellschaft	S. 40
MPM	S. 110
Multiple Choise/Checklisten	S. 57
Netzplanaufbau	S. 111
Netzwerk	S. 102
- berechnung	S. 114
- technik	S. 106 ff
Nutzeinheiten	S. 62
Nutzungs	
- ermittlung	S. 60
- grad	S. 118
- beteiligte	S. 30
- phase	S. 15
Nutzwertanalyse	S. 58 ff
Objekt	S. 12, 18
- betreuung	S. 12, 69
- management	S. 13 ff, 18
- phase	S. 14 ff
- planer	S. 34
- planung	S. 12, 18, 34, 90
- qualität	S. 50
- überwachung	S. 12
Objektive Qualität	S. 55
Öffentliche Körperschaft	S. 39
Öffentliches Baurecht	S. 38
Öffentliches Recht	S. 37

Ordinale Nutzungsermittlung	S. 60
Organisation + Dokumentation	S. 19 ff
Organisations	
- planung	S. 30
Ordnungsnummer	S. 68
Paarweiser vergleich	S. 60
Pauschalvertrag	S. 53
Personengesellschaft	S. 40
Planart	S. 38
Planung der Planung	S. 102 ff
Planungs	
- beteiligte	S. 19 ff
- fristen	S. 103
- kapazität	S. 117
- phase	S. 15, 23
- qualität	S. 56
- vertrag	S. 46
Position	S. 68ff
Preisspiegel	S. 72
Private Körperschaft	S. 39
Privates (ziviles) Baurecht	S. 39
Privatrecht	S. 37
Produkt	S. 12
Projekt	S. 11
- controlling	S. 21
- management	S. 13, 17 ff
- manager	S. 21
- phase	S. 14ff
- planung	S. 17
- qualität	S. 55
- steuerer	S. 21, 34
- steuerung	S. 21 ff, 34
- steuerungsvertrag	S. 46
Pufferzeit	S. 115
Punktesystem	S. 57
Qualitäts	
- formen	S. 55 ff
- kontrolle	S. 61
- management (QM)	S. 63 ff
- managementsystem (QMS)	S. 64
- standard	S. 61
Quantitäts	
- formen	S. 62
- kenndaten	S. 62
- kontrolle	S. 63
Raumbuch	S. 66
Rechnungs	
- arten	S. 74
- prüfung	S. 73

Anhang

- stellung	S. 73	Vorgang	S. 107, 111
Recht	S. 37 ff	Vorgangs	
Rechts		- dauer	S. 108 ff, 112 ff
- beziehungen	S. 37	- knotennetz	S. 107, 109 ff
- formen	S. 39 ff	- liste	S. 112
Regelkreis	S. 32 ff	- pfeilnetz	S. 107 ff
Regelung	S. 12		
		Wegplanung	S. 102
Schluss		Werkvertrag	S. 43
- erklärung	S. 73	Wirtschaftlichkeitsberechnung	S. 100
- rechnung	S. 73		
Sonderfachleute	S. 27	**Z**ahlungsplan	S. 75
Steuern	S. 91	Zeitplan	S. 102
Steuerung	S. 12	Zertifizierung	S. 64
StLB	S. 70 ff	Zielplanung	S. 102
Stundenlohn		Zulageposition	S. 69
- arbeiten	S. 69	ZVT	S. 52, 65
- vertrag	S. 53	ZVB	S. 51, 65
Subjektive Qualität	S. 55		
Submission	S. 72		
Tätigkeit	S. 107		
Tätigkeitsstufen	S. 103		
Technische Vorschriften	S. 44, 52, 65		
Terminplan	S. 114		
Terminplanung	S. 101ff		
Titel	S. 68		
Total-Quality-Management	S. 63		
Umweltverträglichkeitsdsten	S. 62		
Unternehmer	S. 29		
Unternehmungen	S. 40		
Verdingungs			
- ordnung (VOB)	S. 47		
- unterlagen	S. 65		
- wesen	S. 47		
Vergabe	S. 72 ff		
Vergleichende Qualitäts-			
betrachtung	S. 57		
Vernetzung	S. 113		
Vertrags			
- arten	S. 42 ff,		
- bedingungen	S. 51 ff		
- formen	S. 44		
- strafe	S. 54		
Verwaltungskosten	S. 91		
VOB/A	S. 42		
VOB/B	S. 43, 84		
VOB/C	S. 44		
Volumenkenndaten	S. 62		
Vorbereitungsphase	S. 15		